21 世纪高职高专创新课程规划教材

财务思维养成记：
基础会计

吴慧萍　靳　瑞　张勋阁　编著

中国财经出版传媒集团

经济科学出版社

Economic Science Press

图书在版编目（CIP）数据

财务思维养成记：基础会计 / 吴慧萍，靳瑞，张勋
阁编著 . -- 北京：经济科学出版社，2022.12
21 世纪高职高专创新课程规划教材
ISBN 978 - 7 - 5218 - 4328 - 6

Ⅰ. ①财… Ⅱ. ①吴… ②靳… ③张… Ⅲ. ①会计学
- 高等职业教育 - 教材 Ⅳ. ①F230

中国版本图书馆 CIP 数据核字（2022）第 219711 号

责任编辑：周胜婷
责任校对：靳玉环
责任印制：张佳裕

财务思维养成记：基础会计

吴慧萍 靳 瑞 张勋阁 编著

经济科学出版社出版、发行 新华书店经销

社址：北京市海淀区阜成路甲 28 号 邮编：100142

总编部电话：010 - 88191217 发行部电话：010 - 88191522

网址：www. esp. com. cn

电子邮箱：esp@ esp. com. cn

天猫网店：经济科学出版社旗舰店

网址：http: // jjkxcbs. tmall. com

固安华明印业有限公司印装

787 × 1092 16 开 13.75 印张 320000 字

2023 年 1 月第 1 版 2023 年 1 月第 1 次印刷

ISBN 978 - 7 - 5218 - 4328 - 6 定价：46.00 元

前言

基础会计是非会计专业学生学习财务入门知识的通识课程，目前金融、经济、商贸类、创新创业等相关专业都开设此课程。这些专业的学生学习财务知识是满足复合型人才的需求，他们的需求是能使用财务信息而不需要学习如何提供财务信息，而目前他们使用的大多为会计专业的《基础会计》教材，没有摆脱传统基础会计课程的框架体系束缚，过于注重手工操作技术的入门教学，脱离了非会计专业学生"财务信息使用者而非财务信息提供者"的学习定位。由此本教材编写团队大胆尝试，勇于创新，改革教材由"财务信息供给"向"财务信息需求"转变，将教材的目标定位于使财务信息使用者对财务报告有充分的了解，帮助信息使用者掌握认知财务报告所必需的基本财务知识。教材的读者定位于财务信息使用者。

本教材具有如下特点：

1. 在教材编写理念上，以幽默生动、通俗易懂的语言，采用小说的形式重新构建教材体系，调整教材内容。

2. 融入课程思政元素，在相关章节设置"道德检测"环节，引入会计中一些舞弊的案例，引导学生树立正确的世界观和价值观，积极引导学生提升职业素养，提高职业道德。

3. 本书以虚构的主人公创业"开设奶茶店"为主线，结合创业元素，以任务驱动型模块为单元，使学生能够综合运用"开奶茶店"涉及的财务理论和方法，解决"开奶茶店"工作中的实际财务问题。同时培养学生团结协作、坚持不懈、吃苦耐劳的职业素养，培养财务思维，为工作及生活奠定基础。

为了简化处理，本教材中举例涉及的一些经济业务案例，不涉及相关的税费。尽管我们在教材的新形态信息化、创新等特色建设方面做出了许多的努力，但仍存在不足之处，敬请读者在使用本教材过程中给予关注，并将意见及时反馈给我们。本教材的编写参阅了大量的国内外相关书籍，并得到了经济科学出版社的鼎力支持，在这里一并表示衷心的感谢！

目录

第一章　横看成岭侧成峰，
三张报表各不同

刁尚田现在还记得九年前深秋的那个下午，外婆带他第一次喝奶茶，奶茶给他带来了神奇感觉。尚田的味蕾一直回味着第一杯的味道。这味道伴随他成长的每一天，这味道也坚定了他将来的职业选择。因为他有一个远大的理想，让全世界每一个人都能分享奶茶的味道。

就读某大学食品工程专业的刁尚田即将大学毕业，决定自主创业，开一家奶茶店。一天晚上，他带着诸多疑惑来找他的好朋友王大宝。大宝和他就读于同一所大学但专业不同，大宝读财务会计专业。

"大宝，你知道我一直对奶茶情有独钟，我想开一家奶茶店，和女朋友一起不断地尝试不同配方、不同口味的奶茶。家人也非常支持我的想法。当然，除了我妈。"

"尚田，祝贺你！工作能与自己的兴趣爱好完美结合，多么幸福啊！"

"是啊，我和女朋友一直在憧憬未来，店名和广告词都想好了，奶茶店就叫众口奶茶店，广告词：众口奶茶店，众口不再难调。外婆年初的时候花了235 500元在城东商业广场的二楼买了一个店铺，面积有25平方米。外婆买店铺就是为了支持我开奶茶店，老人家说要送给我。那我怎么好意思白要呢！就算外婆投资！我们的愿景是奶茶店有一天像星巴克那样上市，分店遍布全国甚至全世界。可是目前有一些幸福的烦恼困扰着我。"

"说吧，我一定知无不言，言无不尽。"

"我也查阅了资料，奶茶店可以登记为个体工商户，也可注册成立一家有限责任公司，我不知道哪种形式适合我？"

"尚田，小小个体工商户装不下众口奶茶店遍布全世界的大理想，你还是将奶茶店注册成一家有限责任公司，但法律规定有限责任公司成立最低需要两个股东认缴资本，也就是公司的投资人需要两名。"

"这没问题，两个股东，外婆和我。外婆的店铺再加上我勤工俭学、压岁钱积攒的50 000元，作为认缴资本投入奶茶店。正好两个投资人。"

"有限责任公司除了能满足你大大的理想外，至少还有一个好处。你不要骂我乌鸦嘴。如果奶茶店日后经营不善，欠债太多无法还清被法院判决破产清算，你和外婆付出的最大代价就是外婆235 500元的店铺和你的50 000元。你们承担的最大债务以出资额为限，这就是有限责任的来历。"

企业的形式

"你个乌鸦嘴。"

"好，这个问题解决了。公司开始经营后，不管有无业务，法律要求每月网上要填报资产负债表、利润表等会计报表和纳税申报表。"

"等等，什么是会计报表、纳税申报？"

"一两句解释不清，为弄清楚这些报表的来龙去脉，我花了三年多的功夫。今天太晚了，我给你一个电话号码，一家会计服务公司业务经理的电话，他们有代理注册公司的服务。你打电话给他，问清楚注册需要准备哪些资料，资料准备好后交给他们，让他们代理注册，能省你不少的时间。大一的时候我就在他们那里打工、实习，我打电话去，收费时给你个折扣，费用最多也就300元。至于报表、纳税申报，等你开业的时候结合奶茶店的业务我再向你介绍，你容易明白。"

"大宝，多谢了！开业到店里喝奶茶给你打对折。"

"抠门。给我办张金卡，到店消费终身免费。"

"再说，再说。"

第一节　底子的底子——会计恒等式

又是一个深秋。

已入职会计师事务所两个多月的大宝应邀来到众口奶茶店。尚田早已等候在门口，满脸写满了"求表扬"。大宝径直走进店内，向正在拖地的尚田的女朋友小花打招呼后，认真打量四周。

"行啊！简约时尚国际范，有品位。"

"那当然，兄弟我的品位……不过范儿有了，钞票没了。明天桌椅板凳、奶茶的原料、加工设备、杯盘勺碗等，都要送到，钱真不够用了，我打算向老妈借100 000元解燃眉之急。给你看看发票，装修的41 000元，注册商标的580元，代办注册的300元，电热水壶1 200元。还有我和小花这段时间吃饭索要的定额发票，这差不多有700元。"

"你注册设立奶茶店，奶茶店就是法人，是一个对外提供商品和服务的经营单位，为区别经营单位发生的支出与经营单位所有者（业主）个人消费支出，出现了会计主体这个概念……不要这样看我，上网查查什么叫会计主体。你的奶茶店就是一个会计主体。会计记录的是会计主体发生的支出等，你和小花吃饭是个人消费，因为你开不开奶茶店都要吃饭。如果将来有一个原料供应商来和你谈生意，为促成此笔生意，获得价格上的优惠，你和小花宴请供应商，这个支出就应该算作奶茶店的支出，不属于个人消费。记住，尽管你贵为老板，个人的消费与企业支出一定要分开，否则，会计就没有存在的必要。当然，你可以在奶茶店领工资。你虽然是股东之一，仍是奶茶店的员工。你拿着奶茶店给你的工资和小花吃饭，天经地义。"

"你的意思我明白啦！吃饭的 700 元是我个人消费，自己掏钱。"

"经营单位就是编制会计报表的单位，会计报表反映的内容一定与这个经营单位有关系。"

"你可以给我讲会计报表了！"

"先介绍一个概念——资产。"

"好像上企业管理这门课时听到过。"

"这个店内除了我，你能看到的、可以使用和控制、对你卖出奶茶有帮助的、能让你产生收益的，都可以是众口奶茶店的资产。"大宝指了指墙上"众口"的 logo，"这个也是。商标是一项权利，企业拥有的某项权利满足条件时也可确认为企业的资产。"

"除了你，都是企业的资产，我和小花也是众口奶茶店的资产，那我俩算多少钱？"

"生命诚可贵，爱情价更高。你俩不值钱，口误，你俩不能用钱衡量。如果你俩能用钱衡量，猪肉多少钱一斤，你俩就多少钱一斤，这样算你比小花可值钱多了。"

"你才是肥什么！什么是资产好像明白了。我俩是奶茶店全部的人力资源，为什么就不能是企业的资产？毕竟没有我俩就不可能有这个奶茶店。"

"是的，人力资源是企业的一项重要资产，但此资产非彼资产，会计在确认与计量企业的资产时除了要满足资产必须是企业拥有或控制、能为企业未来带来经济利益外，还必须同时满足企业为取得资产所付代价是确定的，也就是企业花了多少钱获得资产。人力资源非常难估值，人力资源会计是会计研究中的高精尖。如果估值非常容易，那人才市场不就涉嫌买卖人口了么？"

"太专业啦，有点儿糊涂，我和小花不是本店资产，是本店的老板和老板娘，这一点我清楚了。"

"老板娘，给我倒杯水！"

"闭嘴！哎，小花，给大宝拿瓶水。"

"谢谢小花。哪里糊涂继续问。"

"你刚才说确认与计量资产，确认是什么？计量又是什么？"

"资产确认就是判断一项经济资源是不是企业的一项资产，计量是说该项资产能可靠地被货币量化，也就是这项资产多少钱。"

《企业会计准则——基本准则》

第二十条　资产是指企业过去的交易或者事项形成的、由企业拥有或者控制的、预期会给企业带来经济利益的资源。

前款所指的企业过去的交易或者事项包括购买、生产、建造行为或其他交易或者事项。预期在未来发生的交易或者事项不形成资产。

由企业拥有或者控制，是指企业享有某项资源的所有权，或者虽然不享有某项资源的所有权，但该资源能被企业所控制。

预期会给企业带来经济利益，是指直接或者间接导致现金和现金等价物流入企业的潜力。

第二十一条　符合本准则第二十条规定的资产定义的资源，在同时满足以下条件时，确认为资产：

（一）与该资源有关的经济利益很可能流入企业；

（二）该资源的成本或者价值能够可靠地计量。

第二十二条　符合资产定义和资产确认条件的项目，应当列入资产负债表；符合资产定义、但不符合资产确认条件的项目，不应当列入资产负债表。

大宝指着以上准则继续说："看到没有，'不符合资产确认条件的项目，不应当列入资产负债表'。至于资产负债表是什么，你目前不用管。你和小花虽然符合资产定义但不符合资产确认条件，不应当列入资产负债表，也就不能确认为会计上的资产。所以你俩不是东西，鉴定完毕……"

"你才不是东西！有两个问题，一是第二十一条的'（二）该资源的成本或者价值能够可靠地计量'如何理解？二是外婆的商铺、我的 50 000 元现金应该是奶茶店的资产吧，那么奶茶店付出了什么代价获得这些资产？"

"外婆从开发商那里购买商铺花了 235 500 元，开发商出具了销售发票，发票上记载金额 235 500 元，这就是'成本能够可靠地计量'，你投入奶茶店的 50 000 元的现金，由于是货币，其价值就是其本身，这就是'价值能够可靠地计量'。外婆的商铺、你的 50 000 元投入奶茶店，奶茶店获得了经营所需的资产，付出的代价就是将所有权给了外婆和你。"

"哦！我好像明白了。这就像我花钱买了一条宠物狗，宠物狗相当于我投资设立的企业。狗有狗自己的生活，但我拥有狗的所有权。我是狗的老板。"

"是的，狗老板。你的理解没错。"

"切……，我和外婆将拥有的资产投入奶茶店，变成奶茶店的资产，然后我和外婆拥有奶茶店，神仙老虎狗，资产企业我，关系是不是这样的？"

"是的，没错，但你降格了，由狗老板变成狗东西。"

"懒得理你，日后当心给你喝巴豆奶茶。经营单位、会计主体、资产，这些概念我清楚了，接下来该讲资产负债表了？"

"资产负债表？早了点，我们先来了解形成资产负债表的基础，如果把企业的资产看成企业的家底，也就是底子，那形成资产负债表的基础——会计恒等式，就是底子的底子。近现代复式记账法被称为科学记账法就是因为这个会计恒等式。"

"你把我弄糊涂了，什么复式记账、科学记账、会计恒等式？我要搞清楚的是资产负债表。"

"活到老，学到老。有空查一查，对你经营奶茶店有帮助。万丈高楼平地起，哪能一口吃成胖子。话，要从头说起。从底子的底子——会计恒等式说起。你已经知道奶茶店是一个会计主体，会计要反映的是会计主体资产的增减变化或结构变动，当你和外婆投资

285 500 元设立奶茶店时，会计在反映奶茶店的资产增加 285 500 元的同时，又要反映这 285 500 元是如何形成的。你刚才总结的很好，你和外婆将拥有的资产投入奶茶店，变成奶茶店的资产，然后你和外婆拥有奶茶店，你现在想象一下，你和外婆将拥有的资产投入奶茶店时，以下等式是否相等？"

奶茶店经营所需的资产 = 外婆的商铺 + 你的现金

大宝继续问："你奶茶店什么时候取得的营业执照？"

"9 月 30 日。"

"那 9 月 30 日奶茶店的会计恒等式如果用价值量反映，是不是有如下等式？等号左边是企业经营的资产，等号右边是这些资产的来源。"

奶茶店资产 285 500 元 = 外婆的商铺 235 500 元 + 你的现金 50 000 元

"明白，可等号右边看起来怪怪的。"

"眼光相当不错。等号右边最大的问题是商铺和现金不能直接相加。所以会计上把企业创设投资者的投入称为实收资本，于是有如下等式：

资产 285 500 元 = 实收资本 285 500 元

将金额和单位去掉，就成了下面的等式"

资产 = 实收资本

"嗯，似乎大概理解了。你的意思是等号左边是企业拥有的资产，等号右边是这些资产来自何方。像极了功德碑后刻捐款人的姓名。"

"厉害厉害，清奇的脑回路。企业的原始投资者投入的当然是实收资本，但有时候等号左边资产增加是由于企业接受追加投资时部分资本不能计入实收资本，要计入资本公积……"

"资本公积？"

"对，资本公积。举个例子吧！假如年初你和其他三人各出资 10 万元成立一家贸易公司，公司章程规定投资人按照出资额占注册资本的比例享有各项权利，比如，各享有 25% 的表决权，经营赚钱了，各享有所赚资金的 25%。如果投入都是现金，则，资产（现金）40 万元 = 实收资本 40 万元，等式相等。公司成立后的当天，采购了 40 万元的家用电器，用现金支付，40 万元的家用电器到 6 月全部卖完，收回现金 60 万元，如果人工费、房租、水电费、各种税费等都不考虑，是不是赚了 20 万元，假设没有将这 20 万元分掉。此时，等号左边的资产（现金）为 60 万元，但右边实收资本为 40 万元，左右两边不等，对不对？"

"对，我知道问题所在啦，等号右边没有考虑赚取的 20 万元。难道这就是资本公积？"

"不是，企业赚取的钱有一个专业术语叫利润，如果是正的，叫盈利，如果是负的，叫亏损，更详细的介绍在利润表那里。会计上把没有被投资者分掉的利润称为留存收益，它会出现在等式的右边。等号左边 60 万元的资产，由两部分形成，一部分是投资者投入的计入实收资本的 40 万元，另一部分是归属于投资者的企业经营形成的留存收益 20 万元，所以，'资产（现金）60 万元 = 实收资本 40 万元 + 留存收益 20 万元'，依然相等。这时，你们四个人共同的好朋友王某提出来要加入，条件是与你们四人享有公司的权利是一样的，也就是每人都享有 20% 的权利，如果王某提出他出资 10 万元，公司的注册资本由 40 万元变更为 50 万元，每个人按照出资额占注册资本的比例享有各项权利 20% 的份额，你们四个人会同意吗？"

"应该不会，说不清楚原因，只是觉得姓王的好像占了我们四人的便宜。"

"非常棒的感觉！我们看王某投入 10 万元现金后会计恒等式的变化，资产（现金）70 万元 = 实收资本 50 万元 + 留存收益 20 万元，依然相等，接受投资前，四个投资者每个人享有的资产份额为 15 万元（60÷4），接受投资后，五个投资者每个人享有的资产份额为 14 万元（70÷5），享有的资产份额是不是减少了。你们四个人的最低要求是接受投资前后的资产份额不变，也就是王某应该投入 15 万元，这样接受投资前后的资产份额就保持不变。但王某投入的 15 万元全部作为注册资本计入实收资本，破坏了各享有 20% 的权利的约定，所以，多出的 5 万元计入资本公积。这就是资本公积的部分来历。有两个说明，一是此种情况形成的资本公积会计称为资本溢价形成的资本公积，当然，资本溢价形成的资本公积不单单是这个原因，也有其他原因，这里不表。二是如果你将奶茶店注册成立为股份有限公司，投入的资本会计上称为股本，相应地，资本溢价称为股本溢价。"

"那会计恒等式不就变成这般模样：资产 = 实收资本 + 资本公积 + 留存收益！"

"做老板的，就是不同常人，总结的非常好。有个问题，等号右边是不是很啰唆，不美观？恒等式嘛，形式上应该很漂亮。实收资本、资本公积、留存收益会计上称为所有者权益，所以会计恒等式可以表示为：资产 = 所有者权益。"

"牛！这形式闪烁着爱因斯坦的美，简约大方有内涵，与我奶茶店的装修风格有一拼。"

"关于所有者权益，可以看以下准则。"

《企业会计准则——基本准则》

第二十六条　所有者权益是指企业资产扣除负债后由所有者享有的剩余权益。

公司的所有者权益又称为股东权益。

第二十七条　所有者权益的来源包括所有者投入的资本、直接计入所有者权益的利得和损失、留存收益等。

直接计入所有者权益的利得和损失，是指不应计入当期损益、会导致所有者权益发生增减变动的、与所有者投入资本或者向所有者分配利润无关的利得或者损失。

利得是指由企业非日常活动所形成的、会导致所有者权益增加的、与所有者投入资本无关的经济利益的流入。

损失是指由企业非日常活动所发生的、会导致所有者权益减少的、与向所有者分配利润无关的经济利益的流出。

第二十八条　所有者权益金额取决于资产和负债的计量。

第二十九条　所有者权益项目应当列入资产负债表。

看到尚田皱眉，大宝笑着说："不要着急，有点儿难度，有什么问题尽管问！"

"所有者权益，怎么把负债也扯进来了？我现在没有欠别人钱啊！"

"是，你刚才说装修以及零星的支出几乎花光了你投入的 50 000 元。你说打算向你母亲借 100 000 元。为什么不作为股东投入呢？"

"一是刻板偏见，我妈认为奶茶不是健康食品，对外婆从小给我喝奶茶一直耿耿于怀，但又奈何不了外婆；二是她经常浏览微信公众号中的养生文章，大多是经不起推敲的玩意儿，但我妈深信不疑。我可是食品工程专业毕业的，如假包换的半个养生专家。扯远了，反正我妈一直不同意开奶茶店，但拗不过外婆和我的坚持。所以，入股她不会，借钱可以，但要有偿还的期限，还得有利息。"

"在非原则问题上，求同存异不但是国与国、人与人的相处之道，也是母与子的相处之道。不妄加评论了，言归正传。如果妈妈的钱，你是以奶茶店的名义借入的，你作为奶茶店的法人代表同意借款。100 000 元拿来了，这钱是不是奶茶店的资产？"

"是的，因为是以奶茶店的名义借入的。"

"对，如果你在一开始就借入 100 000 元，奶茶店的资产是不是变成了 385 500 元？会计恒等式就变成下式。"

奶茶店资产 385 500 元 = 外婆的商铺 235 500 元 + 你的现金 50 000 元 + 妈妈的 100 000 元

"没错，是这样。"

"但等号右边显然要分成两部分，你和外婆是一部分，妈妈是一部分，两部分是有区别的。奶茶店营业执照上的经营期限，你们选择了永久，当然也可选择固定经营期限。如果经营到期不再继续经营，解散清算，或经营不善破产清算，你和外婆的投入才能收回，当然你们中途可以将奶茶店转让，也可将投资收回。也就是说，如果选择了永久经营期限，你和外婆投入的资本是没有到期日的，也没有固定的回报。妈妈的 100 000 元就不同了，有固定的偿还期限，还有固定的利息。关于负债，给你看以下准则条款。"

《企业会计准则——基本准则》

第二十三条　负债是指企业过去的交易或者事项形成的、预期会导致经济利益流出企业的现时义务。

现时义务是指企业在现行条件下已承担的义务。未来发生的交易或者事项形成的义务，不属于现时义务，不应当确认为负债。

第二十四条　符合本准则第二十三条规定的负债定义的义务，在同时满足以下条件时，确认为负债：

（一）与该义务有关的经济利益很可能流出企业；

（二）未来流出的经济利益的金额能够可靠地计量。

第二十五条　符合负债定义和负债确认条件的项目，应当列入资产负债表；符合负债定义但不符合负债确认条件的项目，不应当列入资产负债表。

"脑袋大了吧！"大宝笑着说。

"还好啦！你的意思是会计恒等式可以变成：资产＝负债＋所有者权益？"

"是的。我还是解释一下。按照约定的时间还100 000元，就属于基本准则第二十四条中'（一）与该义务有关的经济利益很可能流出企业'；固定的本金、利息金额，就属于基本准则第二十四条中'（二）未来流出的经济利益的金额能够可靠地计量'。其实，企业拥有或控制的资产有两个来源，一是企业股东（从现在起称投资者为股东）的投入及归属于股东的留存收益等，二是通过借款、赊账等形成的负债。它们尽管都是企业资产的来源，但在企业解散（破产）清算中，企业的资产先偿还债务，偿还完全部债务后如果还有剩余，这部分剩余作为股东的资本回收，所以，所有者权益是……"

"所以，所有者权益是企业资产扣除负债后由所有者享有的剩余权益。"

"真棒！都会抢答了。不清楚是我教得好，还是你聪明学得快？"

"呵呵，名师出高徒，青出于蓝胜于蓝。问个问题，引用基本准则中的条文，'资产是指企业过去的交易或者事项形成的、由企业拥有或者控制的、预期会给企业带来经济利益的资源'，'负债是指企业过去的交易或者事项形成的、预期会导致经济利益流出企业的现时义务'，这两个概念中都有'过去的交易或者事项形成的'，这个如何理解？"

"'交易'与'事项'在会计上统称为经济业务。交易是指发生在两个不同会计主体之间的价值转移，如一家公司购买另一家公司的产品、奶茶店将自产奶茶用作奖品奖励给职工等。事项是指发生在一个会计主体内部各部门之间的资源的转移，如企业的生产车间到仓库领用原材料、自然灾害导致财产受损等。会计要记录的一定是已经发生的交易或者事项，所以是'过去的交易或者事项'，虚构不可以，当然有意隐瞒也不可以。虚构或隐瞒是做假账，是违规的。会计准则的目的就是规范会计的行为，防止企业做假账。关于假账我们后边再说。不同的企业按照相同的会计规范进行会计记录，这样不同企业的会计信息才具备可比性。"

"嗯，有点儿深奥，但交易与事项清楚了。交易与事项发生了，就是说有一笔经济业务发生了，会计如何记录？"

"当会计主体发生一笔业务，首先判断是不是需要会计记录。这里需要引入会计要素概念。会计要素是指会计对象是由哪些部分构成的，按照交易或事项的经济特征所作的基本分类。你要知道，不是企业发生的所有业务都需要会计记录，会计只记录引起会计要素增减、结构变化的交易或事项。共有六类会计要素——资产、负债、所有者权益，收入、费用、利润。后三个要素我们在后边介绍。如果一笔业务发生满足资产、负债的定义且同时满足确认条件，会计就要记录，至于用什么方法，你不用知道，你只要知道会计就是将业务信息利用会计方法不断分类、汇总，最后形成会计报表。能看懂会计报表就可以啦！你不用和会计抢饭吃。"

"那所有者权益有确认条件吗？"

"其实所有者权益是个结果，会计恒等式'资产＝负债＋所有者权益'可变形为：资产－负债＝所有者权益，明白吗？"

"明白。资产、负债、所有者权益这三个会计要素可以形成会计恒等式，那收入、费用、利润这三个会计要素也可以形成会计恒等式吗？"

"当然，收入－费用＝利润，你可以把它叫作第二会计恒等式。我们将在利润表部分介绍。关于会计恒等式明白了吧！总结一下，有两个会计恒等式：

$$资产＝负债＋所有者权益$$
$$收入－费用＝利润$$

第一个恒等式是形成资产负债表的基础，资产负债表反映企业的财务状况，就是有多少资产，以及这些资产有多少是股东的、有多少是债权人的。第二个恒等式是形成利润表的基础，利润表反映企业的经营成果，也就是有没有盈利或亏损。可以了吧！口干舌燥肚子饿，吃饭去！"

"请你吃烧烤，给你烤两个大腰子补补。"

"下周一开业，我就不来凑热闹啦。看在大腰子的份上，为祝贺开业，送你一副对联，上联：客似云来，下联：万里无云。"

"狗嘴里吐不出象牙！小花，收拾收拾，锁门，吃饭去。"

"你嘴里吐个象牙试试。说正经，下下周五下班后我过来，结合开业前及开业十几天发生的交易、事项，给你介绍资产负债表。"

"辛苦你了！所以一会儿请你吃正经大腰子。"

财务报表

记忆要点

＊一个独立经营、自负盈亏且对外报送会计报表的经营单位就是会计主体。

＊会计报表是由会计主体提供的，反映该会计主体某个时点的财务状况、某段时期的经营成果及现金流量的有固定格式的一种表格。

＊一个会计主体的资产就是它所拥有的有价值的东西。

＊用来获得资产的资金来源包括：（1）负债；（2）所有者权益。

＊负债来自债权人权益。

＊所有者权益包括：（1）投资者提供的资金，这些投资者是该会计主体体的所有者；（2）该实体单位从事营利性经营所获得的留存收益。

> *债权人对资产有很强的求偿权，如果不偿还债权人的负债，债权人可以到法院起诉，而投资者只对偿还负债后的剩余财产有求偿权。
>
> *会计恒等式的含义就是一个会计主体的总资产等于总负债加所有者权益。用公式来表示：资产＝负债＋所有者权益。

效果检验

12 月 1 日，尚田创办了品水茶吧，12 月共品水茶吧发生下列交易或事项：

（1）品水茶吧收到尚田投入的 50 000 元作为资本。

（2）品水茶吧属于金融企业扶持大学生创业项目，取得某银行借款 10 000 元。

（3）品水茶吧用现金购买了 6 000 元的存货。

（4）品水茶吧以 6 000 元的价格向一位顾客出售了 3 000 元的存货，该顾客支付了 3 500 元的现金，并承诺，在 30 天之内支付其余的 2 500 元。

（5）品水茶吧购买了一辆 8 000 元的电动自行车。支付了 5 000 元的现金，并就剩余的 3 000 元与电动自行车经销商协定分三个月偿还，每月还 1 000 元。

（6）尚田提取 1 000 元供自己使用。

（7）有人提出 30 000 元购买尚田在品水茶吧的权益资本，但是他拒绝了。

要求：根据以上（1）~（7）交易或事项，逐一分析对会计恒等式的影响，并给出最终会计恒等式的数字形式。

（示例：品水茶吧收到尚田外婆投入的价值 235 500 元的商铺作为资本。分析：投入的商铺增加品水茶吧的资产，会计恒等式左边资产增加 235 500 元的同时，会计恒等式右边所有者权益中的实收资本也增加 235 500 元。会计恒等式如下：235 500 ＝0 ＋235 500。）

道德检测

尚田决定要扩大奶茶店规模。奶茶店准备向城市银行申请一笔 350 000 元的贷款。为顺利获得贷款，尚田考虑增加奶茶店所有者权益的金额，有以下两种方案可供选择：

方案一，吸收新的投资者投入资金 200 000 元。前不久，一位大学的同学提出要入股奶茶店，也许这是接受投资的最佳时机。

方案二，尚田将自己的价值 200 000 元的一辆汽车转到奶茶店名下，算作向奶茶店的投资，从而增加奶茶店的所有者权益。在申请到贷款后，可以办理减资，将汽车转回给自己。

要求：

（1）从道德的角度进行分析，指出这样做是道德还是不道德？

（2）谁是利益相关者？对各方的影响是什么？

（3）如果奶茶店的所有者是你，你会怎么做？你的决定有何依据？你的决定会给你带来什么样的感受？

第二节　企业的底子——资产负债表

资产负债表

"客似云来，白云朵朵？"看着略显疲惫但面容透着压抑不住喜悦的尚田，大宝打趣地问。

"何止朵朵白云，那是相当的白云翻滚、遮天蔽日。"

"生意好到出乎意料？"

"有点儿意外。请坐！小花，把那些发票、每天销售奶茶的电脑小票拿过来。开讲吧！大宝老师。"

大宝先拿出一张资产负债表，然后慢慢说道："会计是一种语言。任何语言的目的都是记录、传递信息。会计信息是由被称为财务报表（可以把它称为会计报表，称财务报表可能更专业）的报告提供的。我将帮助你理解财务报表中的数字背后的秘密，以及这些数字是如何使用的，只有理解这些数字的形成，才能更好地使用这些数字进行分析。利用这张表的表头（见表1-1）提供的信息，我们简要回顾一下上次的内容，我问你答。"

表1-1　　　　　　　　　　　　　　资产负债表　　　　　　　　　　　　　会企01表

编制单位：众口奶茶店　　　　　　　20×2年9月30日　　　　　　　　　　单位：元

资产	期末余额	年初余额	负债和所有者权益	期末余额	年初余额

尚田信心满满地说："好的，来吧！"

"表1-1给出一份财务报表的表头，该报表被称为什么表？"

"资产负债表。"

"资产负债表给出了一个会计主体的财务信息。表1-1资产负债表体现的会计主体是？"

"众口奶茶店。"

"资产负债表是某个会计主体在某个时刻的财务状况的反映。那么，表1-1，众口奶茶店的这张资产负债表，报告的是它在什么时刻的财务状况呢？"

"20×2年9月30日的财务状况。"

"20×2年9月30日这个日期指的是该表编制于20×2年9月30日还是它报告的是奶茶店20×2年9月30日的财务状况？"

"嗯，应该报告的是 20×2 年 9 月 30 日的财务状况。"

"对，是 20×2 年 9 月 30 日的财务状况。你看众口奶茶店的资产负债表分为左右两部分，左半边表示资产，右半边表示负债和所有者权益（或股东权益）。左右两边体现的就是会计恒等式。"

"明白，资产负债表就是以会计恒等式作为编制基础。你说过的。"

"如果 9 月 30 日那天向妈妈借的 100 000 元也到手啦，那如表 1-2 所示的资产负债表能否看明白？"

表 1-2 　　　　　　　　　　　　　资产负债表　　　　　　　　　　　　会企 01 表
编制单位：众口奶茶店　　　　　　　　20×2 年 9 月 30 日　　　　　　　　　单位：元

资产	期末余额	负债和所有者权益	期末余额
现金	150 000	负债	100 000
商铺	235 500	实收资本	285 500
资产总计	385 500	负债和所有者权益总计	385 500

"能看明白，就是把会计恒等式反映的经济内容用表格形式体现，这样直观、便于理解。"

"很好，表的左边，资产，是一个会计主体所拥有的有价值的经济资源。会计主体要经营，就需要现金、商铺、设备和其他资源，这些资源是这个会计主体的什么？"

"资产。"

"是的。资产是众口奶茶店所拥有的资源，尽管你已意识到你和小花是奶茶店最宝贵的资源，你和小花是不是奶茶店需要会计记录的资产？"

"不是。你前几天说过。"

"自从废除奴隶制以来，没有一个人能够拥有另一个人。表的右边给出了奶茶店这个会计主体资产的来源。一般有两大来源，分别是什么？"

"负债和所有者权益。"

"负债是一个会计主体对提供资产的外部单位或个人的负债。因为这些外部单位或个人为该会计主体提供了各种形式的信贷，所以被称为债权人。如果奶茶店向 A 公司赊购牛奶 3 000 元，向 B 公司赊购咖啡 2 000 元，这两项赊购业务使得奶茶店资产在增加 5 000 元的同时，也形成了对

哪些人在关注财务报表

两家公司的负债，因为要还。一般的因赊购产生的负债，会计上称为应付账款；向其他单位或个人借款形成的负债，会计上称为其他应付款；向银行借款形成的负债，视借款时间长短会计上称为长期借款或短期借款；商铺这样的资产，会计上称为固定资产；牛奶、咖啡这样的资产，会计上称为存货。如此，表 1-2 就变成如表 1-3 所示的资产负债表，能否明白？"

表1-3　　　　　　　　　　　　　　　资产负债表　　　　　　　　　　　　　会企01表

编制单位：众口奶茶店　　　　　　　　20×2年××月××日　　　　　　　　　单位：元

资产	期末余额	负债和所有者权益	期末余额
现金	150 000	其他应付款	100 000
存货	5 000	应付账款	5 000
固定资产	235 500	负债合计	105 000
		实收资本	285 500
资产总计	390 500	负债和所有者权益总计	390 500

"明白，实质没有变化，只是换了名称。"

"理解得透彻。我们继续深入分析熟悉的陌生概念。债权人对资产有相当于负债金额的求偿权。一个会计主体将用资产来支付其求偿权，也就是债务人用资产偿还债权人，所以，求偿权是对什么而言的？"

"应该是资产。"

"没错。如果会计主体无法偿还债权人的到期债务，那么债权人可以起诉会计主体。如果该会计主体被解散，债权人的求偿权是优先投资者的求偿权，投资者只能得到在偿还负债后剩下的东西，实际情况是有可能什么也剩不下。因此，负债的求偿权与权益资本的求偿权相比，哪一个强？"

"负债。因为你说过所有者权益是剩余权益。"

"宁和聪明人吵架，不和糊涂人说话。真是个聪明的学生！除了负债之外，剩下的所有资产都属于投资者所有。记住，任何不属于债权人所有的资产，都归投资者所有，求偿权（负债＋所有者权益）总额不能超过该会计主体所拥有的资产总额。总资产必须等于负债加所有者权益，这就是它被称为资产负债表的原因。但'资产＝负债＋所有者权益'这个会计恒等式并不能说明一个会计主体的财务状况。这个等式始终相等，除非财务人员计算出现错误，否则始终相等。"

"以它为基础编制的资产负债表应该能更加全面地说明一个会计主体的财务状况。"

"总结的非常好。"

由会计恒等式引入复式记账概念，表1-4是极度简化的资产负债表。

表1-4　　　　　　　　　　　　　　未发生业务时资产负债表

资产	期末余额	负债和所有者权益	期末余额
现金	150 000	负债	100 000
固定资产	235 500	实收资本	285 500
资产总计	385 500	负债和所有者权益总计	385 500

交易1：如果用现金50 000元购买原料，现金因为支付而减少了50 000元，原料（存货）因购入增加了50 000元，资产负债表内容变为如表1-5所示的内容。

表1-5 发生交易1后的资产负债表

资产	期末余额	负债和所有者权益	期末余额
现金	100 000	负债	100 000
存货	50 000		
固定资产	235 500	实收资本	285 500
资产总计	385 500	负债和所有者权益总计	385 500

左右两边总额没有改变，左右两边依然相等。

交易2：如果奶茶店取得银行借款50 000元，现金因银行借款增加50 000元，负债因银行借款增加50 000元，资产负债表内容变为如表1-6所示的内容。

表1-6 发生交易2后的资产负债表

资产	期末余额	负债和所有者权益	期末余额
现金	150 000	负债	150 000
存货	50 000		
固定资产	235 500	实收资本	285 500
资产总计	435 500	负债和所有者权益总计	435 500

左右两边总额有改变，左右两边依然相等。

"关于复式记账，我明白了。当一项业务发生后，如果只涉及资产、负债、所有者权益这三个会计要素中的一个，等式左右总额不变，改变的只是该会计要素的构成，比如交易1，会计同时反映存货增加、现金减少50 000元，一增一减，没有总额的变化，只是资产的构成发生变化。交易2，资产（现金）增加50 000元的同时，负债（银行借款）也增加50 000元，等式左右总额改变但依然相等。我分析的对不对？"尚田高兴地问。

"对！继续。"

"我好佩服我自己。结论来啦！一项业务发生后，只涉及三个会计要素中的一个，会计反映一定是该要素的不同项目一个增加、一个减少。一项业务发生后，可能涉及两个会计要素，分三种情况。第一种涉及资产和负债，会计反映一定是两个要素同时增加或同时减少；第二种涉及资产和所有者权益，会计反映一定是两个要素同时增加或同时减少；第三种涉及负债和所有者权益，会计反映一定是两个要素一个增加、一个减少。否则，会计恒等式不成立。这真的很科学呀！"

"几千年来凝聚了无数人的聪明才智形成的方法，可不是说笑的。"

"与君一席话，胜读十年书。再来，我有点儿上瘾了。"

"银行开户、企业微信、企业支付宝都办好了吧？"

"都办好了，否则怎么收款。"

"好，给你一些数据，完成奶茶店的资产负债表。20×2年12月31日结束营业后，开户银行、企业微信、企业支付宝中存款有100 000元，有其他资产335 500元，奶茶店欠债权人150 000元，投资者投入资本285 500元。"

"So easy。这是我人生完成的第一个资产负债表。小花，快拿手机拍个照，别让它跑了。是不是这样，如表1-7所示。"

表1-7　　　　　　　　　　　　　　资产负债表　　　　　　　　　　　　会企01表

编制单位：众口奶茶店　　　　　　　　20×2年12月31日　　　　　　　　单位：元

资产	期末余额	负债和所有者权益	期末余额
现金	100 000	负债	150 000
其他资产	335 500	实收资本	285 500
资产总计	435 500	负债和所有者权益总计	435 500

"太棒了！唉，被奶茶店耽误的天才会计师。可惜啦！如果奶茶店在第二天，即20×3年1月1日一大早编制资产负债表，它与你上面所编制的资产负债表有什么差别吗？"

"没有。因为20×2年12月31日营业结束后到20×3年1月1日一大早开始营业之间没有发生需要会计反映的业务。"

"有时候，我们用'净资产'这个专业术语代替'所有者权益'，记住，会计上的术语如果带了'净'字，一定是做了扣除，所以净资产指出这样一个事实，即：所有者权益是资产与负债之差，资产扣除了负债就是所有者权益，净资产也。"

"'净资产'好听，简洁有内涵，不像'所有者权益'，透着土豪显摆的味道。"

"好！继续你天才的表演。如果奶茶店有1 000元现金，每盒1升的牛奶20盒，苹果20个，咖啡2千克，你能从这些信息中相加得出资产总额吗？"

"不能。因为它们的计量单位不同，不能相加。你说过。"

"要想把不同的东西，例如动感单车、保温杯、珍珠奶茶、方便面加在一起，它们必须以相同的单位来表示。如果你18元买了三个苹果，12元买了五个梨，尽管你可以按照水果的个数加起来，但这在会计上没有意义，只有用'钱'表示的苹果和梨相加，苹果的18元加梨的12元，拥有30元的水果，这在会计上才有意义。这就是货币核算的概念。我们现在开始量化处理，所以把前边的'会计反映'，用'核算'代替。"

"货币核算？"

"没什么深奥的。在财务报表中是以货币单位分、角、元、百元、千元、万元等来反映实际情况，这就是货币核算的概念。货币相当于一把尺子，会计上用它度量一切。前边资产负债表表头，你有没有关注，都有'单位：元'。通过将不同东西转变为货币量，就可以在算术上处理它们，也就是说，可以将一个项目加另一个项目，或者一个项目减去另一个项目。货币核算概念是说，财务报表只能说明以货币量来表述的交易或事项。如果一个交易或事项无法用货币表述，它就无法在资产负债表中报告。趁热打铁，以下哪些事项可以从阅读众口奶茶店的资产负债表中了解到？"

A. 众口奶茶店拥有多少现金

B. 众口奶茶店股东之一、你外婆的健康状况

C. 众口奶茶店拥有多少"钱"

D. 众口奶茶店停电

E. 众口奶茶店有多少辆自行车

会计计量属性

"应该是 A 和 C。"

"为什么 E 不是？E 不是也涉及数量了吗？"

"E 涉及数量不假，但自行车数量不是货币量。"

"学得不错。你要清楚，由于财务报表只能包含那些以货币量描述的交易或事项，因此，它肯定是一家企业（会计主体）状况的不完整记录，并且不能够总是反映企业最重要的事项。"

"月有阴晴圆缺，人有悲欢离合。万事万物，哪有十全十美。"

"当老板当出心得了。再介绍一个概念，会计主体。就从你这个老板的 700 元的吃饭钱说起吧！上次和你说起，你的个人消费要与奶茶店的经营支出分开，我们提到了会计主体。会计主体就是一实体单位，会计是为会计主体核算，不是为拥有、经营以及通过其他方式与该主体（企业）相关联的个人而核算。众口奶茶店就是一家实体单位，是会计主体。你和外婆是它的所有者。比如，你从店里拿了 1 000 元，编制奶茶店财务报表时，应当记录这次拿钱对奶茶店这个会计主体的影响，而不记录对你的影响。明白？"

"明白！继续！"

"你从店里拿的 1 000 元，不是作为奶茶店的员工获得的工资报酬，你只是作为股东可以处置本店的资产，所以就拿了 1 000 元。你的口袋里多了 1 000 元，你在奶茶店的实收资本却少了 1 000 元，想一想，你与拿钱前相比，你更富？更穷？还是既没富也没穷？"

"嗯，好像是没有变化，奶茶店的钱是我的，口袋里的钱也是我的，对，没有变化。"

"正确。当然，我只是举例子。现实中这种行为是违规的，这叫抽逃资本。你拿了 1 000 元，对奶茶店有无影响？"

"当然有影响，现金（资产）减少 1 000 元，实收资本减少 1 000 元。"

"会计恒等式深入你心，很好！总结一下，为会计主体单独进行会计核算，而不考虑与会计主体相关联的人，这就是会计主体的概念。有些小微企业的老板不去区分那些拿来供个人使用的商品、家人的电话等费用，如果这样，他们就没有使用会计主体的概念，这些会计主体的财务报表是不准确的。活学活用。你和外婆拥有众口奶茶店，你和外婆每个人从店里拿了 1 000 元，各自将 1 000 元存入银行自己的账户，反映众口奶茶店的财务状况的资产负债表应当如何显示！在下列选项中选择。"

A. 众口奶茶店实收资本变化为零

B. 众口奶茶店少了 2 000 元的现金

C. 众口奶茶店的实收资本少了 2 000 元

D. 你和外婆每人都多了 1 000 元的现金

"应该是 B 和 C。"

"对，非常好！如果你和外婆都编制个人财务报表，那你和外婆的财务报表将显示每个人多了 1 000 元的现金。接下来再介绍一个概念——持续经营。"

"等等，怎么离资产负债表越来越远？"

"我们一直没有离开资产负债表呀！不识'资负'真面目，只缘仍在此表中。有些概念不掌握，就不能深入了解资产负债表。"

"好吧！在会计专业领域中，你说什么都对。听你的，持续经营。"

"每一年都有一些企业破产或停止经营、清算解散，每一年都有一些企业注册成立，也有一些企业会年复一年地持续经营下去。会计上必须假设作为会计主体的一家企业或者就要停止经营了，或者会持续经营下去，对于大多数企业而言，最合理的假设是？"

"当然是持续经营下去。"

"会计上假设一个会计主体通常会年复一年地持续经营下去，因此，这种假设就称为持续经营概念，持续经营概念要表述的是，除非有相反的证据，否则会计上假设一个企业将会无限期地经营下去。如果一个企业不能持续经营下去，进行会计处理时就要用专门的方法，我们不去讨论。但你要清楚，一个企业不能无限期地经营下去，企业破产或停止经营、清算解散是常态。真实世界中，一个企业无限期地经营下去反而是不正常的。持续经营是预期。如果一个投资者在注册企业时就知道，企业经营不到三个月就停止经营、清算解散，那他一定不会成立这家企业。当然，成立企业不以营利为目的，而是另有所图者除外。只有预期是持续经营下去，他才会成立企业。"

会计基本
假设

"相当好的总结，关于持续经营的疑虑一扫而光。接下来应该又要介绍什么概念？放心，不质疑了。我是唐僧，你是孙悟空，我还在你划的资产负债表这个圈圈当中。"

"师傅，听俺老孙慢慢道来。下面介绍与资产计量有关的内容。阅读资产负债表的人都希望知道，该表所报告的资产究竟价值是多少。会计上，资产价值的名称是公允价值，也称市场价值，要注意与市场标价、成交价相区别。表 1 - 2 中，众口奶茶店的资产负债表中 20×2 年 9 月 30 日该店的现金为 150 000 元，这就是货币资产的公允价值。之所以如此确信该金额就是 150 000 元，是因为存放款项的银行账户、企业微信、企业支付宝对此款项有可靠的记录。"

"对，因为银行账户、企业微信、企业支付宝都能显示某一时间点的余额。"

"一般来说，当能够获得某项资产的市场价值的可靠信息时，该资产就能以它的公允价值来报告。比如，外婆买商铺花了 235 500 元，商铺这项资产的市场价值 235 500 元就是可靠的。通常，这类信息是从外部获得。因此，如果能获得可靠信息，那么该项资产就以其公允价值来核算。"

"交易中取得的发票，发票中记载的金额应该是可靠的信息。"

"对。大多数资产的公允价值在获得该资产的当天就知道了，因为买卖双方就该资产的价格达成了一致。如果众口奶茶店 20×2 年 9 月 30 日花了 235 500 元购买商铺，那么这个商铺在奶茶店 20×2 年 9 月 30 日的资产负债表上会报告价值为 235 500 元。几十年后的 9 月 30 日它的公允价值是多少呢？选择一下。"

A. 235 500 元

B. 超过 235 500 元

C. 不知道

"应该是 C。十年过去了，可能因为许多正常的原因中的一个而改变了。可能高，可能低，也可能不变。"尚田回答道。

"对。奶茶店目前的财务报表显示该商铺价值为 235 500 元，这就是它的成本，就是取得商铺时的公允价值。"

"成本？"

"你可以理解为获得什么付出的代价。你那台咖啡机多少钱？"

"你看一下发票，大概 9 800 元。"

"对，是 9 800 元。它是奶茶店的一项资产。你刚刚买的，买时它的价值是 9 800 元，如果估计可以使用 8 年，4 年后，也就是 20×6 年 9 月 30 日，奶茶店的资产负债表可能会报告咖啡机的价值是 9 800 元，还是小于 9 800 元？"

"应该是小于 9 800 元。"

"漂亮。你觉得可能的价值是多少？"

"可以用 8 年，已经使用了 4 年，五成新，4 900 元。"

"更漂亮。4 900 元体现咖啡机还没有使用完的价值，这个价值计算涉及折旧。"

"折旧？我估算 4 900 元可不是想到了折旧。"

"折旧是从理论上规范你估算的行为。后面再详细介绍折旧。举个例子吧，你花了 365 元买了个手机，只能使用一年，一年后作为有害垃圾你把手机投进有害垃圾桶。每天手机固定的使用费是多少？注意，不是指每天的通话费用。"

"365 天，365 元，每天手机固定使用费 1 元。"

"1 元是如何确定的，就是折旧要规范的内容。通过折旧，可以体现资产还没有使用完的价值。一般来说，建筑物、机器设备、存货等都有这种特点：除了在购买它们时以外，它们的公允价值通常无法可靠地进行核算。它们都以成本报告，或者根据成本来计算。总结一下，如果资产能够获得可靠的信息，就以什么核算，否则，就以什么核算？"

"如果资产能够获得可靠的信息，就以公允价值核算，否则，就以成本核算。"

"好。用成本来核算某些资产是出于两个原因。首先，对一项资产所估计的公允价值可能过高和不可靠。例如，去年你花 1 000 元买了一双爆款的运动鞋，然后在今年询问你的两个朋友这双鞋子的价值，他们对它的看法可能不一样，即使是由鞋类专家来进行估计。因为对每项资产的公允价值的估价是主观的，会受到个人感受而不是事实的影响，而且请专家给你估算鞋子的价值，你要花费很多的钱，可能高于鞋子的原价。其次，许多资产并不打算在近期卖出去，它们将被继续使用。会计主体和那些使用资产负债表的人因此不需要知道这项资产的公允价值，这个原因来自前边我们讲过的什么概念？"

"嗯，持续经营概念。"

"必须点赞。尚田，你是不是选错行了。总结一下，会计上关心某些资产的成本而不是其公允价值的原因。一是公允价值难以估计，也就是说，它是主观的，而成本则是客观的；二是持续经营概念使得人们没有必要知道许多资产的市场价值，这些资产将在今后的经营中被继续使用，而不是立即被卖掉。一项资产究竟是以公允价值，还是以成本进行会计核算的决策，通常是在购得该项资产的时候做出的。月初奶茶店购入 1 000 元的速溶咖啡，放在店里，资产负债表报告为 1 000 元，这是它们的成本。下月初如果你打算以至少 1 500 元的价钱把这些速溶咖啡卖出去，那么这些咖啡在资产负债表上将报告为多少？"

"应该是 1 000 元，因为 1 500 元是我的主观意愿，不是一个事实，所以它是不可靠的。"

"改行吧，不改行可惜了。引入一个名为货币资产的概念，会计上把类似于前面提到的银行账户、企业微信、企业支付宝中的存款，被叫作现金的资产称为货币资产。前面我们提到的商铺、设备和存货都是非货币资产。货币资产是以公允价值报告的，而非货币资产是以成本或者是根据成本报告的。"

"我们'盘'了这么多会计概念，现在可以'盘一盘'资产负债表了吧？"

"盘它！表 1-2 是一张我们熟悉的资产负债表，左边是资产，右边是负债和所有者权益。企业编制的资产负债表格式是固定的，也就是说，不同的企业编制的资产负债表是一样的，因为要照顾到所有的企业，所以资产栏内的各个项目一定是高度概括的，既能提供给报表阅读人所需要的有关资产的信息，同时也没有详细到暴露企业商业秘密。"

"没错。不能太粗，也不能太细。报告太粗略，伤害会计信息需求者，报告太详细，伤害经营者。"

"资产是有价值的资源。资产的重要性不言而喻，需要更具体地考察这个概念。要想在报表项目中列为资产，该项目必须具备三个条件。第一个条件，该项目必须被会计主体所控制。通常，这意味着会计主体必须拥有该项目。拥有是指拥有该项资产法律上的所有权，控制是说该项资产操控在谁手里。拥有强调的是法律形式，控制强调的经济实质。在会计上有一个概念，'实质重于形式'，所以我们这里强调资产必须被会计主体所控制。"

"这就像买车和租车。买，拥有；租，控制。"

"精辟。第二个条件，该项目必须对该会计主体有价值。下列项目中的哪几项可以看作一家奶茶店的资产？"

A. 奶茶店收回顾客所欠款项的权利

B. 可供销售的奶茶制品

C. 过期的没有利用价值的奶茶制品

D. 工作正常的咖啡机

E. 无法工作、也无法修理、没有回收价值的咖啡机

"应该是 A、B、D，因为 C 和 E 没有价值，所以，它们不是奶茶店的资产。"

"非常正确！第三个条件是该项目必须已经以可以核算的成本购得。你花了 580 元注册商标，该商标就是奶茶店的一项资产。相比较而言，如果众口奶茶店，由于一贯的高质量产品而获得了极高的声誉。从会计上讲，这个声誉不是奶茶店的资产，尽管它可能价值连城。"

"是啊！真是：好的声望是永远找不开的钞票，坏的名声是永远挣不脱的枷锁。"

"看不出来，一个奶茶店的老板还是一个文艺青年。总结一下，一个项目要想列为资产，必须具备哪三个条件？"

"一是它必须被会计主体拥有或控制；二是它必须对该会计主体有价值；三是它的取得成本必须是可计量的。"

"科学上探究一个事物的基本方法是对该事物进行分类。资产也不例外，有一种分类将资产分为两大类，流动资产和非流动资产。你想想，负债可以分为几大类？"

"负债也分为两大类，流动与非流动？"

"所有者权益呢？"

"所有者权益也可以分为两类？好像不是！"

"感觉不错。流动资产是指现金和预计在不远的将来（通常是在一年内）转变为现金或用掉的资产。奶茶店内货柜里的咖啡、牛奶、白砂糖就是流动资产，商铺是不是流动资产？"

"应该不是。因为我不会把商铺在一年内卖掉。"

"非常正确。在资产负债表上，流动资产和非流动资产通常是分别报告的。流动资产预期可以在一年内转变为现金。顾名思义，那些希望能在未来一年以上的时间使用的资产，就称为非流动资产。常见的流动资产有应收账款、存货，还有现金等。应收账款归一个会计主体所有，通常是顾客延期支付的款项，就是俗话说的顾客赊账。生活当中，每户家庭每个月都从电网公司收到账单。支付该账单之前，它就是该电网公司的应收账款。存货，是指那些将要售出的货物，如原材料，以及在完成后将要销售出去的半成品、成品等。比如奶茶店所拥有的用来销售给顾客的速溶咖啡、一杯杯的奶茶就是存货。如果将来奶茶店购入一辆运货的卡车，它就不是存货。问一个问题，如果奶茶店装有防盗报警系统，它能防止被盗而避免损失，该防盗报警系统是一项资产吗？"

"是的，应该是一项资产。"

"是一项流动资产吗？"

"不是。应该是非流动资产，它的使用期应该超过一年。"

"奶茶店中的商铺、咖啡机，还有桌椅板凳等，它们是非流动的，这些资产预期的使

用期限都在一年以上。会计上把商铺、咖啡机、桌椅板凳，称为固定资产，如同把流动资产中的原材料称为存货一样。"

"装修支出算什么？"

"非常好的问题。一会儿回答你。我们把分类进行到底。资产还可以根据资产的物理形态分类为有形资产和无形资产，你注册的商标就是无形资产，固定资产、存货就是有形资产。到现在为止，对资产有三个分类，你能否总结一下？巩固巩固！"

"一是货币资产与非货币资产；二是流动资产与非流动资产；三是有形资产与无形资产。"

"这些分类你中有我、我中有你，资产负债表中资产栏的排列顺序就是按照资产的流动性排列的。负债就像你刚才说的分为流动负债与非流动负债，会计上非流动负债被称为长期负债。流动负债是在短期内、通常是一年内到期的负债。你母亲借给奶茶店的100 000元，如果要求一年内偿还，该项负债就是流动负债，会计上称为其他应付款；如果偿还期在一年以上，该项负债就是长期负债，会计上称为长期应付款。如果向银行借款，会计上根据偿还期限分别称为短期借款和长期借款。如果奶茶店赊购，会形成应付账款，这也是一项重要的流动负债。所有者权益，如果我们忽略资本公积这个头疼的概念，事实上，目前奶茶店是不会出现资本公积的。奶茶店的所有者权益由两部分构成——实收资本和留存收益。实收资本反映投资者的投入，留存收益是由奶茶店营利性经营形成且保留下来的没有分配的利润。问个问题，资产负债表右边是如何排列的？"

"也是按照流动性排列的。左边的流动性是指资产变成现金的快慢，右边是偿还的长短。负债是有偿还期限的，而所有者权益没有，所以负债排列在所有者权益的前面。"

"理解完全正确。一个会计主体的资产、负债与所有者权益的金额每天都在改变。因此，在资产负债表上所反映的金额也是变化的。尽管我国的会计制度要求在每月底及年底编制资产负债表，但它也可以经常编制。假设奶茶店每天结束营业时编制资产负债表。按日编制的称为日报表，按月编制的称为月报表，按年编制的称为年报表。假设9月30日这一天企业注册、银行开户等都完成，你将自己投资的50 000元和从妈妈那里借来的还款期为10个月的100 000元存入奶茶店的开户行中。当日结束，你就可以编制如表1-8所示的资产负债表。"

表1-8　　　　　　　　　　　　　　**资产负债表**　　　　　　　　　　　　会企01表

编制单位：众口奶茶店　　　　　　　　20×2年9月30日　　　　　　　　　单位：元

资产	期末余额	负债和所有者权益	期末余额
货币资金	150 000	其他应付款	100 000
固定资产	235 500	实收资本	285 500
资产总计	385 500	负债和所有者权益总计	385 500

"放在奶茶店内的钞票，会计上称为库存现金，放在银行的称为银行存款，放在企业微信和企业支付宝的称为其他货币资金，它们反映在资产负债表上就称为货币资金，是个汇总合计的金额。能看懂吧！"

"能。我理解的货币资金就是能及时用于支付的资产。"

"非常好！我们假设所有单位全年无休息。第二天，注册商标支出580元，假定是通过银行转账支付。此项业务会引起财务状况怎样的变化？"

"银行存款少了580元，但商标……资产……对，无形资产增加580元。"

"漂亮！10月1日的资产负债表是不是变成表1-9？"

表1-9　　　　　　　　　　　资产负债表　　　　　　　　　　会企01表

编制单位：众口奶茶店　　　　　　20×2年10月1日　　　　　　　单位：元

资产	期末余额	负债和所有者权益	期末余额
货币资金	149 420	其他应付款	100 000
固定资产	235 500		
无形资产	580	实收资本	285 500
资产总计	385 500	负债和所有者权益总计	385 500

"对。只是无形资产看起来有点儿单薄。"

"秤砣虽小压千斤，'鹭鸶腿上劈精肉，蚊子腹内剖脂油'，再瘦也是肉。10月2日你以股东的身份从银行账户转出700元到你个人的支付宝中，用于吃饭等个人消费，前面说过这些支出不是奶茶店的支出，700元只能算作你向奶茶店的借款。这体现了什么概念？"

"会计主体。"

"假设，你打算几天后就归还。10月2日的资产负债表是不是变成表1-10？"

表1-10　　　　　　　　　　　资产负债表　　　　　　　　　　会企01表

编制单位：众口奶茶店　　　　　　20×2年10月2日　　　　　　　单位：元

资产	期末余额	负债和所有者权益	期末余额
货币资金	148 720	其他应付款	100 000
其他应收款	700		
固定资产	235 500		
无形资产	580	实收资本	285 500
资产总计	385 500	负债和所有者权益总计	385 500

"我转出700元，银行存款少了，奶茶店拥有了向我收款的债权，它是一项资产，资产一增一减，等式依然恒等。对，没错。个人向企业借款会计上称为其他应收款？"

"对。10月3日，买了电热水壶和咖啡机，我看看发票。买了电磁炉、桌椅板凳、收款机，一共支出27 896元，假设还是转账支付。10月3日的资产负债表是不是变成表1－11的样子？"

表1－11 资产负债表 会企01表

编制单位：众口奶茶店 　　　　　 20×2年10月3日 　　　　　 单位：元

资产	期末余额	负债和所有者权益	期末余额
货币资金	120 824	其他应付款	100 000
其他应收款	700		
固定资产	263 396		
无形资产	580	实收资本	285 500
资产总计	385 500	负债和所有者权益总计	385 500

"对。电热水壶、咖啡机、电磁炉、桌椅板凳、收款机，这些资产的使用期限都在一年以上，都属于固定资产。我知道，奶茶店买入的牛奶、咖啡豆、速溶咖啡、一次性纸杯、吸管等生产奶茶、咖啡等饮品的原料、包装物是存货，是流动资产，因为它们在短期内被耗用。玻璃杯、瓷质咖啡杯、不锈钢大小勺子，可以多次使用，使用期限应该也超过一年，那为什么它们不是固定资产？"

"好问题！使用中的玻璃杯、瓷质咖啡杯容易损坏，不锈钢勺子单价太低，类似这些资产会计上称为低值易耗品，与牛奶等原料都反映在资产负债表存货项目中。从你提供的发票看，玻璃杯、瓷质咖啡杯、不锈钢勺子一共是1 782元。假设10月4日购入，转账支付。10月4日的资产负债表是不是变成表1－12？"

表1－12 资产负债表 会企01表

编制单位：众口奶茶店 　　　　　 20×2年10月4日 　　　　　 单位：元

资产	期末余额	负债和所有者权益	期末余额
货币资金	119 042	其他应付款	100 000
其他应收款	700		
存货	1 782		
固定资产	263 396		
无形资产	580	实收资本	285 500
资产总计	385 500	负债和所有者权益总计	385 500

"对！"

"10月5日，奶茶店与装修公司签订合同，合同金额41 000元，合同规定，装修结束验收合格后，一次性支付给装修公司41 000元。这项业务会影响当天的资产负债表吗？"

"应该不会。因为资产、负债、所有者权益，三个会计要素都没有因为合同的签订而发生总额或构成的变化。"

"完美的答案。我看看还有什么发票。代办注册的300元，假设也是银行转账支付的。因为这是一项支出，该支出没有形成资产，所以只能算作奶茶店的费用，它是会计上称为开办费当中的一种，我们简化处理，就算作当天发生的一项费用，因为10月5日当天及之前，奶茶店没有一分钱的收入，300元的费用算作奶茶店的亏损，奶茶店留存收益为 −300元。10月5日的资产负债表是不是变成表1–13？"

表1–13　　　　　　　　　　　　　　资产负债表　　　　　　　　　　　会企01表

编制单位：众口奶茶店　　　　　　　　20×2年10月5日　　　　　　　　　单位：元

资产	期末余额	负债和所有者权益	期末余额
货币资金	118 742	其他应付款	100 000
其他应收款	700		
存货	1 782		
固定资产	263 396	留存收益	−300
无形资产	580	实收资本	285 500
资产总计	385 200	负债和所有者权益总计	385 200

"对！"

"10月6日，你通过扫微信的收付款码，将你微信中的700元转账到奶茶店的企业微信中偿还借款，10月6日的资产负债表是个什么样子？"

"10月6日的资产负债表是不是变成表1–14？"

表1–14　　　　　　　　　　　　　　资产负债表　　　　　　　　　　　会企01表

编制单位：众口奶茶店　　　　　　　　20×2年10月6日　　　　　　　　　单位：元

资产	期末余额	负债和所有者权益	期末余额
货币资金	119 442	其他应付款	100 000
存货	1 782		
固定资产	263 396	留存收益	−300
无形资产	580	实收资本	285 500
资产总计	385 200	负债和所有者权益总计	385 200

"行啊！尚田，聪明过人。我看你骨骼惊奇……"

"得得得，大宝，我严重怀疑，你不是在夸我，而是在骂我。这不难呀！认真想想，事情就应该是这样。"

"可能奶茶店是你的事业、理想，所以你格外地用心。"

"是啊！人要有理想和远大目标。港片中老有人说，人没有理想同咸鱼有什么区别。"

"就这样被你征服。尚田，你的努力就是一杯催人奋进的心灵鸡汤。现在解决奶茶店最大的一笔开支——装修费。如果奶茶店不装修，会怎么样呢？"

"如果不装修，里边尘土飞扬，乱七八糟，那谁还到我店里消费。现在我们奶茶店妥妥地成网红店了。线上线下生意是很好的。原因是什么？就是顾客到奶茶店里消费的体验太好了，在网上相互宣传。生意好的原因，我总结了三条，一靠奶茶口味，二靠装修，三靠我和小花的颜值。口味、装修、颜值缺一不可。所以我觉得装修应该可以给奶茶店带来额外的收益，这个装修应该算资产，是吧？是不是算无形资产呢？"

"装修基本与建筑物有关。会计上对装修费用的处理有两种情况。如果金额不大，就不作为资产处理，直接计入当期费用，与代办注册费用 300 元处理一样，直接计入费用。如果金额大，算作固定资产。金额达到多少可以算作固定资产并没有具体标准，企业可以自己决定。但是一般来说金额超过 2 000 元可以算作固定资产。假设 10 月 7 日装修结束，验收通过并银行转账支付了 41 000 元。10 月 7 日的资产负债表是个什么样子？"

"10 月 7 日的资产负债表是不是变成表 1–15？"

表 1–15　　　　　　　　　　　　资产负债表　　　　　　　　　　　　会企 01 表

编制单位：众口奶茶店　　　　　　　20×2 年 10 月 7 日　　　　　　　　　单位：元

资产	期末余额	负债和所有者权益	期末余额
货币资金	78 442	其他应付款	100 000
存货	1 782		
固定资产	304 396	留存收益	–300
无形资产	580	实收资本	285 500
资产总计	385 200	负债和所有者权益总计	385 200

"我只笑笑不说话。不敢表扬啦！开业到现在没少采购呀！正常情况下，当天发生的当天处理。会计信息有及时性的要求。这样，有个大三的小学妹在我们部门实习，以后双休日的时候让她过来给你记账、编制报表、申报纳税。假设这些多次购买的原料就发生在 10 月 8 日，加一下，牛奶、干果、小吃、茶叶、咖啡豆、速溶咖啡、一次性纸杯、吸管……总共为 83 218 元，有赊购的吗？"

"向 B 公司买咖啡，那天出现了小状况，现金一下周转不开，大部分货款付了，就欠了 4 776 元，对方当时同意下次购买时一同付款。"

"其他采购的付款假设都是银行转账。10 月 8 日的资产负债表是个什么样子?"

"10 月 8 日的资产负债表是不是变成表 1－16?"

表 1－16 　　　　　　　　　　　　　　**资产负债表** 　　　　　　　　　　　　　 会企 01 表

编制单位：众口奶茶店 　　　　　　　　　20×2 年 10 月 8 日 　　　　　　　　　　　　单位：元

资产	期末余额	负债和所有者权益	期末余额
存货	85 000	其他应付款	100 000
固定资产	304 396	应付账款	4 776
无形资产	580	留存收益	－300
		实收资本	285 500
资产总计	389 976	负债和所有者权益总计	389 976

"没错。如果奶茶店某月的资产负债表真是这样，有没有看出问题?"

"奶茶店没有用于支付的现金了!"

"由于现金的短缺，奶茶店的经营随时都有可能中断。会计除了编制报表，还要时刻关注企业现金状况，避免出现现金短缺。幸好，开业到现在收入也不少。小花，清点一下存货，用各自清点的数量乘以各自的单价，给我算个总数。玻璃杯、瓷质咖啡杯、不锈钢大小勺子等低值易耗品不算。你也去帮个忙呀!"

"清点出来啦! 存货还有 5 950 元。"

"奶茶店进货 83 218 元，现在还剩 5 950 元，你说卖出去多少?"

"两个数减一下，卖出去 77 268 元的东西。"

"这就是卖出去东西的成本。会计上称为销售成本或营业成本。销售收入合计 99 828 元。有没有赊账的?"

"有。今天上午楼上一家商户开品牌推介会，招待到场的顾客，从我这里拿了 100 杯奶茶，我也是为奶茶店打广告，当场赠送了 20 杯。哎，赠送的 20 杯，会计上有没有个说法。"

"奶茶一杯多少钱?"

"一杯 20 元。"

"楼上商户欠奶茶店 2 000 元。连买带送一共 120 杯，收 2 000 元，一杯 16.67 元。这就是会计上的说法，相当于你给他打折了。你知道你给他打折的幅度吗?"

"这个不是很清楚。"

"一杯 16.67 元，这个知道吗?"

"知道。2 000 除以 120。"

"原来价格一杯是 20 元，现在一杯是 16.67 元，我们可以设折扣为 Y，是不是有等式: $20 \times Y = 16.67$，解得 $Y = 0.8335$，换作百分比就是 83.35%。平时我们在商场看到打 9 折或 5 折，就是价格只卖原价的 90% 或 50%。你的打折有零有整，打 8.335 折。明白?"

"明白!"

"现在取得的收入合计是 99 828 元，其中，收到现金的有 97 828 元，应收账款有 2 000 元。你合计一下网银、企业微信、支付宝的余额及收款机下的钞票，合计一个总数。"

"哇! 我见证奇迹啦! 好神奇呀! 居然是 97 828 元。"

"神奇你个大头鬼。正常就应该这样。如果不考虑其他任何费用，你把 77 268 元的东西卖了 99 828 元，你赚了多少钱?"

"22 560 元?"

"是不是用 99 828 减去 77 268?"

"是。"

"99 828 是销售收入，77 268 是销售成本，销售收入 - 销售成本 = 销售毛利。关于销售毛利，讲到利润表时再详细说明。如果不考虑其他任何费用，你可以把销售毛利 22 560 元看成奶茶店的利润，这个利润最终归谁所有?"

"奶茶店的利润当然归我，不，归我和外婆所有。"

"想想，如果上面讨论的业务都发生在 10 月 9 日，10 月 9 日的资产负债表是个什么样子?"

"这个有点复杂。10 月 9 日的资产负债表是不是变成表 1 - 17?"

表 1 - 17　　　　　　　　　　　　　资产负债表　　　　　　　　　　　　　会企 01 表

编制单位：众口奶茶店　　　　　　　　20×2 年 10 月 9 日　　　　　　　　　　　单位：元

资产	期末余额	负债和所有者权益	期末余额
货币资金	97 828	其他应付款	100 000
应收账款	2 000	应付账款	4 776
存货	7 732		
固定资产	304 396	留存收益	22 260
无形资产	580	实收资本	285 500
资产总计	412 536	负债和所有者权益总计	412 536

"不夸你，夸我自己可以吧! 真是名师出高徒啊! 再来! 奶茶店购入玻璃杯、瓷质咖啡杯、不锈钢大小勺子等低值易耗品，目的不是对外销售的，向顾客销售产品、提供服务需要这些东西，可以使用的时间长短不一，但总是会被消耗掉。由于低值易耗品单价不高、种类又多，如果使用期内价值均衡地被消耗，使用就意味着消耗，被消耗的价值均衡地变成使用期内各期的费用，这样处理是琐碎的、对每期的影响不是很大，所以，一般地处理是使用当期一次性计入当期费用。假如 1 782 元的低值易耗品在 10 月 10 日全部开始使用，在当日一次性计入费用，10 月 10 日的资产负债表是个什么样子?"

"一次性计入费用，10 月 10 日的存货，也就是资产少了 1 782 元，费用增加了 1 782 元，利润少了 1 782 元。10 月 10 日的资产负债表是不是变成表 1 - 18?"

表 1 – 18   资产负债表   会企 01 表

编制单位：众口奶茶店   20×2 年 10 月 10 日   单位：元

资产	期末余额	负债和所有者权益	期末余额
货币资金	97 828	其他应付款	100 000
应收账款	2 000	应付账款	4 776
存货	5 950		
固定资产	304 396	留存收益	20 478
无形资产	580	实收资本	285 500
资产总计	410 754	负债和所有者权益总计	410 754

"果然名师出高徒。终极问题来了！"

"哼，终极问题？宇宙末日问题本宝宝也能搞定。放马过来！"

"奶茶店购入牛奶等是为了出售，购入低值易耗品、固定资产等不是为了出售，奶茶店拥有了低值易耗品、固定资产等这些资产，出售购入的牛奶才成为可能。低值易耗品刚才处理了。固定资产同样存在均衡摊销的问题。刚才看了，商铺的产权 40 年，到你开业，已经过去了 9 个月，所以，这个商铺奶茶店可以使用 39 年再加 3 个月，即 471 个月，作为固定资产的商铺当时购买价值是 235 500 元，假设它在 471 个月中均衡地被损耗，则每个月应分摊该损耗就是 235 500 除以 471，这个计算过程会计上称为折旧，每个月折旧为 500 元。既然每个月损耗 500 元，10 月底也就是使用的第一个月底，商铺的价值、准确讲应该是净值，就不应该是 235 500 元，应该是多少？"

"听到净值，想起你告诉我的会计上的 '净' 是扣除后的结果。商铺的净值一定是 235 500 扣除 500，即 235 000 元。咖啡机、收款机、装修等其他固定资产也这样处理？"

"固定资产计提折旧基本都一样。但其他资产单价比较小，种类又多，我们把它们视为一个整体，统一预计使用 5 年，即 60 个月。装修嘛，5 年后重新装修。你计算一下，其他固定资产每月应计提的折旧。"

"其他的固定资产原来价值 68 896 元，除以 60，每月计提折旧 1 148.27 元。"

"每个月计提的折旧累计在一起，称为累计折旧，比如，到 20×3 年 9 月 30 日，商铺计提的折旧累计为 6 000 元，12 个月的折旧。20×3 年 9 月 30 日资产负债表中固定资产的金额应该是 229 500 元。明白吗？"

"明白。"

"如果只考虑计提折旧这一事项，其他内容同表 1 – 18，时间是在月底，那么 10 月 31 日的资产负债表如何？"

"左边因计提折旧导致资产减少，右边因计提折旧费用增加而导致利润减少。10 月 31 日的资产负债表是不是变成表 1 – 19？"

表 1-19   资产负债表   会企 01 表

编制单位：众口奶茶店   20×2 年 10 月 31 日   单位：元

资产	期末余额	负债和所有者权益	期末余额
货币资金	97 828	其他应付款	100 000
应收账款	2 000	应付账款	4 776
存货	5 950		
固定资产	302 747.73	留存收益	18 829.73
无形资产	580	实收资本	285 500
资产总计	409 105.73	负债和所有者权益总计	409 105.73

"犀利！"

"折旧计算是会啦，购买时的价值除以使用的年限。"

"这只是计提折旧方法中的一种，其他方法有空再说。"

"为什么要计提折旧呢？"

"固定资产是有形资产。有形资产如果一直使用，终有磨损到不能用的时候，还有，技术进步导致原有资产被淘汰，而企业是持续经营，所以，要购入新的固定资产。购置固定资产的钱哪里来？就是折旧给提供的呀！折旧你可以理解成固定资产不断被损耗、不断折旧得到补偿。举个例子，一个人有 500 元，做点小本生意，买了 500 元的东西，如果所买东西价格不变，经营规模始终是 500 元，你想想，他 500 元的东西至少卖多少钱才能保证下次的采购依然是 500 元？"

"至少销售价格 500 元，大于 500 元有利润，等于 500 元可以保持经营规模，小于 500 元，经营规模变小。"

"折旧的含义也是如此。"

"基本明白了。刚才说固定资产是有形资产，有形资产有磨损，所以有使用期限。那无形资产没有磨损，使用期限无限，不用折旧吧？"

"制度是这样规定的，确实没有使用期限的无形资产，不用摊销。奶茶店的 580 元的无形资产就是你注册商标的费用，我国《商标法》规定，商标有效期 10 年，满 10 年续展。所以 580 元可以分 120 月摊销，每月摊销大约 4.83 元。"

"这么少！干脆当时算作费用好了。"

"鞋大鞋小不能走了样子。作为无形资产处理，一是制度规定可以这样处理，二是报表给外人看，好看一些，奶茶店居然有无形资产，呵呵！如果 4.83 元是 10 月 31 日计提的，10 月 31 日的资产负债表又会有如何变化？"

"无形资产按净值反映在资产负债表中，资产减少 4.83，费用增加导致利润减少 4.83元。10 月 31 日的资产负债表是不是变成表 1-20？"

表 1-20 　　　　　　　　　　　 **资产负债表** 　　　　　　　　　 会企 01 表

编制单位：众口奶茶店 　　　　　　　 20×2 年 10 月 31 日 　　　　　　　　 单位：元

资产	期末余额	负债和所有者权益	期末余额
货币资金	97 828	其他应付款	100 000
应收账款	2 000	应付账款	4 776
存货	5 950		
固定资产	302 747.73	留存收益	18 824.90
无形资产	575.17	实收资本	285 500
资产总计	409 100.90	负债和所有者权益总计	409 100.90

"正确。资产负债表如何形成、变化，基本清楚了。下次来介绍利润表。"

"资产负债表和利润表有关系吗？"

"当然有了。今天不谈了。无形的食粮吃饱了，该吃有形的食粮了。"

记忆要点

*资产负债表所提供的信息是一个会计主体某个时间点的资产、负债与所有者权益的金额。

*会计报表只能反映那些可以用货币量化的项目。

*企业会计是为会计主体设立的，而不是为那些拥有该会计主体的人，或者是与该会计主体有关联的人设立的。

*资产是一个会计主体所拥有或控制的，有价值的，并且以可核算的成本购得的东西。人力资源就不是财务报表中的资产。

*流动资产是指现金以及预计能够在近期转变为现金和用掉的其他资产。

*流动负债是指近期（通常是一年内）需要偿还的负债。

*一笔负债可能既包含流动负债部分，也包含非流动负债（长期负债）。

*所有者权益包括实收资本和会计主体开办以来所形成的留存收益。

*留存收益不是现金，它是会计主体所有者对其资产所有权的一部分。

*会计只对影响资产、负债、所有者权益增减变化的交易或事项进行会计处理。

*有些交易或事项会影响到资产和（或）负债，但对所有者权益没有影响。

*有些交易或事项影响资产和（或）负债，但对所有者权益没有影响。

*有些交易或事项既影响资产和（或）负债，也影响所有者权益。

*有些事项不属于会计反映的事项，它们不影响会计的金额。比如计划购买固定资产。

*销售包括两个方面：营业收入和营业成本。在销售时，无论是否立刻得到现金，都会产生营业收入，相关的营业成本就是所销售商品的成本。

效果检验

（1）请根据第一节"效果检验"的资料，为品水茶吧编制一份截至 12 月 31 日的资产负债表。

（2）尚田声称 12 月 31 日的存货价值是 6 000 元，理由是 3 000 元的存货以 6 000 元的价格销售了。那么，资产负债表中存货的价格是多少？为什么？

道德检测

假设尚田要扩大经营范围，支付 300 000 元取得了在华东五省一市（浙江、江苏、安徽、江西、福建、上海）销售某公司软件的特许经营权。他想转让在江苏、安徽、江西、福建的特许经营权。他心里非常明白，从他这里购买特许经营权投资者一定会要求他提供公司的财务报表。

他深信特许经营权的价值远大于 300 000 元，他将特许经营权的价值设定为 3 000 000 元。所以，他希望特许经营权能以 3 000 000 元反映在财务报表中。为此，他去了一家咨询公司。咨询公司给出的建议是进行如下一系列的交易：

（1）找一个可靠的第三方，让其临时借款 3 000 000 元，从尚田目前的公司购买特许经营权；

（2）尚田用获得的 3 000 000 元注册成立一家新公司；

（3）新公司从第三方买回特许经营权，如果不考虑给予第三方利息等，购买价依然是 3 000 000 元。

这一系列处理的结果是，第三方偿还了借款，没有了负债，与此事不再有联系，尚田拥有新公司而新公司拥有特许经营权。新公司资产负债表反映的就是花费 3 000 000 元购买的特许经营权。这张资产负债表就是他推销特许经营权最有价值的卖点。

要求：

（1）上述中哪些是不道德的事项？

（2）上述交易的利益相关者是谁？

（3）从经济、道德的角度分析对利益相关者的影响。

第三节　企业的面子——利润表

利润表

"来了，大宝。我先处理几个网上外卖订单，快递小哥到店就要拿走，不能等。哎！生，容易，活，也容易，生活不容易。"

"嗯，有'达则兼济天下'的情怀。"

尚田处理完订单后拍拍大宝的肩说："大宝，今天介绍利润表？"

"对。有两个会计等式。你还记得吗？"

"'资产＝负债＋所有者权益'和'收入－费用＝利润'。"

"正确。一定期间形成的不被股东分配的利润，留存下来，称为留存收益，构成所有者权益的一部分。为了给你一个直观的感觉，我们把资产负债表和利润表比作关于水库情况的两份报告。一份报告的是某个期间流过水库的水量，另一份报告的是在某个期间结束时水库里有多少水。想想看，这两份报告分别对应的财务报表是什么？"

"利润表应该是某个期间流过水库的水量，资产负债表是水库里有多少水。"

"厉害。利润表报告的是一个时期内的流量，资产负债表报告的是某个时间点的状态。利润表被称为流量报告，反映的是会计主体一个时期内的经营成果；资产负债表是状态报告，反映的是会计主体一个时间点的财务状况。再强调一次，你是你，奶茶店是奶茶店。你以员工身份从奶茶店获得现金，奶茶店算作费用；你以股东的身份，从奶茶店取得现金，算作利润分配或抽逃资本。前者反映在利润表中；后者不反映在利润表中，会减少留存收益或实收资本，反映在资产负债表中。"

"你上次说过后，我再也没有从奶茶店拿钱了。现在花的都是我和小花的私房钱。"

"成大事者，必须公私分明。你还记得会计要素吗？"

"记得。资产、负债、所有者权益、收入、费用、利润。就是刚才的会计等式构成内容。"

"资产、负债、所有者权益出现在资产负债表中，收入、费用、利润出现在利润表中。"

"等等！你上次说两张表有关系，可你刚才的意思好像两张表没有关系。"

"嗯，长江和太平洋一样吗？"

"不一样，长江是江，太平洋是洋。"

"你真是个天才。长江的水最终都要流入太平洋这个大水库中。两表的关系有点儿像这种关系。表 1-21 是利润表，注意表头的时间。"

表 1-21   **利润表**   会企02表

编制单位：众口奶茶店   20×2 年 10 月   单位：元

项　　目	本期金额	上期金额
一、营业收入		
减：营业成本		
税金及附加		
销售费用		
管理费用		
财务费用		
……		
二、营业利润（亏损以"－"号填列）		
……		

续表

项 目	本期金额	上期金额
三、利润总额（亏损总额以"－"号填列）		
减：所得税费用		
四、净利润（净亏损以"－"号填列）		
……		

"可以看到'收入－费用＝利润'的影子，反映一个期间的经营成果，所以时间是20×2年10月，10月取得的经营成果。"

"理解正确。你看一下你电脑中的学习记录，资产负债表从哪张表就有了利润反映在留存收益中。"

"表1－13开始有，－300元，支付的注册费用。"

"这项支出属于利润表中的管理费用。把收入和费用全部找出来。"

"表1－17中，收入99 828元（货币资金97 828＋应收账款2 000），其对应的销售成本为77 268元；表1－17和表1－18中的存货差为低值易耗品摊销1 782元；表1－18和表1－19的固定资产差表示两项折旧500元和1 148.27元；表1－19和表1－20的无形资产差为无形资产计提的摊销4.83元。"

"收入填入营业收入金额栏，销售存货的成本填入营业成本金额栏，其他填入管理费用金额栏。假设10月的经营业务就是以上内容，编制众口奶茶店10月的利润表。利润表就反映营业收入和利润两项内容。"

"10月的利润表是不是如同表1－22?"

表1－22　　　　　　　　　　　利润表　　　　　　　　　会企02表

编制单位：众口奶茶店　　　　　　20×2年10月　　　　　　　　单位：元

项 目	本期金额	上期金额
一、营业收入	99 828	
减：营业成本	77 268	
税金及附加		
销售费用		
管理费用	3 735.10	
财务费用		
……		
二、营业利润（亏损以"－"号填列）	18 824.90	

"表中营业利润18 824.90元是不是非常眼熟?"

"是。资产负债表中留存收益的金额。"

"资产负债表与利润表关系清楚了吗？"

"利润表的结果会出现在资产负债表留存收益中。"

"你陈述了一个可观察的事实。其实利润表的编制没有特别的方法，就是'收入 - 费用 = 利润'的表格化，容易掌握。利润表各个项目体现的有关会计概念，是学习利润表的重点。现在大概了解了利润表了吧？"

"基本明白。"

"那我们开始利润表的学习。先介绍会计年度的概念。利润表报告的是一段时期的利润。利润表所包含的那段时间，称为会计期间。按照我国会计制度规定，多数会计主体正式的会计期间是一年，称为会计年度。会计报表所含时期低于一年的，称为中期报表。比如月报、季报、半年报等。表 1 - 20、表 1 - 22 就是中期财务报表。你有没有想过，企业是持续经营的，为什么报表要分月报、季报、半年报、年报？"

"是不是就像上学有周考、月考、期中考、期末考、中考、高考，通过考试检验每一阶段的学习效果。通过阶段性的考试发现问题，及早解决。"

"大概是这个意思。每个会计期间结束时，比如月末、季末、年末（特别是 12 月 31 日，是 12 月末、第四季度末、全年末），会计主体并不解雇员工和停止经营，会从一个会计期间继续到下一个会计期间，企业的持续经营就像川流一样是不间断的，会计报表不能等到企业清算的那一天，也就是不再经营、尘埃落定才核算从开业到清算时若干年的利润或损失。所以，将像川流一样不间断的交易或事项等一系列事件按会计年度划分，分为不同的会计期间。"

"等等。你的意思是不是这样，企业经营者的意愿是希望他的企业持续经营且越来越好，这就要求一个经营者，一定要时刻了解企业的财务状况和经营成果，所以就把像一个川流一样的经营给它分成一段一段，就是你说的会计期间，此期间也不能太短，因为一天的事情并不能说明一个企业的整体持续情况，它比较片面，所以分段，要按月或者按季、按半年、按年分段。通过比较不同会计期间的报表，可以知道企业的财务状况和经营成果的变化情况，这样才能找出企业经营当中存在的问题，及时加以解决，从而实现企业持续经营，而且越来越好的目的。"

"总结得很好。核心把握得非常好。会计将经营分成一段一段不同的会计期间，使得会计确认每一个会计年度内营业收入和费用的工作成为会计工作中最为困难的问题。"

"这是一个难题吗？对外销售商品或产品、提供服务，收到现金或确认一项债权，就是收入！对外支出，没有形成资产，就是费用！或者没有支出，只是固定资产和无形资产的折旧、摊销也会形成费用。"

"你分析的没错。但你有没有想到一些跨期的交易或事项。比如，表 1 - 17，楼上的商户赊购了你 2 000 元的奶茶。你是 10 月卖出，假设 11 月收到款。这牵涉到会计的跨期。你是 10 月卖出，收款是在 11 月。这 2 000 元的收入是计入 10 月的利润表还是 11 月的利润表？"

"这个我真的不清楚。但在你的提示下，我好像把它算作10月的收入。"

"是。处理完全正确。对于奶茶店的商品或产品一经售出，基本上就可以确认收入的实现，除非你销售的是假冒伪劣。你不会那么干，对吗？"

"那不会！诚信待客、品质保证已经占领我和小花的道德高地。那是我们的底线！"

"真是可敬！收入确认的时间与是否收到货款无关。有时两件事发生在同一个期间，有时在不同期间。费用也有同样的情况。明白？"

"明白！"

"好！就此引入权责发生制概念。"

"权责发生制？"

"权责发生制是企业会计处理交易或事项的基础，是一个非常重要的概念。开业时，奶茶店从妈妈那里借款100 000元，奶茶店的现金增加了，而负债也增加了。营业收入可以使所有者权益增加，从妈妈那里借来的100 000元，没有改变奶茶店的营业收入，因此也没有改变奶茶店的所有者权益。"

"对。"

"表1-16，10月8日购买了83 218元的存货，这是一项资产的增加和另一项资产的减少，由于它的所有者权益没有变化，因此付出现金这一交易事项与费用没有关联。表1-17，10月9日通过销售获得了99 828元，确认营业收入99 828元，其中97 828元收到现金，2 000元延迟到次月收款。显然在同一时间营业收入和费用的变化不是始终伴随着现金的变化。此外，现金的变化也不是始终伴随着营业收入或费用的变化，现金的减少或增加反映的是资产的变化，而营业收入和费用的变化，则会引起所有者权益的变化。利润按照营业收入与费用之间的差来计量。利润表反映的是一个会计期间营利性经营活动所引起的所有者权益的增加。"

"我的理解，你看对不对。收入的确认与是否收到现金不同步，费用的确认与是否支出现金不同步。收到现金的时间点可以在收入确认时间点之前，也可以之后，当然更可以同时发生，费用的确认也是同样的道理。"

"理解相当到位。很多人和一些小企业只关心现金的收入和支出。这种会计称为现金会计。如果你记录的只是你的现金的收入、支出及余额，那么你就是在做现金会计。这种会计不对所有者权益核算，但是大多数会计主体不仅要对现金的支付进行核算，还要对营业收入和费用进行核算，这种会计称为权责发生制会计。显然权责发生制会计比现金会计更加复杂，权责发生制会计核算所有者权益的变化。会计上最困难的问题就是权责发生制。"

"看起来是比较复杂。"

"由于利润体现了所有者权益的变化，并且是对一个会计主体财务状况的衡量。因此，权责发生制会计比现金会计能提供更多的信息。为了对一个会计期间内的利润进行核算，我们必须对此期间的营业收入和费用进行核算，而且要求使用权责发生制。"

"大宝，我这里有一个比喻，你看我理解的到位不到位。一个人上午9点钟抢劫路人的钱财后逃逸，路人报案后警察调看监控录像，认定此人为重大嫌疑人而通缉。确认此人为重大嫌疑人的原因不是有没有抓到他，而是那天上午9点他可能实施了抢劫。"

"这个比喻形象。通过这个比喻，你对权责发生制的理解到位了。再介绍一个概念，谨慎性要求。"

"做事情小心翼翼？"

"沾边儿。就是保持职业谨慎。比如你8月为奶茶店购买设备时同意从A公司购买咖啡机。A公司将于10月初交给你咖啡机。A公司是专门从事咖啡机销售的，因此，对于你购买咖啡机，A公司会感到很高兴。8月打算购买，10月交钱提货的咖啡机，尽管你有可能在10月取货，但也可能改变主意。因此，这笔买卖是不确定的。你同意购买一台10月交货的咖啡机，对于A公司，8月这笔销售是不确定的，因此A公司会计是不承认8月有这笔营业收入。如果奶茶店10月购买了这台咖啡机，那么A公司会计将在10月确认这笔营业收入。这个明白吗？"

"明白！"

"对这笔交易的处理，就是一种谨慎的会计处理方法。一般地，只有在有合理把握的情况下，才确认所有者权益的增加。作为谨慎性要求，只要所有者权益减少有可能发生就应当予以确认。假设你咖啡店11月咖啡机被偷走了，而你要等到12月才能确定能否被找回来。谨慎性要求就是根据合理可能的原则应当在丢失的当月即11月就应当确认损失，该损失导致所有者权益的减少。"

"谨慎性要求，我理解的意思是，如果是一项收入，有可能发生也有可能不发生，就当它不发生，不确认收入；如果一项损失或费用，可能发生也可能不发生，就当它可能发生，确认一项费用。多计费用，少计收入。要多考虑困难。"

"大体上没错。总结一下，只有在合理把握的情况下，才确认收入或利润（所有者权益）的增加；只要在合理可能的情况下，就要确认费用或损失，即确认所有者权益减少。"

"'只有''只要'，两个词用得好，完美体现了谨慎性要求的精髓。这就是专业与业余的区别。"

"再来！重要性概念。店里收款机用的热敏收银纸一卷多少钱？"

"不到1元，就算1元吧。"

"一卷热敏收银纸是奶茶店拥有的一项资产。每当一笔交易完成后，打印出收银小票，奶茶店的资产价值就减少了一部分，而奶茶店的所有者权益也随之减少了。能确定每天收银纸用掉的量，并进行日常记录来反映已经用掉收银纸的数量，比如某天用掉3/4卷收银纸，并在当天确认'收银纸费用'增加0.75元或所有者权益少了0.75元。从理论上说能否做得到？"

"能。"

"这种做法实际可行吗？"

"不可行。"

"为什么？"

"在每天几毛钱的问题上，我不会化时间和精力的。要抓大放小。"

"理解完全正确。会计考虑的是，在把收银纸装在收款机时，收银纸的资产价值就已经被完全用掉了。其他任何做法都将会浪费时间，这种做法是简单而可行的，但是与理论方法比，它显得不那么精确。"

"我觉得这个'不精确'对奶茶店的真实财务状况不会造成太大影响。毕竟，现在超市，包括我的奶茶店收费时的货币单位都是元或角。"

"会计处理收银纸的方法就体现了重要性概念。重要性概念是指会计可以不考虑那些不重要的事件，把收银纸装到收款机内时，会计就视为收银纸被完全用掉，而不去管是一天用完还是几天用完，一次性算作装收银纸那天的费用，这就是重要性概念。"

"尽管不知道会计有这个概念，但日常的一些行为遵循了这个概念。"

"总结一下重要性概念，包括两点，一不考虑鸡毛蒜皮的小事情，二反映所有重要的事项。"

"谨慎性概念与重要性概念很相似。"

"差异很大呀！谨慎性，是指只有在有合理把握的情况下，才确认所有者权益的增加，但是只要有合理可能，就要确认所有者权益的减少；重要性概念，是指不考虑鸡毛蒜皮的小事情，但是要考虑重要的事项。清楚吗？"

"一直清楚。我说的相似，是指两者都需要判断，判断没有统一的标准，应该是不同的会计主体其衡量的标准不同。"

"理解到位。我们就以你这家制作加工并销售奶茶的会计主体为例，按照会计的原则，只有当制作加工的奶茶交付给顾客的时候，才产生营业收入，而不是在加工制作这些奶茶的时候。"

"加工制作过程中的奶茶应该是存货。"

"对！比如奶茶店在10月与一个网红店签订合同为其加工生产一批水果调味茶，11月交货，网红店12月才付款。奶茶店将此项营业收入应该记录在10月、11月、12月哪个月份？"

"权责发生制，应该记录在11月。"

"所以无论是销售产品还是提供服务，如修理汽车、计算机，总的原则是只有当产品被交付时或者服务被接受时才认为发生了营业收入。"

"顾客控制了商品或接受了服务，商品的销售方或服务的提供商才能理直气壮地收钱，所以，甭管有没有收到钱，产品被交付时或者服务被接受时确认营业收入非常合理。"

"只有在交付产品或提供劳务时，会计才确认实现了营业收入。这就是实现的概念，它是指只有当营业收入被实现的时候，才予以确认和记录。"

"实现？"

"对。举个例子，假如奶茶店与装修公司8月28日签订装修合同，9月装修公司对奶茶店进行装修，奶茶店10月1日向装修公司付款。那么，装修公司应当把营业收入记录在哪个月？为什么？"

"记录在9月。因为提供装修服务在9月。"

"对。再举例，奶茶店10月生产了一些水果调味干茶，11月收到马先生购买一批水果调味干茶的订单，奶茶店12月交货，马先生与次年1月付款，马先生2月消费完了干茶。奶茶店应当把营业收入记录在哪个月？为什么？"

"记录在12月。因为交货在12月。这个时间在接到订单之后，收到现金之前。"

"当一项销售活动通过交货而完成的时候，在一般情况下营业收入就实现了。故此，'销售'一词常常和营业收入在一起，从而组成的'销售收入'这个词。"

"我日常听到的就是销售收入，所以当你说营业收入的时候我就想问。"

"报表或日常记录中销售收入均称为营业收入，营业收入的涵盖面更广。当签订一份书面合同的时候，产品或服务在将来才交付或提供，人们可能会说完成了一笔销售，但对于会计来说，签订一份销售合同不能算是完成的销售，因为营业收入还没有实现。"

"对。这个问题基本清楚了。"

"在签订合同、交货、付款、顾客消费四个时间点，你最关注的是哪几个时间点？"

"当然是交货和顾客付款两个时间点。"

"那你想一想，这两个时间点考虑先后顺序有多少种组合？"

"应该有三种。第一种交货和付款发生在同一时间；第二种先交货后付款，就是你前边讲过的，产生了应收账款；第三种是不是先收款后交货？"

"对。前两种情况都应确认收入，第三种情况不确认收入。当顾客在产品交付前向会计主体支付现金时，会计主体就有了交付产品的义务。这义务是一种负债。"

"先收了顾客的钱，要交付顾客所订产品作为债务清偿。是不是这个意思？"

"理解正确。会计上将此种负债称为预收账款。此种销售方式在日常生活中也是常见的，比如，订购牛奶、报纸、杂志等。尚田，你有没有把钱借给朋友？"

"有啊！"

"有没有朋友没有还？"

"也可能有吧？都是微信、支付宝转来转去的，可能有些人就忘了。我也忘了或碍于情面不好意思要。"

"先交货后付款产生的应收账款也会产生类似情况，债务人可能由于各种情况没有按照约定的时间付款，最终导致债权人没有收回款项。会计上把此种损失称为坏账。尚田，你有没有相面的本领？在客户来赊购的时候，通过相面就能发现哪些客户欠的钱，将来是无法偿还而形成坏账的。"

"我又不是神仙，怎么知道？知道谁将来欠钱不还，那现在就不赊给他了！"

"只要有应收账款就会有坏账，但事前并不知道哪些应收账款最终会成为坏账，所以只能根据经验数据确定一个比例，比如，5%。在确认应收账款的同时，确认一笔损失，会计上把这个叫作计提坏账准备。"

"所以，钱要落袋为安。月有阴晴圆缺，账有收不回来。坏账、坏账准备，叫法非常形象。"

"还记得资产负债表中的应收账款吗？反映在资产负债表中的应收账款是扣除计提的坏账准备后的净值。这个概念有点儿复杂，你能理解多少就多少，不理解也没关系。我只是用它来介绍配比概念。"

"配比概念？"

"收入与费用配比。在介绍费用或支出之前，总结一下，一个会计期间确认的营业收入未必与该会计期间是否收到现金相关联，营业收入会导致一个会计期间内所有者权益的增加，而费用是一个会计期间内所有者权益的减少。正如一个期间内的营业收入未必等同于该期间的现金收入一样，一个期间内的费用也不一定等同于该期间的现金支出。"

"对。这就是你前几天说过的权责发生制和现金收付制。"

"没错！一个会计主体在获得物品或服务时，就会有支出。奶茶店 10 月 8 日用 78 442 元现金购买一批存货，因此，奶茶店在 10 月就有了 78 442 元的支出。"

"这项支出并没有减少资产，是吧？只是资产的形态由现金变成存货。"

"对。奶茶店 10 月 8 日还购买了 4 476 元存货，并同意在 11 月付款，那么，它在 10 月也就有了 4 476 元的支出，奶茶店的应付账款同时也增加了。"

"会计恒等式左右两边同时增加。"

"所以，支出或者引起现金资产的减少，或者引起负债的增加。有时候支出会引起非现金资产的减少，比如，用一台旧的咖啡机折价换取一个新的电热水壶，一部分支出就来自咖啡机这个资产的减少。"

"明白！支出的形态可以是现金形式，也可以是非现金形式。"

"奶茶店在 10 月支出 78 442 元购买存货，这些存货中有 77 268 元在 10 月卖了出去，10 月就产生了 77 268 元的费用，其余 1 174 元一直到 10 月底依然在店内，因此，它们属于资产。因此，一个期间的支出，或者是该期间的费用，或者是该期间结束时的资产。"

"成为费用部分的反映在利润表，剩余的依然反映在资产负债表中，对吧？"

"对。店内能用明火吗？比如煤气灶。"

"不能。办营业执照的时候，消防部门说奶茶店属于半开放的空间，考虑到消防安全最好不要用明火，我们现在加热都用电磁炉。"

"假如奶茶店在 10 月购入两大瓶天然气，不考虑瓶的价格，两瓶气支付了现金 280 元。但在 10 月没有使用。11 月消耗了一瓶。12 月消耗了剩余的一瓶。什么时候发生了支出？什么时候有了费用？"

"支出在 10 月，11 月有费用 140 元，12 月有费用 140 元。"

"在存货被购买和消耗之间的时间段内，存货是企业的资产。因此，当天然气被购买时，就有了支出；在这些天然气被消耗之前，它们一直是奶茶店的资产，直到它们被消耗，就变成了费用。"

"对。"

"表1-23以极简的形式反映了上述支出和消耗。"

表1-23 单位：元

时间	月末资产（天然气）余额	全月费用（耗用的天然气）
10月	280	0
11月	140	140
12月	0	140

"对。"

"总结一下，在一家企业的存续期间，大多数支出将会成为费用，但是在某个会计期间，费用不一定与支出相同。"

"总结得很好，有历史的高度。"

"费用和支出就介绍这些。"

"等等！费用和支出的差异我不太明白。"

"支出不是一个会计的专有名词，前边我们说过，支出的形式可以是现金，也可以是非现金，它是一种行为，为了获得什么而做的一件事。一项支出发生后，意味着现金或非现金资产的减少，它可以形成一项资产，或一项费用。比如用现金购买存货，存货增加的同时，现金减少了；用现金支付电费，就直接形成一项费用，因为奶茶店已经耗用一定的电量。"

"费用是不是这个含义，就是表示已经被消耗的、以后期间不可能再消耗的资产的价值。"

"理解完全正确。这样吧，在介绍配比概念之前，先介绍未耗成本和已耗成本。"

"未耗成本？已耗成本？成本与费用什么关系？"

"刚才说过支出发生后，可以形成资产，也可以是费用。如果支出形成一项资产，就把为获取资产时支出的价值量作为获取它们时的成本加以记录。比如，你支出5 880元买了一部手机，5 880元就视为获取手机的成本，该成本也体现了获取手机时手机的公允价值。"

"可不可以这样理解，成本是形成一项资产所付出的代价，用这个代价来记录资产的价值，而费用是消耗了多少资产。"

"可以。概括地讲，支出会产生成本，在获取存货和其他资产时，将以获取它们时的成本加以记录，费用就是一个会计期间内用掉的资源的成本。在一个会计期间，用掉或者消耗掉的成本就是费用，而期末时一个会计主体所拥有的资源的成本就是资产。记住，费用一定与某个会计期间有关，成本一定与某项资产有关。"

"成本与费用的关系基本清楚了。"

"那些已经消耗的成本就没有了，它们是已耗成本，而期末仍然存在的资源的成本就是未耗成本，将费用看作已耗成本，将资产看作未耗成本是很有用处的，简单明了。比如，关于天然气的例子，10 月购入没有使用，不存在已耗成本，280 元是天然气这项资产的成本，11 月消耗一半，已耗成本 140 元，未耗成本 140 元，即 11 月末天然气这项资产的成本还有 140 元，12 月消耗另一半，已耗成本 140 元，未耗成本 0 元，表明天然气这项资产被全部消耗了。"

"这样解释，确实清楚。"

"会计的一项重要工作是核算一个会计期间的利润。利润是该会计期间营业收入与费用之差，费用是已耗成本。前边我们介绍过，确认一个会计期间的营业收入要用到的概念是哪一个？"

"实现概念。"

"对。营业收入是在货物或者服务被交付、被接受的那个会计期间被确认的。在确认一项营业收入的同时，即，在同一个会计期间确认一项费用，要用到配比概念。配比概念是指与一个会计期间的营业收入相关的成本，就是该会计期间的费用。"

"没错。天下没有免费的午餐。要想获得收入，就应该有所付出。"

"举个例子，假设奶茶店是某个速溶咖啡品牌的代销商，10 月购入 3 200 元速溶咖啡，12 月卖了出去。10 月底的时候这批速溶咖啡属于奶茶店的存货，它的成本属于已耗成本还是未耗成本？"

"当然是未耗成本，它是奶茶店的资产。"

"那 11 月底，它的成本属于已耗成本还是未耗成本？"

"依然是未耗成本，因为到 11 月底该批咖啡没有销售。还是奶茶店的资产。"

"如果 12 月是以 3 800 元的价格卖了出去，奶茶店通过销售这批咖啡实现了 3 800 元的营业收入，对于通过销售这批咖啡实现的营业收入，它必须配比 3 200 元的成本。因此，奶茶店 12 月就多了 3 200 元的费用。3 800 元的营业收入与 3 200 元的费用都是关于同一批咖啡的。因此，费用与营业收入相配比。"

"配比的含义是不是这样，一个期间有一项收入，就一定会有一项费用与它配比。没有无源之水、无本之木。"

"对。没有配比，就不能合理计算一个会计期间的利润。生活中你有没有注意到有些产品的外包装上印着'毛重''净重'的？"

"好像看到过。毛重应该包括了商品内外的包装重量，净重没有包括。"

"对。3 800 元的营业收入与 3 200 元的费用的差额，关于这个差额，我们前边学过一个概念，知道吗？"

"是不是销售毛利？"

"是。销售毛利是不是奶茶店最终的利润？"

"不是，你前边介绍利润表时已经说过。"

"对。你能理解毛重和净重的差别，当然也能理解毛利和净利的差异。在销售毛利的基础上减去，比如……"

"比如，固定资产的折旧、商标、无形资产的摊销、水电费、我和小花的工资……"

"可以啦！"

"你说过，会计上看到带有'净'字的，一定是要扣除什么，所以……"

"用专业的话来说，产品销售交付时，它们的成本要与销售发生当期的营业收入相配比，这些成本就成为该期间的费用。这是配比概念的一个具体应用。与当期活动相关的其他成本也是费用，尽管它们与该期间所交货的产品没有直接的关联。比如，固定资产的折旧。通过折旧反映固定资产的已耗成本。在奶茶店，你和小花的工资一般情况下也算发放工资那个月的费用。但你要注意，不是所有的工资都作为发放月份的费用与当月的营业收入配比。比如，将来奶茶店的业务范围扩大，开始制作面包、蛋糕等面点。奶茶店专门聘请面点师制作。也就是说，面点师是专门制作面点的，面点师的工资就应该是他所制作的面点成本的组成部分。一个制作完工的面点在没有销售之前，它是奶茶店的一项资产。有时，发放工资会变成资产的一部分。现金变成存货等。"

"等等！太长，有点儿烧脑。"

"好吧！我说得详细一些。制作一个面包成品，是不是需要面粉、黄油等主要材料和水、盐、糖等辅助材料？"

"对！"

"主、辅材料以怎样的比例混合、放多少酵母粉、发酵多长时间、烤箱温度设定在多少度、烘烤的时间长短等，这些会不会影响面包的品质？"

"会！"

"所以，这些既需要专业技能又需要职业经验，你聘请面包师就是完成这些工作的。他的工资当然与他所制作的面包有关系。"

"可是，我和小花也在制作奶茶，为什么你刚才没有把我俩的工资算作奶茶的成本？"

"这个等会儿再说。制作面包需要各种工具、设备，比如面案、烤箱，这些资产的成本通过折旧逐步由未耗成本变成已耗成本，每一会计期间计提的折旧以及消耗的电费等，是不是也应该作为制作面包的成本？"

"是。"

"会计上把一个产品的生产成本分为三部分，直接材料、直接人工、制造费用，你能不能分辨清楚刚才讨论面包制作过程中哪些成本与这三项对应？"

"面粉、黄油等主要材料和水、盐、糖等辅助材料是直接材料；面包师的工资是直接人工；面案、烤箱的折旧和电费等是制造费用。"

"好。现在回答你刚才的问题。你和小花是奶茶店的管理人员、销售人员、收银人员、服务人员、一线生产人员中的哪一种？"

"这五种角色好像都扮演。第五人格？"

"玩物丧志啊！尚田。记住，只有与生产产品直接相关的生产人员的工资才计入所生产的产品成本中去。再说，你又不生产易拉罐奶茶。奶茶店的奶茶都是现做现喝，谁家纸杯装的奶茶保质期有半年。你们的奶茶产品不会形成库存。奶茶成品也就不会反映在资产负债表中。不过，你也没必要太纠结，肉烂也烂在锅里。因为奶茶成品没有库存，即使你俩工资计入奶茶的成本，当天销售，当天奶茶成本就成为已耗成本，变成费用。与直接计入当期费用没有什么不同。"

"醍醐灌顶，茅塞顿开。"

"那当然！'岂知灌顶有醍醐，能使清凉头不热'。我现在就往你头上倒醍醐。请听题：假设 20×2 年 12 月底面点师当月工资为 5 800 元，但发放在 20×3 年 1 月初，当月制作的面点全部在当月售完。该工资是算作 20×2 年的支出或者费用还是算作 20×3 年的支出或者费用？"

"第一，它既是支出也是费用；第二，根据权责发生制，它应该是 20×2 年的一项支出和费用。如果算作 20×3 年的支出或者费用，那是现金收付。会计处理是按照权责发生制处理的。"

"完美的答案。不管是时薪、日薪、周薪、月薪、年薪，也不管是计时工资、计件工资，基本上是先干活后拿钱。所以，一般情况是当月工资次月发放。企业中固定员工一般采用月薪制。尚田，你想过没有，比如刚才说到的 12 月面点师的工资，费用算作 20×2 年，但发放工资在 20×3 年。应该在 20×2 年 12 月底发放却没有发放，是不是相当于奶茶店欠了面包师 5 800 元？"

"应该是。奶茶店应该在 2022 年 12 月增加 5 800 元的负债。可这样会导致会计恒等式不等呀！右边增加了 5 800 元，左边什么也增加？"

"嗯，这样，我给出一张如表 1-24 的极简资产负债表，能看懂吗？"

表 1-24   资产负债表   会企 01 表

编制单位：众口奶茶店　　　　　　20×2 年 12 月 1 日　　　　　　　　　　单位：元

资产	期末余额	负债和所有者权益	期末余额
现金	5 800	负债	0
		实收资本	5 800
资产总计	5 800	负债和所有者权益总计	5 800

"能。"

"你雇的面点师傅是个能人，顾客需要什么面点，他紧闭双眼，口中念念有词，手中指指点点，瞬间顾客需要的面点就出现……哎！别做梦了，哪有这样的好事。"

"没有，没有。想想也好！唉！如果真有……大宝，继续。"

"我们分类讨论。假设能人师傅根据 11 月的销售情况，在 12 月 1 日一次性地制作出供 12 月销售的面点。能人师傅月薪是 5 800 元。5 800 元是不是面点的成本？"

"是。"

"假设 12 月 1 日营业结束时，面点没有销售，面点师的工资当然也没有发放。当日结束时的资产负债表会不会变成表 1 - 25？"

表 1 - 25		资产负债表		会企 01 表
编制单位：众口奶茶店		20×2 年 12 月 1 日		单位：元
资产	期末余额	负债和所有者权益		期末余额
现金	5 800	负债		5 800
存货	5 800	实收资本		5 800
资产总计	11 600	负债和所有者权益总计		11 600

"是的。"

"假设 12 月 1 日营业结束时，当日生产的面点全部销售，营业收入 6 800 元，其他费用不考虑。面点师的工资依然没有发放。当日结束时的资产负债表会不会变成表 1 - 26？"

表 1 - 26		资产负债表		会企 01 表
编制单位：众口奶茶店		20×2 年 12 月 1 日		单位：元
资产	期末余额	负债和所有者权益		期末余额
现金	12 600	负债		5 800
		实收资本		5 800
		留存收益		1 000
资产总计	12 600	负债和所有者权益总计		12 600

"是的。"

"假设 12 月余下的时间没有发生交易或事项，只是在 12 月 31 日支付面点师工资 5 800 元。当日结束时的资产负债表会不会变成表 1 - 27？"

表 1 - 27		资产负债表		会企 01 表
编制单位：众口奶茶店		20×2 年 12 月 31 日		单位：元
资产	期末余额	负债和所有者权益		期末余额
现金	6 800	负债		0
		实收资本		5 800
		留存收益		1 000
资产总计	6 800	负债和所有者权益总计		6 800

"是。行家伸伸手，便知有没有。明白了。我还是学得不深入，理解不到位。"

"闻道有先后，术业有专攻。如此短的时间，就基本掌握会计的一些概念，相当不错。再提醒一句，费用与现金支出不是一回事。支付电费，现金支出的同时费用增加；用现金购买咖啡机，现金支出没有导致费用增加，但折旧费用的增加与现金支出无关。明白？"

"明白！"

"费用总是与会计主体的生产经营相关联。有些事项与生产经营无关，但它产生的结果会像费用一样导致所有者权益减少，比如，奶茶店里咖啡被水浸过了，不能用了，这一事项意味存货报废，无法销售，导致所有者权益减少。会计上将此类所有者权益减少称为损失。利润表也要反映此类损失。"

"我对损失的理解是第一不经常发生，应该是意料之外的事项；第二它不是正常的经营活动。"

"理解正确。还有一类损失，发生可能性比较大，金额不能确定。这类金额不能确定的损失也要被记录为一项费用。比如，一位老大爷在经过奶茶店的时候，因为你们工作中的不小心将部分小冰块散落在门前的过道上，致使老大爷摔倒。尽管不是很严重，但必要的医疗费和慰问金，你们是要支出的。至于最终的医疗费和慰问金是多少，那要等到最后事情了结的时候才能知道。会计对此事项是这样处理的，估计可能最终支付的数额，将其作为损失确认为10月的一项费用，同时确认一项负债，因为应该支付还没有支付。这个可能会发生的一项支出，被确认为当月的费用，这一事项的处理体现了我们前边学过的什么概念？"

"应该是谨慎性原则。可能发生也可能不发生的费用，确认发生。"

"对。关于配比概念做一个总结。有三种成本属于当期费用。第一，当期交付的产品或服务的成本，并且取得的营业收入也在当期确认。要注意先确认营业收入，然后再对这些营业收入的成本进行配比，顺序是将营业收入与成本配比，而不是相反。第二，与该会计期间活动相关的成本，这些成本的支出或者发生在当期，或者发生在以前的会计期间，如果是在以前的会计期间，那么这些款项反映在本期期初资产负债表的资产各个项目中，比如折旧。第三，当期所确认的损失，比如漏水、偷盗、火灾以及其他原因导致损失，这些损失被认为是合理可能的资产的减少，或者它们被视为当期所发生事件所引起的合理可能的负债的增加，比如说老大爷摔倒。"

记忆要点

　　收入与费用配比的会计原则：收入与费用在会计期间上应该配比，当期的收入应该与当期的费用相配比，当期确认了收入，就要在当期确认与收入相关的成本费用。

举个简单的例子：3 月销售商品的收入是 100 万元，商品成本是 60 万元。那在 3 月确认 100 万元收入的同时，就要结转 60 万元销售成本，而不能等到下个月或更晚时间再结转成本。

配比原则以权责发生制为基础，并与权责发生制共同作用来确定本期损益，最终受持续经营与会计分期两个前提的制约。收入在发生时而不是在收账时确定，与之相配比的费用成本就是为取得该项收入而实际发生的费用，不必考虑费用是否已经以现金付出。

会计主体必须按照权责发生制的原则对各期的收入费用进行核算，而按照权责发生制算出的费用并非全部都是期间费用或产品成本，只有按照配比原则确定的与本期收入或产品收入相对应的费用才是期间费用或产品成本。

"尽管听得云山雾罩，但大体意思清楚。"

大宝继续说："资产负债表的所有者权益部分显示出它的两类构成。第一是投资者投入的资本，称为实收资本及资本公积；第二是该会计主体从营利性经营中所赚取的留存部分，称为留存收益。一个会计期间由于营利性经营所增加的留存收益，就是该会计期间的收益。利润表用来说明该收益是如何形成的。一张完整的利润表，不但要显示最终一个会计主体的经营结果，更要反映这个结果是如何形成的。记住，重要的是会计要反映经营过程，而不仅仅是经营结果。结果固然重要，更重要的是形成过程所提供的会计信息更丰富，所以，利润表不仅反映结果，更要反映这个结果是如何形成的。表 1-28 就是我国目前会计制度要求的利润表格式，当然省略了一部分。"

表 1-28   利润表   会企 02 表

编制单位：众口奶茶店   20×2 年度   单位：元

项　　目	本期金额	上期金额
一、营业收入		
减：营业成本		
税金及附加		
销售费用		
管理费用		
财务费用		
资产减值损失		
加：公允价值变动收益（损失以"-"号填列）		
投资收益（损失以"-"号填列）		
其中：对联营企业和合营企业的投资收益（损失以"-"号填列）		

项　　目	本期金额	上期金额
二、营业利润（亏损以"－"号填列）		
加：营业外收入		
其中：非流动资产处置利得		
减：营业外支出		
其中：非流动资产处置损失		
三、利润总额（亏损总额以"－"号填列）		
减：所得税费用		
四、净利润（净亏损以"－"号填列）		

"除了税不考虑，有很多项目目前奶茶店好像是不会涉及的。大宝，营业外支出反映一个会计期间的损失，那营业外收入反映什么？"

"会计报表的格式是统一的，它要涵盖各行各业，很多项目奶茶店不会涉及是正常的。至于营业外收入，比如，奶茶店接受了某项捐款5 000元。这5 000元就是营业外收入。"

"一个营业外收入，一个营业外支出，它们会不会也是配比？"

"你说呢？"

"好像不是。"

"正确。表1－28中第二行是营业收入，它是该会计期间已经交付和销售给顾客的用金额表示产品的量，第三行是营业成本，它报告的是第二行中获得营业收入的那些商品（产品）或者服务的成本，这体现了前边学过的哪一个概念？"

"配比概念。"

"营业收入和营业成本之间的差，被称为什么？"

"毛利。"

"你能不能给出计算毛利的公式呢？"

"可以。毛利＝营业收入－营业成本。"

"人们常常把这个公式描述成：销售毛利＝销售收入－销售成本，两个公式所体现的内容是一样的。从毛利中减去本期间发生的与产品无直接关联的一些费用，如表1－29显示的那样，有税金及附加，因为我们不谈税，这里忽略。其他三项费用用表1－29简要说明。"

表1－29　　　　　　　　　　　　奶茶店的部分费用

费用名称	交易或事项
销售费用	为扩大奶茶店的知名度，在各种媒体上做广告宣传的费用等
管理费用	奶茶店管理人员的工资；奶茶店的照明电费等
财务费用	向妈妈借钱要支付的利息等

"习惯上将表1-29的三项费用统称为经营费用。记住，这些费用与生产产品没有直接关系，它们是按时间一段一段确认的，因此会计上称它们为期间费用。销售毛利减去经营费用，得到营业利润。根据配比概念，这些费用包含了当前会计期间的有关成本，以及不会给未来会计期间带来收益的成本，比如损失。如表1-28中显示的那样，营业利润加减营业外收入和营业外支出，形成利润总额。考虑所得税费用后，形成表中最后一项——净利润。毛利、营业利润、利润总额、净利润有可能出现负数，那就是净损失，也就是说费用、损失超过了营业收入。"

"利润表比较好理解，就是'收入-费用=利润'这个等式表格化、结构化、层次化。但我一直有个疑问，手心手背都是肉，早收晚收都是收，为什么还要权责发生制、配比呢？把事情弄得忒复杂。别这样看我！我，不耻下问；你，诲人不倦。"

"这说起来话长。会计的出现与企业所有权和经营权的分离有关。这样吧！你知道经营管理的才能不是人人都拥有，即使人人都拥有，也会有比较大的差异。有人拥有资源创设企业，但其经营管理水平一般或没有时间精力关注企业，职业经理人应运而生。比如，你可以把奶茶店交给一个职业经理来打理。你作为老板不参与奶茶店的日常经营管理，但你对该经理有没有经营业绩即利润的要求？"

"我把我的奶茶店交给他，当然有业绩、利润的要求。"

"评价业绩、利润完成情况是不是按月，或者按季，或者按年进行的？"

"那当然。否则直到亏损得要破产，我才知道所托非人。"

"既然要分段评价，是不是要分清上期、本期、下期的收入、费用？"

"对啊！一语惊醒梦中人。有道理！"

"再强调一次，如果你是以员工的身份从奶茶店拿到钱，算工资，是奶茶店的一项费用；如果你是以股东的身份从奶茶店拿到钱，算利润分配，减少所有者权益中的留存收益。"

"我会严格约束自己。我就是奶茶店一名勤勤恳恳、任劳任怨的普通员工。"

"认清自己很难。难得你有如此清醒的认识。利润表是一个会计年度内所产生的留存收益的汇总。利润表报告的是两个时点资产负债表之间留存收益所发生的某些变化，因此在阅读会计报表时，一定要阅读组合会计报表。一个有用的组合是由一个会计期间开始时的资产负债表、该会计期间的利润表以及会计期间结束时的资产负债表组成的。所以，我国的资产负债表是比较资产负债表，表内金额栏有两栏数字，分别是年初数和期末数，年初数对应的是一个会计期间开始时的资产负债表，期末数对应的是该会计期间结束时的资产负债表。这样，在一张报表里就可以反映一个会计期间期初与期末的资产、负债及所有者权益的情况。明白？"

"明白！意思是通过利润表可以看明白一个会计期间开始时的资产负债表是如何变成该会计期间结束时的资产负债表。"

"理解得相当不错。尚田，众口奶茶店遍布全世界是你的理想。但你想过没有，如果奶茶店经营不善，一直亏损，那你的理想还能实现吗？"

"一直亏！别说遍布全世界，遍布本街道都不可能。"

"所以，企业一定要有利润，才能长久地经营下去。盈利是设立企业的初衷，也是企业存在的意义。尚田，你的奶茶店赚了很多钱，你是不是脸上特有光、特有面子。吹牛，也有了傲人的资本。"

"那当然。不。我视金钱如粪土。"

"所以，利润表，代表了一个企业的面子，当然也是你的面子。你的面子有了，给我一个面子吧！饥肠辘辘，请我吃饭！"

"应该，应该。给你一个面，一碗拉面。"

记忆要点

*会计主体：会计是为一个经营实体核算，与该经营实体有关联的人无关，如投资者。

*货币核算：会计只报告那些用货币金额表示的交易或事项。

*持续经营：一个经营实体预期会无限期地经营下去，或者在设定的经营期限期间持续经营。

*谨慎性概念：只有当具有合理把握的时候，才能确认获得了营业收入，只要在合理可能的情况下，就要确认发生了费用。

*重要性概念：不考虑那些不重要的鸡毛蒜皮的事情，但是要报告所有重要的事情。

*实现概念：只有当货物和服务被交付的时候才能确认营业收入。

*配比概念：一个会计期间的费用要与跟该会计期间的营业收入及各项经济活动相关联的成本配比。

*利润表：它是一个会计期间营业收入和费用的汇总，它最底下的一行，称为净利润，报告的是该会计期间所有者权益的增加。

*期末留存收益：一个会计期间开始时的留存收益加减本期收益或亏损，减去分配给股东的利润，等于会计期间结束时的留存收益即期末留存收益。

效果检验

（1）请根据第一节的"效果检验"资料，为品水茶吧编制一份12月的利润表。

（2）品水茶吧本月收入是6 000元，但其净利润仅为3 000元，请看一下第一节的"效果检验"资料，找出产生这个差异的原因。

道德检测

大宝看了一眼尚田，语气平和地问：

"（1）如果一家餐饮企业决定国庆假期促销，一桌客人消费满99元，送一张众口奶茶券。凭券可到众口奶茶店换取10元的奶茶一杯。9月20日，该餐饮企业网上预订了3 000杯奶茶，并通过支付宝支付了30 000元。奶茶券的有效期为当年的10月1～31日，并约定没有赠送出去的奶茶券可以原价退回。当天，众口奶茶店将特制的3 000张奶茶券寄给了那家餐饮企业。假设获得奶茶券的客人全部在有效期内兑换了奶茶。9月20日，众口奶茶店的收入实现了吗？奶茶店什么时候才能确认收入实现？

"（2）假设1月1日，支付了众口奶茶分店未来6个月的店铺租金30 000元。奶茶店在1月1日发生了这项租赁费用吗？会确认这项费用吗？"

尚田沉思片刻回答：

"（1）尽管9月20日收到30 000元，但奶茶店不能确认收入实现。奶茶店收到了货款，但提供奶茶是在以后而不是当天提供。只有在10月1～31日持券到店消费，收入才能实现，在此之前，奶茶店应该确认一项负债而不是收入。

"（2）1月1日支付的30 000元是未来6个月的店铺租金，30 000元不能全部计入当期费用。30 000元在6个月内平摊，平均每月5 000元的租金费用。1月1日应确认的费用是5 000元，其余25 000元为预付的租金，在奶茶店将来使用店铺之前是一项资产——预付账款。

"大宝，我明白了。你是要测验我对权责发生制和收付实现制的掌握程度。"

大宝面含微笑说道：

"也对也不对。其实我想和你谈谈权责发生制中的道德问题。权责发生制产生了许多在收付实现制下能够避免的道德问题。尽管道德属于哲学范畴，但我一直觉得道德不是抽象的，而是具体的。比如，11月12日，为推销一款新开发的热奶茶，同时也为提高奶茶店的知名度，奶茶店向一家广告代理商承办的新款热奶茶广告宣传支付了18 000元。广告宣传将在12月及来年1月、2月进行。在这种情况下，11月12日付款时，并没有产生费用，而是相当于购买了一项资产——预付账款。

"如果奶茶店是在12月1日支付这笔款项，并且广告宣传马上开始，奶茶店应该将支付金额的1/3，即6 000元作为12月的费用，也就是本年度承担了6 000元的广告费用，另外的2/3，即12 000元作为下一年度的费用。

"以上两种情形下的会计处理是符合会计规范的。但如果本年度对于奶茶店来说是顺风顺水的一年，净利润远超预期。尚田，在一种情况下你的道德将经受考验。如果你有充足的理由相信下一年度的经营收入会出现下滑。在这种情况下，你将有很强的动机将18 000元的广告费用全部反映为本年度的费用并反映在本年度的利润表中。这种违反会计规范的不道德行为将使奶茶店下一年度利润表中的广告费用少计12 000元，从而使下一年度的净利润状况得以改善。"

尚田一脸严肃地说：

"社会主义核心价值观中有诚信，对于我，应该就是诚信做人、诚信经营。不仅制作、销售奶茶要信守承诺，符合卫生标准，会计处理、提供会计信息也要信守承诺，符合会计规范。诚信是奶茶店的底线，也是我的底线。'修合无人见，存心有天知。'吾日三省吾身，我将筑牢这条道德底线。"

第四节　企业的日子——现金流量表

现金流量表

"尚田，生意如何？"

"一如既往地好。忙并快乐着，再累也心甘。今天讲什么？"

"三张主要报表，已经介绍了资产负债表和利润表。温故知新。资产负债表报告的是什么？利润表报告的又是什么？"

"资产负债表报告的是一家企业在每个会计期间期末时的财务状况；利润表报告的是一家企业在该会计期间的经营成果。"

"今天介绍第三张会计报表，它报告的是一个会计期间的现金流。尚田，你听过一个企业有三流吗？"

"三流企业？大宝，你确定不是在笑话我的奶茶店是三流奶茶店？"

"聋人听怪话。我是说企业有三流，不是三流企业。过去常说企业物流、信息流、现金流为三流。现金流量表报告的是一个会计期间的现金流。一个企业的现金流由现金流入、现金流出、现金流量净额三部分组成。"

"现金流、现金流量表？与前边现金收付制有关系吗？"

"好问题。确实有关系。利润表和现金流量表都报告一个会计期间资产流动、变动情况。两表的区别：利润表是在权责发生制的基础上报告的，流入作为营业收入，流出作为费用；对比之下，现金流量表报告的是现金的流入、流出及净额，是在收付实现制的基础上报告的；两表关注点也不同，利润表关注的是盈利情况；现金流量表关注的是流动性和偿付能力。"

"流动性可能与前边你讲过的流动资产有关系，偿付能力可能与还债有关系，是不是？"

"是。俗话说，欠债还钱。一个会计主体无论通过怎样的方式形成负债，最终都要用现金偿还。一个会计主体拥有和控制的资产的形态，不可能全部是现金。因为在所有的资产类型中，获利能力最差的就是现金。你可以这样想象，在你的口袋里放100元，不管放多长时间，拿出来始终都是100元。但拿这100元做一点小生意，低价买入，高价卖出，这100元，就可能变成了110元、120元……鸡生蛋，蛋生鸡的道理。做生意就是钱变物，物变钱。明白？"

"明白！"

"现金资产不能没有，也不能太多。没有，可能导致生产经营中断，太多会影响企业整体的获利能力。所以，在保持最低现金数量的基础上，只要资产保持足够的流动性，不用留太多现金资产，企业也有足够的偿付能力。解释一下，所谓流动性就是资产变为现金的速度，即变现速度。尚田，变现速度最快的应该是哪一类资产？"

"现金资产。变与不变，它就在那里。"

"漂亮！偿付能力是指偿还债务或支付的能力，是用现金还债或用现金支付。你就按照我们学习资产负债表时的现金概念来理解现金流量表中的现金概念。明白！"

"明白！"

"表1-30，是我国现行法规下要求编制的现金流量表的格式。有省略。"

表1-30   现金流量表   会企03表

编制单位：众口奶茶店   ××年×月   单位：元

项　目	本期金额	上期金额
一、经营活动产生的现金流量：		
销售商品、提供劳务收到的现金		
经营活动现金流入小计		
购买商品、接受劳动支付现金		
支付给职工以及为职工支付现金		
经营活动现金流出小计		
经营活动产生的现金流量净额		
二、投资活动产生的现金流量：		
收回投资收到的现金		
投资活动现金流入小计		
购建固定资产、无形资产支付的现金		
投资支付的现金		
投资活动现金流出小计		
投资活动产生的现金流量净额		
三、筹资活动产生的现金流量：		
吸收投资收到的现金		
取得借款收到的现金		
筹资活动现金流入小计		
偿还债务支付的现金		
分配股利、利润或偿付利息支付的现金		
筹资活动现金流出小计		

续表

项　　目	本期金额	上期金额
筹资活动产生的现金流量净额		
……		
五、现金及现金等价物净增加额		
加：期初现金及现金等价物余额		
六、期末现金及现金等价物余额		

"看起来，内容与资产负债表和利润表的内容区别很大。"

"好眼力。前边我们学习过会计处理有一个基础，权责发生制。另一个会计处理基础是什么？"

"收付实现制。"

"正确。资产负债表和利润表的编制基础都是权责发生制，现金流量表的编制基础是收付实现制。"

"资产负债表、利润表和现金流量表反映的交易或事项是一样的，但会计处理基础不一致，一定会出现差异，是否涉及调整？"

"理解非常正确。我们重温一下前边的内容，我问你答。假如奶茶店11月1日某公司一次购买500元的奶茶，当日就发生此一笔销售业务，无其他任何交易和事项发生，而该公司是在12月1日付款，那奶茶店11月1日的现金流入是多少元？"

"根据收付实现制，当日奶茶店没有现金流入。"

"当日销售500元的奶茶是否形成一项营业收入？"

"根据权责发生制，应该形成11月的营业收入，反映在11月的利润表中。"

"收款当日又如何处理？"

"根据收付实现制，12月1日，现金流入500元。"

"那12月1日收到现金500元时是否确认为12月的一项营业收入。"

"不。因为根据权责发生制，它已经被确认为11月的营业收入。"

"非常棒！奶茶店在11月末如何反映尚未收到但已确认为本月营业收入的500元呢？"

"11月末，尚未收到的500元，形成一项债权，反映在奶茶店11月的资产负债表应收账款项目内。"

"尚田，我很看好你啊！一个会计主体在一个会计期间的营业收入和费用，不一定与该会计期间收到和支出的现金相匹配。你对这个最为重要的概念之一，理解得非常透彻。"

"那是。我有一个点石成金的老师，不对！是青出于蓝而胜于蓝，嗯，我心理平衡了。"

"其实经营企业与居家过日子很相似。家有三件事，先从紧上来。一个家庭总的财富当然重要，每个家庭包括个人都希望财富越来越多。但平常过日子，更重要的是应付日常的柴米油盐酱醋茶等各项日常开支。不管贫富，如果一个家庭中有一个精打细算的妈妈，这个家庭很少会出现现金支付捉襟见肘的情况。"

"对！没错。外婆、我妈就是过日子的好手。尽管我爸妈是普通工薪阶层，但从小到大，记忆中家里从来没有出现过没钱支付而犯愁的时候。当然，我们家也从来没有打算买金山银山或千万豪宅。"

"是啊！一分钱难倒英雄汉。一笔到期债务无法偿还导致企业破产清算时有发生。企业日子过得好不好，一个重要的评价指标就是它的现金流量。通过表1－30，你可以看到一个企业的现金流量分成三类——经营活动产生的现金流量、投资活动产生的现金流量、筹资活动产生的现金流量。每一类又都分成现金流入、现金流出以及二者之差现金净流量。就是表1－30中的一、二、三项。你看一看，一、二、三项，就依据字面意思理解，想想每一个项目应该反映的交易或事项。"

"嗯！基本心里有数。"

"会计实务中编制现金流量表可以采用两种方法。一种是把经营活动、投资活动、筹资活动的流入和流出的现金直接汇总计算，这种方法称为直接法；另一种方法就是间接法。"

"哎！大宝，等等。间接法是不是根据权责发生制下的资产负债表和利润表，调整成收付实现制下的现金流量表？"

"哈哈！为师我感到很欣慰。对！间接法就是通过调整净利润来消除应收账款等的影响，而间接报告现金流量的。间接法的使用比直接法更加广泛。是因为间接法能反映利润表和资产表之间的关系，因此有助于对这些财务报表进行分析。"

"嗨！我也是只知其一不知其二，你这样总结，我对间接法的理解八九不离十了。"

"尚田，你要清楚，你不是从会计的角度而是从经营者的角度来学习现金流量表的。如果你能清楚现金流量表中各个项目金额的来龙去脉，对你经营奶茶店、避免出现支付困难有很大的帮助。无疑，间接法的学习更能实现此目的。"

"好的！正合我意。"

"间接法通过分析资产负债表各个项目的变化来确定这些变化对现金流量的影响，是导致净增加还是净减少？由于资产负债表必须始终保持平衡，因此很容易通过分析各个项目的变化来确定其对现金流量的影响。在编制现金流量表时，会计人员关心的是资产负债表各个项目从一个会计期间到另外一个会计期间的变化。现金流量表的目的就是说明引起现金从一个资产负债表（期初）到另一个资产负债表（期末）的变化的信息。这将有助于会计报表的阅读者理解某个会计期间现金的来源和使用情况。"

"是。"

"我们已经知道资产负债表反映的是某一时点的财务状况，因此资产负债表有期初数也有期末数，也就是一个会计期间期初的财务状况和期末的财务状况。利润表反映的某一会计期间的经营成果，是一定会计期间内累计的经营成果。现金流量表同利润表一样，也是反映一定期间内现金流量的累计变动情况。"

"明白。"

"所以，现金流量表是对一个会计期间的现金流量变化进行汇总，因此，必须将一年或一季或一月的资产负债表中的现金与下一年或下一季或下一月该报表中的现金差额进行汇总。至于如何汇总，会在后面介绍。现在回到现金流量表，该表包括哪三部分？"

"经营活动产生的现金流量、投资活动产生的现金流量、筹资活动产生的现金流量三部分。每一部分又由现金流入、现金流出以及二者之差现金净流量三部分构成。"

"回答非常完整。我将比较详细地说明第一部分——经营活动产生的现金流量，其他两部分，投资活动产生的现金流量和筹资活动产生的现金流量将合在一起介绍，因为它们适用相同的原理。要记住，学习现金流量表的主要目的是搞清楚权责发生制下的会计数字与现金之间的关系。"

"听起来好像很有趣。"

"有趣？有你哭的时候！我要提醒你注意，现金流量表的第一部分反映该会计期间通过经营活动，也就是奶茶店的日常经营活动所产生的现金流入以及经营活动所使用的现金流出各是多少。为此要首先分析净利润，针对并不影响现金流量的项目对这些权责发生制下得出的金额进行调整，接下来进行其他调整，将这一权责发生制下得出的金额转化为收付实现制下的金额，当然这一过程有些复杂，所以只介绍一些基础知识。"

"行。只要能达到经营管理需要的层次就可以了。"

"我们知道利润表中的净利润是一定会计期间所产生的各种收入与各类费用之间的差额，而经营活动产生的现金流量净额是经营性的现金流入与经营性现金流出之间的差额，也就是现金流量表中经营活动现金流入小计与经营活动现金流出小计的差额。前面已经强调过收入不等于现金收入，支出不等于现金支出。再加上净利润的取得除了经营活动产生的外，还可能有其他的来源，比如不属于经营活动的营业外收入。显然，净利润不等于经营活动产生的现金流量净额。"

"是。"

"为确定经营活动产生的现金净流量，我们必须对净利润进行调整，这种调整有两种情况，一种情况是对没有产生现金流出的一些费用进行调整，比如，折旧和其他费用。另一种情况是对一些资产负债表项目进行调整。"

"不是太明白！"

"好！我们先回忆一下有关资产负债表的内容。某一会计期间，在没有分配利润的情况下，期末留存收益等于本期净利润加上期初留存收益，资产负债表中期初留存收益与期末留存收益项目的变化，就是本期实现的净利润。明白？"

"这个清楚。继续。"

"再强调一次，不是所有的收入都引起现金的增加，即现金流入；不是所有的费用都引起现金的减少，即现金流出。将权责发生制下的净利润调整成收付实现制下的现金净增加额是比较复杂。我们先来讨论一个简单的问题。你穿越一下，穿越到宋代。你是一个走街串巷卖水果的小商贩，有幸认识了拥有甲村最大水果种植园的张地主。他看你为人谦和大气，就将乙村销售他果园所产水果的独家经销权给了你。小本生意，买不起手推车，雇不起小伙计。你用柳条编了两个筐，捡了一根破扁担，好歹凑了一副挑子。不知挑烂多少付挑子，不知跑烂了多少双鞋。暑往寒来，晓行夜宿；节衣缩食，精打细算。终于积攒够500元买了一辆全新手推车。你是有车一族啦！你贩水果终于有了固定资产……"

"等等！我之前的挑子不是我做生意的固定资产吗？"

"不是。因为你得到挑子没有任何支出。也就是说，它没有入账的成本。"

"我编柳条筐是花了时间的，一寸光阴一寸金，时间不是成本啊！"

"你也不想想，如果你不编柳条筐，那一定是晒着太阳，扪虱而谈，与人八卦徽宗和李师师。有什么时间成本。当然，你可以认为它是你的资产，但它不是会计上应该确认的资产。"

"啊哦！想起来了。对对对！我把资产确认的条件给忘了。那我跑烂的鞋子应该算固定资产吧！鞋子可是我花钱买的。"

"鞋子也不是。即使你不贩卖水果，也要穿鞋。鞋子是你的生活必需品。明白？"

"明白。其实我想和你抬杠。"

"杠头！张地主有一条成文的规矩，来买他的水果一律现金交易，赊账免谈。假设你现在有现金1 000元，有500元的固定资产。除了你本人外，这就是你经营水果生意的全部资产。果园一年四季都有各种鲜果供应。你每月到果园批发一次，每次都批发1 000元的水果。当月批发的水果当月都在乙村售罄，售价为1 500元。你跟张地主一个毛病，概不赊账。全部现销。问题来啦！你一年的营业收入是多少？"

"每月一次，一次1 500元，一年12次，12乘以1 500，一年的营业收入是18 000元。"

"一年的营业成本是多少？"

"每次购入1 000元的水果，一年12次，一年的营业成本是12 000元。"

"一年的毛利是多少？"

"6 000元。"

"假设不用考虑你这一年当中的吃喝拉撒睡等的各项开支以及过路费、保护费、各项苛捐杂税等，只考虑手推车的耗费成本。"

"是不是要考虑手推车这个固定资产的折旧问题！"

"你是半仙儿，能掐会算。对，是折旧。如果手推车能用5年，5年后只剩一堆烧火也不旺的废木头，也就是说，5年后没有残值。每年的折旧应该是多少？"

"500除以5，每年折旧100元。"

"一年的净利润是多少？"

"5 900元。"

"年初你有多少现金？"

"有 1 000 元的现金。"

"算算，年末的现金是多少？"

"每次我花 1 000 元买水果，现金变存货。每次把水果卖完，存货变现金，获得现金 1 500 元。每月增加现金 500 元，12 个月，增加了 6 000 元的现金，再加上原来的 1 000 元，年末现金 7 000 元。"

"年末与年初相比，现金增加了多少？"

"增加了 6 000 元。"

"那你的净利润是多少？"

"5 900 元。"

"两者相差多少？"

"100 元呀！我明白了，差额就是折旧费用。所以，净利润加上折旧费用就等于现金的增加额？"

"嗯，不完整。但离真相已经不远。假如年初的时候你没有手推车，只有 1 000 元的现金和一副不是固定资产的烂挑子，其余情况不变。你一年的毛利是多少？"

"6 000 元。"

"一年的净利润是多少？"

"应该也是 6 000 元。因为没有了折旧这项费用。"

"年末与年初相比，现金增加了多少？"

"增加了 6 000 元。"

"结果很明显，净利润等于现金增加额。"

"所以间接法要将折旧作为调整项目。"

"会计上把类似折旧费用这种没有引起现金支出的费用称为非付现成本，你就按字面意思理解成不是支付现金的成本，就是前面说过的不是所有费用都会引起现金支出。有空仔细想想权责发生制和收付实现制的根本区别。"

"嗯，有些东西影影绰绰，开始好像理解了，可仔细一想，就不是那回事了。"

"学问、学问，要学，也要问。我理解的'问'，既要问他人，更要问自己，我明白什么了？我真的明白了？就是思考。所以，孔子曰，学而不思则罔。"

"没错。"

"好！继续我们的学问之旅。假设张地主为你改了概不赊账的毛病，破了规矩，你可以在张地主那里赊账。你每月还是买张地主 1 000 元的水果，你的概不赊账的毛病没有改，当月全部现销，销售收入还是 1 500 元。张地主看你小本经营不容易，主动提出可以赊账。1 月买水果的 1 000 元在 7 月还，以此类推，你可以延迟 6 个月支付。其余同上。这次，我们用报表来反映你的经营情况。简化处理，就选择第二种情况，你开始时只有 1 000 元现金和一副烂挑子。你能否先编制年初的资产负债表？"

"可以。为避免知识性错误，我就用公元纪年法吧。年初的资产负债表是不是如表

1-31所示?"

表 1-31　　　　　　　　　　　资产负债表　　　　　　　　　　会企01表

编制单位：尚田水果店　　　　　　1119年1月1日　　　　　　　　　单位：元

资产	期末余额	负债和所有者权益	期末余额
货币资金	1 000	实收资本	1 000
资产总计	1 000	负债和所有者权益总计	1 000

"假设你是正月初二从张地主那里赊购回来水果，当日的资产负债表又如何?"

"考虑赊购业务后的资产负债表是不是如表 1-32 所示?"

表 1-32　　　　　　　　　　　资产负债表　　　　　　　　　　会企01表

编制单位：尚田水果店　　　　　　1119年1月2日　　　　　　　　　单位：元

资产	期末余额	负债和所有者权益	期末余额
货币资金	1 000	应付账款	1 000
存货	1 000	实收资本	1 000
资产总计	2 000	负债和所有者权益总计	2 000

"本月末的资产负债表如何?"

"全部现销，有了利润形成留存收益。本月末的报表是不是如表 1-33 所示?"

表 1-33　　　　　　　　　　　资产负债表　　　　　　　　　　会企01表

编制单位：尚田水果店　　　　　　1119年1月31日　　　　　　　　单位：元

资产	期末余额	负债和所有者权益	期末余额
货币资金	2 500	应付账款	1 000
		实收资本	1 000
		留存收益	500
资产总计	2 500	负债和所有者权益总计	2 500

"依葫芦画瓢，能否编制六月末的资产负债表?"

"简单累加后就可以形成六月末的资产负债表，如表 1-34 所示。"

表 1-34　　　　　　　　　　　资产负债表　　　　　　　　　　会企01表

编制单位：尚田水果店　　　　　　1119年6月30日　　　　　　　　单位：元

资产	期末余额	负债和所有者权益	期末余额
货币资金	10 000	应付账款	6 000
		实收资本	1 000
		留存收益	3 000
资产总计	10 000	负债和所有者权益总计	10 000

"七月末的资产负债表又当如何？"

"七月支付正月所欠的1 000元，现金流出1 000元，但七月因销售水果，现金流入1 500元，一增一减，净增500元，所以七月末货币资金是10 500元。本月应付账款因还债减少1 000元，但本月赊购1 000元，应付账款增加1 000元，一增一减没有变化。本月新增净利润500元。所以月末留存收益应该是3 500元。七月末的资产负债表，是否如表1-35所示？"

表1-35　　　　　　　　　　　　　　**资产负债表**　　　　　　　　　　　会企01表

编制单位：尚田水果店　　　　　　　1119年7月31日　　　　　　　　　单位：元

资产	期末余额	负债和所有者权益	期末余额
货币资金	10 500	应付账款	6 000
		实收资本	1 000
		留存收益	3 500
资产总计	10 500	负债和所有者权益总计	10 500

"很好！再接再厉，编制1119年末的资产负债表。"

"下半年，每月现金流出1 000元，现金流入1 500元，每月现金净增加500元，六个月增加3 000元。年末货币资金13 000元。应付账款下半年每月一增一减没有变化，每月实现净利润500元，年末的留存收益是6 000元。好了，1119年末的资产负债表如表1-36所示。"

表1-36　　　　　　　　　　　　　　**资产负债表**　　　　　　　　　　　会企01表

编制单位：尚田水果店　　　　　　　1119年12月31日　　　　　　　　单位：元

资产	期末余额	负债和所有者权益	期末余额
货币资金	13 000	应付账款	6 000
		实收资本	1 000
		留存收益	6 000
资产总计	13 000	负债和所有者权益总计	13 000

"本年净利润是多少？"

"条件没有变化，依然是6 000元。"

"年初的货币资金是多少？"

"1 000元。"

"年末？"

"13 000元。"

"净增加额是多少？"

"12 000 元。"

"与净利润相等吗？"

"不等。"

"没有折旧等非付现成本，它们应该相等呀！看出问题在哪？"

"问题出在应付账款上。所以应付账款也是调整的报表项目？"

"你想想，期初的资产负债表有应付账款吗？"

"没有。"

"那期末呢？"

"期末有，是 6 000 元。"

"现金净增加额与净利润的差额是多少？"

"6 000 元。我明白了。是不是这样调整，利润表中的净利润 +（应付账款的期末余额 - 应付账款期初余额）。"

"正确！好！我们一起编制 1119 年的现金流量表年报。首先明确，这里不涉及投入活动产生的现金流量和筹资活动产生的现金流量。"

"等等！应付账款的出现不是筹资吗？"

"一般会计上不把经营活动中出现的赊销视为筹资。尽管它与向银行或他人借款一样都形成一项负债，但赊销产生的应付账款不是筹资活动而是经营活动。向银行或他人借款就属于筹资活动。明白？"

"懂了！"

"经营活动产生的现金流量中销售商品、提供劳务收到的现金是多少？"

"全年共销售水果 12 次，每次取得现金收入 1 500 元，销售商品、提供劳务收到的现金应该是 18 000 元。"

"经营活动产生的现金流量中购买商品、接受劳动支付现金是多少？"

"一年赊购 12 次，只付了一半。购买商品、接受劳动支付现金应该是 6 000 元。"

"不考虑其他支付。经营活动产生的现金流量净额是多少？"

"经营活动现金流入小计与经营活动现金流出小计相减呗！经营活动产生的现金流量净额是 12 000 元。"

"好！现在你来编制 1119 年的现金流量表年报。"

"可以，是否如表 1 - 37 所示？"

表 1-37	现金流量表		会企 03 表
编制单位：尚田水果店	1119 年		单位：元
项　　目	本期金额	上期金额
---	---	---
一、经营活动产生的现金流量：		
销售商品、提供劳务收到的现金	18 000	

续表

项　目	本期金额	上期金额
经营活动现金流入小计	18 000	
购买商品、接受劳动支付现金	6 000	
支付给职工以及为职工支付现金	0	
经营活动现金流出小计	6 000	
经营活动产生的现金流量净额	12 000	
……		
五、现金及现金等价物净增加额	12 000	
加：期初现金及现金等价物余额	1 000	
六、期末现金及现金等价物余额	13 000	

"很好！为你点赞！"

"大宝，问一下，报表中的现金等价物是什么？"

"你可以忽略。好奇得厉害，可以上网查查。现在这个概念对你一点儿也不重要。你刚才编制的现金流量表用的方法是直接法。有没有考虑净利润和资产负债表中一些项目的变化。"

"没有。"

"对。直接法没有呈现出资产负债表的变化如何影响现金流量。间接法通过两类调整可以呈现出资产负债表的变化如何影响现金流量。我们继续。再回到1119年1月1日。假设不但张地主概不赊账的毛病改了，你的概不赊账的毛病也改了。你的销售政策是当月买，次月付款。其余同上。按此条件，编制1119年1月的资产负债表。"

"赊购1 000元，赊销1 500元，净利润还是500元。它是不是如表1-38所示"？

表1-38　　　　　　　　　　　资产负债表　　　　　　　　　　　会企01表

编制单位：尚田水果店　　　　　1119年1月30日　　　　　　　　单位：元

资产	期末余额	负债和所有者权益	期末余额
货币资金	1 000	应付账款	1 000
应收账款	1 500	实收资本	1 000
		留存收益	500
资产总计	2 500	负债和所有者权益总计	2 500

"编制1119年资产负债表年报。"

"这个要计算一下。是不是如表1-39所示"？

表1-39

资产负债表

会企01表

编制单位：尚田水果店　　　　　　　1119年12月31日　　　　　　　单位：元

资产	期末余额	负债和所有者权益	期末余额
货币资金	11 500	应付账款	6 000
应收账款	1 500	实收资本	1 000
		留存收益	6 000
资产总计	13 000	负债和所有者权益总计	13 000

"非常棒！年初的货币资金是1 000元，年末是11 500元，净增加额是多少？"

"当然是10 500元。"

"净利润6 000元如何调整就会变成10 500元？"

"全年销售了18 000元，其中1 500元没有收到现金，形成了期末应收账款，期初没有应收账款。我明白了，10 500 = 6 000 + (6 000 - 0) - (1 500 - 0)。"

"不错。公式用文字呈现。"

"货币资金净增加额=利润表中的净利润+（应付账款的期末余额-应付账款期初余额）-（应收账款的期末余额-应收账款的期初余额）。"

"对资产负债表部分项目的变化对现金流量表的影响是不是有了初步的了解？"

"嗯！"

"增加难度。假设1120年1月1日，你和张地主又犯病了，现在开始，概不赊账。本月你收回了去年十二月的欠款，你除了支付本月采购水果的1 000元，还支付了欠张地主的6 000元。其余同上。编制1120年1月的资产负债表。"

"条件比较复杂，仔细想想。它是不是如表1-40所示？"

表1-40

资产负债表

会企01表

编制单位：尚田水果店　　　　　　　1120年1月30日　　　　　　　单位：元

资产	期末余额	负债和所有者权益	期末余额
货币资金	7 500	实收资本	1 000
		留存收益	6 500
资产总计	7 500	负债和所有者权益总计	7 500

"期初的货币资金是多少？"

"11 500元。"

"期末？"

"7 500元。"

"现金净减少了4 000元。本月净利润500元。你能不能用你自己总结的公式将净利润500元，调整为现金净增加额-4 000元。"

"我列示一下应收账款、应付账款期初、期末余额。应收账款期初余额 1 500 元，期末余额 0 元；应付账款期初余额 6 000 元，期末余额 0 元。利润表中的净利润 +（应付账款的期末余额 - 应付账款期初余额）-（应收账款的期末余额 - 应收账款的期初余额）= 500 +（0 - 6 000）-（0 - 1 500）= - 4 000（元）。"

"编制 1120 年 1 月现金流量表。"

"可以！它是不是如表 1 - 41 所示？"

表 1 - 41 现金流量表 会企 03 表

编制单位：尚田水果店　　　　　　　　　1120 年 1 月　　　　　　　　　　单位：元

项　　目	本期金额	上期金额（略）
一、经营活动产生的现金流量：		
销售商品、提供劳务收到的现金	3 000	
经营活动现金流入小计	3 000	
购买商品、接受劳动支付现金	7 000	
支付给职工以及为职工支付现金	0	
经营活动现金流出小计	7 000	
经营活动产生的现金流量净额	- 4 000	
……		
五、现金及现金等价物净增加额	- 4 000	
加：期初现金及现金等价物余额	11 500	
六、期末现金及现金等价物余额	7 500	

"非常好！是不是有很多话要说。好好想想，总结总结，记在笔记本上。然后，你看看前边学过的资产负债表的内容，结合当时的交易或事项及资产负债表，边编制现金流量表边讲你如何做。范围局限在经营活动产生的现金流量。我口干舌燥、头晕眼花，喝杯水，出去溜达溜达，回来边讲边做。"

"行！大宝，辛苦你了！小花，给大宝倒一杯上好的凉白开。"

"哎！有点抠啊！"

"君子之交淡如水。咱俩谁跟谁呀！"

又是一个周末，大宝来到了奶茶店想看看尚田学得怎么样。

尚田认真地向大宝汇报学习情况："假设一天就是一个会计期间。结合奶茶店的交易或事项进行连续的报表处理是从表 1 - 8 开始，表 1 - 8 和表 1 - 9 是筹资活动和投资活动。先不考虑。表 1 - 10 反映我在 20×2 年 10 月 2 日借奶茶店 700 元，资产负债表出现其他应收款 700 元。这一天就发生了此一事项。把表 1 - 9 原样调出，作为 10 月 2 日这一会计期间的期初资产负债表。把表 1 - 10 原样调出，作为 10 月 2 日这一会计期间的期末资产负债表。本来我是要用两张资产负债表，想起你说过，资产负债表是比较资产负债表。一张表里可以反映期初和期末。所以根据当日发生的事项及表1-9，编制了表1-42。"

表1-42 　　　　　　　　　　　　资产负债表 　　　　　　　　　　　　会企01表
编制单位：众口奶茶店 　　　　　　　20×2年10月2日 　　　　　　　　　　　单位：元

资产	期初余额	期末余额	负债和所有者权益	期初余额	期末余额
货币资金	149 420	148 720	其他应付款	100 000	100 000
其他应收款	0	700			
固定资产	235 500	235 500			
无形资产	580	580	实收资本	285 500	285 500
资产总计	385 500	385 500	负债和所有者权益总计	385 500	385 500

"非常棒！格式非常完美的正规资产负债表。你为什么这样做？"

"通过比较资产负债表各项目期末金额与期初金额的变动，分析该变动对现金流量的影响。"

"理解到位。编制10月2日的现金流量表吧！"

"当日没有增加净利润，所以净利润是0元。奶茶店支付现金700元给我，所以奶茶店的现金少了700元。正好是货币资金期末余额与期初余额的差额。10月2日的现金流量表如表1-43。"

表1-43 　　　　　　　　　　　　现金流量表 　　　　　　　　　　　　会企03表
编制单位：众口奶茶店 　　　　　　　20×2年10月2日 　　　　　　　　　　　单位：元

项　目	本期金额	上期金额（略）
一、经营活动产生的现金流量：		
销售商品、提供劳务收到的现金	0	
经营活动现金流入小计	0	
购买商品、接受劳动支付现金	0	
支付给职工以及为职工支付现金	700	
经营活动现金流出小计	700	
经营活动产生的现金流量净额	-700	
……		
五、现金及现金等价物净增加额	-700	
加：期初现金及现金等价物余额	149 420	
六、期末现金及现金等价物余额	148 720	

"能不能结合资产负债表项目期初与期末的变化对净利润进行调整，得出现金及现金等价物净增加额。用你总结的公式。"

"可以。现金及现金等价物净增加额 = 净利润 - （其他应收款的期末余额 - 其他应收款的期初余额）= 0 - （700 - 0）= - 700（元）。后边这个处理就不要问了。公式用多了，脑子会僵化。你不要忘记我是现代、古代来回穿越的人。"

"好吧！有一点我提醒一下，表1-43中表头的日期在正规的现金流量表中是不会出现的。现金流量表是反映期间的报表，所以日期只会出现年度或年月。这里我们假设一天为一个期间，所以才有年、月、日。"

"清楚。继续来。表1-11反映的是10月3日购买电热水壶和咖啡机等固定资产，属于投资活动，不考虑。表1-12反映的是10月4日购买玻璃杯、瓷质咖啡杯、不锈钢勺子等存货，是属于经营活动。根据当日发生的交易及表1-11，编制表1-44。"

表1-44   **资产负债表**   会企01表

编制单位：众口奶茶店   20×2年10月4日   单位：元

资产	期初余额	期末余额	负债和所有者权益	期初余额	期末余额
货币资金	120 824	119 042	其他应付款	100 000	100 000
其他应收款	700	700			
存货	0	1 782			
固定资产	263 396	263 396			
无形资产	580	580	实收资本	285 500	285 500
资产总计	385 500	385 500	负债和所有者权益总计	385 500	385 500

"对！继续你的精彩表演。"

"10月4日没有增加净利润，所以净利润是0元。奶茶店支付现金1 782元购买玻璃杯、瓷质咖啡杯、不锈钢勺子等存货，所以奶茶店的现金少了1 782元。正好是货币资金期末余额与期初余额的差额。10月4日的现金流量表如表1-45。"

表1-45   **现金流量表**   会企03表

编制单位：众口奶茶店   20×2年10月4日   单位：元

项 目	本期金额	上期金额（略）
一、经营活动产生的现金流量：		
销售商品、提供劳务收到的现金	0	
经营活动现金流入小计	0	
购买商品、接受劳动支付现金	1 782	

续表

项　　目	本期金额	上期金额（略）
支付给职工以及为职工支付现金	0	
经营活动现金流出小计	1 782	
经营活动产生的现金流量净额	− 1 782	
……		
五、现金及现金等价物净增加额	− 1 782	
加：期初现金及现金等价物余额	120 824	
六、期末现金及现金等价物余额	119 042	

"很好！你再用公式计算验证一下。"

"我已经说过不用公式。"

"真的，你试试。有意外惊喜。"

"意外惊喜？现金及现金等价物净增加额 = 净利润 +……，哎，应收账款、应付账款、其他应收款、其他应付款都没有变化，但货币资金期末余额与期初余额的确有差额，按公式计算现金及现金等价物净增加额应该为零。我好像发现问题了。对，是存货项目发生了变化，存货期末余额与期初余额是 1 782 元，货币资金期末余额与期初余额的差额也是 1 782 元。还是自以为是、学艺不精啊！"

"公式可以修改为……"

"现金及现金等价物净增加额 = 利润表中的净利润 +（应付账款的期末余额 − 应付账款期初余额）−（应收账款的期末余额 − 应收账款的期初余额）−（存货的期末余额 − 存货的期初余额）。"

"公式是正确的，能理解为什么这样处理？"

"不太理解，我只是看着数字凑的。"

"当然支付 1 782 元购买存货，现金是减少了。但该批存货当日并没有销售或使用，也就没有形成当日的成本或费用，当日在计算净利润时也就没有扣除，所以要将净利润调减 1 782 元。这是存货期末余额大于期初余额时的处理。相反，如果存货期末余额小于期初余额，则意味着在计算本期净利润时扣除的已销售的存货成本中，有部分存货是上期或以前购入的，本期并没有支付现金，所以应将净利润调增。"

"这就是专业与业余的差距。"

"客气。继续你的修炼。"

"表 1 − 13 反映的是 10 月 5 日支付代办注册费 300 元，属于经营活动。根据当日发生的交易及表 1 − 12，编制表 1 − 46。"

表 1-46　　　　　　　　　　　　资产负债表　　　　　　　　　　　会企01表
编制单位：众口奶茶店　　　　　　　20×2年10月5日　　　　　　　　　单位：元

资产	期初余额	期末余额	负债和所有者权益	期初余额	期末余额
货币资金	119 042	118 742	其他应付款	100 000	100 000
其他应收款	700	700			
存货	1 782	1 782			
固定资产	263 396	263 396	留存收益	0	-300
无形资产	580	580	实收资本	285 500	285 500
资产总计	385 500	385 200	负债和所有者权益总计	385 500	385 200

"惊喜不断。继续！"

"10月5日没有产生收入，只发生一项代办费用支出300元，所以净利润是-300元。奶茶店支付现金300元，所以奶茶店的现金少了300元。正好是货币资金期末余额与期初余额的差额。10月5日的现金流量表如表1-47所示。"

表 1-47　　　　　　　　　　　　现金流量表　　　　　　　　　　　会企03表
编制单位：众口奶茶店　　　　　　　20×2年10月5日　　　　　　　　　单位：元

项　　目	本期金额	上期金额（略）
一、经营活动产生的现金流量：		
支付其他与经营活动有关的现金	300	
经营活动现金流出小计	300	
经营活动产生的现金流量净额	-300	
………		
五、现金及现金等价物净增加额	-300	
加：期初现金及现金等价物余额	119 042	
六、期末现金及现金等价物余额	118 742	

"很好！继续。注意体会资产负债表项目的变动对现金流量的影响。"

"表1-14反映的是10月6日你通过扫微信的收付款码，将你微信中的700元转账到奶茶店的企业微信中偿还欠款，属于经营活动。根据当日发生的交易及表1-13，编制表1-48。"

表 1-48　　　　　　　　　　　　资产负债表　　　　　　　　　　　会企01表
编制单位：众口奶茶店　　　　　　　20×2年10月6日　　　　　　　　　单位：元

资产	期初余额	期末余额	负债和所有者权益	期初余额	期末余额
货币资金	118 742	119 442	其他应付款	100 000	100 000
其他应收款	700	0			

资产	期初余额	期末余额	负债和所有者权益	期初余额	期末余额
存货	1 782	1 782			
固定资产	263 396	263 396	留存收益	-300	-300
无形资产	580	580	实收资本	285 500	285 500
资产总计	385 200	385 200	负债和所有者权益总计	385 200	385 200

"嗯，继续。"

"当日没有产生净利润，奶茶店增加了700元的现金。正好是货币资金期末余额与期初余额的差额。10月6日的现金流量表如表1-49所示。"

表1-49　　　　　　　　　　　现金流量表　　　　　　　　　　　会企03表

编制单位：众口奶茶店　　　　　　　20×2年10月6日　　　　　　　　单位：元

项　　目	本期金额	上期金额（略）
一、经营活动产生的现金流量：		
收到其他与经营活动有关的现金	700	
经营活动现金流入小计	700	
经营活动产生的现金流量净额	700	
……		
五、现金及现金等价物净增加额	700	
加：期初现金及现金等价物余额	118 742	
六、期末现金及现金等价物余额	119 442	

"好！继续。"

"表1-15反映的是10月7日装修结束，验收通过并银行转账支付了41 000元。该交易属于投资活动，这里不考虑。表1-16反映的是10月8日购买价值83 218元的牛奶、干果、小吃、茶叶、咖啡豆、速溶咖啡、一次性纸杯、吸管等存货，当然存货增加83 218元，为购买这些商品支付了现金78 442元，现金减少了78 442元，另有4 776元形成应付账款。当日净利润0元。根据当日发生的交易及表1-15，编制表1-50。"

表1-50　　　　　　　　　　　资产负债表　　　　　　　　　　　会企01表

编制单位：众口奶茶店　　　　　　　20×2年10月8日　　　　　　　　单位：元

资产	期初余额	期末余额	负债和所有者权益	期初余额	期末余额
货币资金	78 442	0	其他应付款	100 000	100 000
存货	1 782	85 000	应付账款	0	4 776

资产	期初余额	期末余额	负债和所有者权益	期初余额	期末余额
固定资产	304 396	304 396	留存收益	−300	−300
无形资产	580	580 580	实收资本	285 500	285 500
资产总计	385 200	389 976	负债和所有者权益总计	385 200	389 976

"对，继续。"

"当日没有产生净利润，奶茶店现金减少了78 442元，正好是货币资金期末余额与期初余额的差额。10月8日的现金流量表如表1−51所示。"

表1−51   现金流量表   会企03表

编制单位：众口奶茶店   20×2年10月8日   单位：元

项　目	本期金额	上期金额（略）
一、经营活动产生的现金流量：		
购买商品、接受劳动支付现金	78 442	
支付给职工以及为职工支付现金	0	
经营活动现金流出小计	78 442	
经营活动产生的现金流量净额	−78 442	
……		
五、现金及现金等价物净增加额	−78 442	
加：期初现金及现金等价物余额	78 442	
六、期末现金及现金等价物余额	0	

"好不容易出现应付账款。尚田，我很想再让你用公式展示一下净利润是如何被调整成现金及现金等价物净增加额的。"

"你个变态的家伙。满足你一下。现金等价物净增加额=利润表中的净利润+（应付账款的期末余额−应付账款期初余额）−（应收账款的期末余额−应收账款的期初余额）−（存货的期末余额−存货的期初余额）=0+（4 776−0）−0−（85 000−1 782）=−78 442（元）。"

"完美。继续！"

"表1−17反映10月9日实现销售收入99 828元，当日净利润22 560元。销售收入99 828元中，当日收现金额97 828元，当日现金增加97 828元，另2 000元形成应收账款。根据当日发生的交易及表1−16，编制表1−52。"

表 1 - 52 **资产负债表** 会企 01 表
编制单位：众口奶茶店 20×2 年 10 月 9 日 单位：元

资产	期初余额	期末余额	负债和所有者权益	期初余额	期末余额
货币资金	0	97 828	其他应付款	100 000	100 000
应收账款	0	2 000	应付账款	4 776	4 776
存货	85 000	7 732			
固定资产	304 396	304 396	留存收益	-300	22 260
无形资产	580 580	580 580	实收资本	285 500	285 500
资产总计	389 976	412 536	负债和所有者权益总计	389 976	412 536

"很好！尚田……"

"别说了，好不容易出现应收账款，是不是？我先公式，后制表。现金等价物净增加额 = 利润表中的净利润 + （应付账款的期末余额 - 应付账款期初余额） - （应收账款的期末余额 - 应收账款的期初余额） - （存货的期末余额 - 存货的期初余额） = 22 560 + 0 - （2 000 - 0） - （7 732 - 85 000） = 97 828 （元）。10 月 9 日的现金流量表如表 1 - 53 所示。"

表 1 - 53 **现金流量表** 会企 03 表
编制单位：众口奶茶店 20×2 年 10 月 9 日 单位：元

项　目	本期金额	上期金额（略）
一、经营活动产生的现金流量：		
销售商品、提供劳务收到的现金	97 828	
经营活动现金流入小计	97 828	
经营活动产生的现金流量净额	97 828	
……		
五、现金及现金等价物净增加额	97 828	
加：期初现金及现金等价物余额	0	
六、期末现金及现金等价物余额	97 828	

"犀利！继续。"

"表 1 - 18 反映 10 月 10 日 1 782 元的低值易耗品在当日一次性计入费用的会计处理。当日存货减少 1 782 元，费用增加 1 782 元，当日净利润 -1 782 元。根据当日发生的事项及表 1 - 17，编制表 1 - 54。"

表 1-54　　　　　　　　　　　　　资产负债表　　　　　　　　　　　　会企01表

编制单位：众口奶茶店　　　　　　　　　20×2 年 10 月 10 日　　　　　　　　　单位：元

资产	期初余额	期末余额	负债和所有者权益	期初余额	期末余额
货币资金	97 828	97 828	其他应付款	100 000	100 000
应收账款	2 000	2 000	应付账款	4 776	4 776
存货	7 732	5 950			
固定资产	304 396	304 396	留存收益	22 260	20 478
无形资产	580	580	实收资本	285 500	285 500
资产总计	412 536	410 754	负债和所有者权益总计	412 536	410 754

"很好！继续你的精彩。"

"尽管该事项没有涉及现金的增减，但它是调整项目。人不能两次踏进同一条河流，我同样的错误不会再犯。先来公式再报表。现金等价物净增加额 = 利润表中的净利润 + （应付账款的期末余额 - 应付账款期初余额）-（应收账款的期末余额 - 应收账款的期初余额）-（存货的期末余额 - 存货的期初余额）= -1 782 + 0 - 0 - （5 950 - 7 732）= 0。10 月 10 日的现金流量表如表 1-55 所示。"

表 1-55　　　　　　　　　　　　　现金流量表　　　　　　　　　　　　会企03表

编制单位：众口奶茶店　　　　　　　　　20×2 年 10 月 10 日　　　　　　　　　单位：元

项　　目	本期金额	上期金额
一、经营活动产生的现金流量：		
销售商品、提供劳务收到的现金	0	
经营活动现金流入小计	0	
经营活动产生的现金流量净额	0	
……		
五、现金及现金等价物净增加额	0	
加：期初现金及现金等价物余额	97 828	
六、期末现金及现金等价物余额	97 828	

"对！继续。"

"表 1-19、表 1-20 分别反映 10 月 31 日对固定资产折旧、无形资产摊销的处理。当日资产负债表中固定资产因计提 1 648.27 元的折旧费用而减少了 1 648.27 元。当日资产负债表中无形资产因计提 4.83 元的摊销费用而减少了 4.83 元。两项费用合计 1 653.1 元，当日净利润 -1 653.1 元。根据当日发生的事项及表 1-17，表 1-18、表 1-19，编制表 1-56。"

表 1-56   资产负债表   会企 01 表

编制单位：众口奶茶店   20×2 年 10 月 31 日   单位：元

资产	期初余额	期末余额	负债和所有者权益	期初余额	期末余额
货币资金	97 828	97 828	其他应付款	100 000	100 000
应收账款	2 000	2 000	应付账款	4 776	4 776
存货	5 950	5 950			
固定资产	304 396	302 747.73	留存收益	20 478	18 824.90
无形资产	580	575.17	实收资本	285 500	285 500
资产总计	410 754	409 100.90	负债和所有者权益总计	410 754	409 100.90

"很好！继续。"

"尽管折旧、摊销事项没有涉及现金的增减，但它们是调整项目。先来公式再报表。现金等价物净增加额 = 利润表中的净利润 +（应付账款的期末余额 - 应付账款期初余额）-（应收账款的期末余额 - 应收账款的期初余额）-（存货的期末余额 - 存货的期初余额）= -1 653.1 + 0 - 0 - 0 + 1 653.1 = 0。对不对？非付现成本不会引起现金减少，但会导致净利润减少，所以，要调增净利润。10 月 31 日的现金流量表如表 1-57 所示。"

表 1-57   现金流量表   会企 03 表

编制单位：众口奶茶店   20×2 年 10 月 31 日   单位：元

项　目	本期金额	上期金额（略）
一、经营活动产生的现金流量：		
销售商品、提供劳务收到的现金	0	
经营活动现金流入小计	0	
经营活动产生的现金流量净额	0	
……		
五、现金及现金等价物净增加额	0	
加：期初现金及现金等价物余额	97 828	
六、期末现金及现金等价物余额	97 828	

"大功告成，完美演出。注意到没有，表 1-55、表 1-57 现金流量没有变化吧！但计算净利润时扣除了，既然对现金流量没有影响，所以调整时加回。好，开始结合奶茶店的交易或事项说明投资活动和筹资活动是如何影响现金流量。我们回到表 1-8，假如 9 月 30 日完成企业注册、银行开户等事项，还没有向妈妈借钱。编制 9 月 30 日这一会计期间的期初资产负债表。"

"这个简单，是不是如表 1-58 所示？"

表 1 − 58 　　　　　　　　　　　　　　　　　资产负债表　　　　　　　　　　　　　　会企 01 表

编制单位：众口奶茶店　　　　　　　　　　　20×2 年 9 月 30 日　　　　　　　　　　　　　单位：元

资产	期初余额	负债和所有者权益	期初余额
货币资金	50 000		
固定资产	235 500	实收资本	285 500
资产总计	285 500	负债和所有者权益总计	285 500

"9 月 30 日只发生了一笔交易或事项，就是奶茶店向妈妈借款 100 000 元。编制 9 月 30 日这一会计期间的期末资产负债表，可以参考表 1 − 8。"

"如表 1 − 59 所示。"

表 1 − 59 　　　　　　　　　　　　　　　　　资产负债表　　　　　　　　　　　　　　会企 01 表

编制单位：众口奶茶店　　　　　　　　　　　20×2 年 9 月 30 日　　　　　　　　　　　　　单位：元

资产	期初余额	期末余额	负债和所有者权益	期初余额	期末余额
货币资金	50 000	150 000	其他应付款	0	100 000
固定资产	235 500	235 500	实收资本	285 500	285 500
资产总计	285 500	385 500	负债和所有者权益总计	285 500	385 500

"注意，这里的其他应付款与经营活动产生的现金流量无关，可以参考表 1 − 30，编制奶茶店 9 月 30 日现金流量表。"

"9 月 30 日奶茶店借款 100 000 元，属于筹资活动产生的现金流量。它如表 1 − 60 所示。"

表 1 − 60 　　　　　　　　　　　　　　　　　现金流量表　　　　　　　　　　　　　　会企 03 表

编制单位：众口奶茶店　　　　　　　　　　　20×2 年 9 月 30 日　　　　　　　　　　　　　单位：元

项　目	本期金额	上期金额（略）
三、筹资活动产生的现金流量：		
吸收投资收到的现金		
取得借款收到的现金	100 000	
筹资活动现金流入小计	100 000	
筹资活动产生的现金流入净额	100 000	
……		
五、现金及现金等价物净增加额	100 000	
加：期初现金及现金等价物余额	50 000	
六、期末现金及现金等价物余额	150 000	

"上道了。继续。"

"表1-9反映10月1日注册商标支出580元，形成无形资产580元。根据该项交易及表1-8，编制10月1日这一会计期间的期末资产负债表，如表1-61所示。"

表1-61　　　　　　　　　　　资产负债表　　　　　　　　　　会企01表

编制单位：众口奶茶店　　　　　　20×2年10月1日　　　　　　　单位：元

资产	期初余额	期末余额	负债和所有者权益	期初余额	期末余额
货币资金	150 000	149 420	其他应付款	100 000	100 000
固定资产	235 500	235 500			
无形资产	0	580	实收资本	285 500	285 500
资产总计	385 500	385 500	负债和所有者权益总计	385 500	385 500

"编制奶茶店10月1日现金流量表。"

"该交易属于投资活动。如表1-62所示。"

表1-62　　　　　　　　　　　现金流量表　　　　　　　　　　会企03表

编制单位：众口奶茶店　　　　　　20×2年10月1日　　　　　　　单位：元

项　目	本期金额	上期金额（略）
二、投资活动产生的现金流量		
购建固定资产、无形资产支付的现金	580	
投资支付的现金	0	
投资活动现金流出小计	580	
投资活动产生的现金流量净额	-580	
……		
五、现金及现金等价物净增加额	-580	
加：期初现金及现金等价物余额	150 000	
六、期末现金及现金等价物余额	149 420	

"你看一下，能不能用公式？"

"好像可以。现金等价物净增加额=利润表中的净利润-（无形资产的期末余额-无形资产的期初余额）=0-580=-580（元）。"

"实务中，公式一般只用于将净利润调节为经营活动现金流量。企业的投资和筹资发生的次数少，且涉及投资和筹资的交易或事项对净利润的影响不如经营活动的影响大，所以单独汇总直接填入表中。"

"有道理。接下来是表1-11反映10月3日购买电热水壶和咖啡机等固定资产，一共支出27 896元。10月3日资产负债表如表1-63所示。"

表 1-63　　　　　　　　　　　　资产负债表　　　　　　　　　　　　会企 01 表

编制单位：众口奶茶店　　　　　　　20×2 年 10 月 3 日　　　　　　　　单位：元

资产	期初余额	期末余额	负债和所有者权益	期初余额	期末余额
货币资金	148 720	120 824	其他应付款	100 000	100 000
其他应收款	700	700			
固定资产	235 500	263 396			
无形资产	580	580	实收资本	285 500	285 500
资产总计	385 500	385 500	负债和所有者权益总计	385 500	385 500

"编制 10 月 3 日现金流量表。"

"10 月 3 日购买电热水壶和咖啡机等固定资产是投资活动。10 月 3 日现金流量表如表 1-64 所示。"

表 1-64　　　　　　　　　　　　现金流量表　　　　　　　　　　　　会企 03 表

编制单位：众口奶茶店　　　　　　　20×2 年 10 月 3 日　　　　　　　　单位：元

项　目	本期金额	上期金额（略）
二、投资活动产生的现金流量		
购建固定资产、无形资产支付的现金	27 896	
投资支付的现金	0	
投资活动现金流出小计	27 896	
投资活动产生的现金流量净额	-27 896	
······		
五、现金及现金等价物净增加额	-27 896	
加：期初现金及现金等价物余额	148 720	
六、期末现金及现金等价物余额	120 824	

"好像还有最后一个业务？"

"对。表 1-15 反映 10 月 7 日装修结束，验收通过，支付 41 000 元装修费。10 月 7 日资产负债表如表 1-65 所示。"

表 1-65　　　　　　　　　　　　资产负债表　　　　　　　　　　　　会企 01 表

编制单位：众口奶茶店　　　　　　　20×2 年 10 月 7 日　　　　　　　　单位：元

资产	期初余额	期末余额	负债和所有者权益	期初余额	期末余额
货币资金	119 442	78 442	其他应付款	100 000	100 000
存货	1 782	1 782			
固定资产	263 396	304 396	留存收益	-300	-300
无形资产	580	580	实收资本	285 500	285 500
资产总计	385 200	385 200	负债和所有者权益总计	385 200	385 200

"继续。"

"41 000 元装修费计入固定资产，属于投资活动产生的现金流量。10 月 7 日现金流量表如表 1 – 66 所示。"

表 1 – 66	现金流量表		会企 03 表
编制单位：众口奶茶店	20×2 年 10 月 7 日		单位：元
项　目	本期金额	上期金额（略）	
二、投资活动产生的现金流量			
购建固定资产、无形资产支付的现金	41 000		
投资支付的现金	0		
投资活动现金流出小计	41 000		
投资活动产生的现金流量净额	– 41 000		
……			
五、现金及现金等价物净增加额	– 41 000		
加：期初现金及现金等价物余额	119 442		
六、期末现金及现金等价物余额	78 442		

"好。现在我们假设向妈妈借款这一业务是奶茶店 10 月 1 日开业后的第一个交易，10 月 31 日计提折旧和摊销是本月会计处理的最后的事项。编制奶茶店 10 月的资产负债表。提示一下，期初数根据表 1 – 58 数字填列。"

"10 月的资产负债表如表 1 – 67 所示。"

表 1 – 67		资产负债表		会企 01 表	
编制单位：众口奶茶店		20×2 年 10 月 31 日		单位：元	
资产	期初余额	期末余额	负债和所有者权益	期初余额	期末余额
货币资金	50 000	97 828	其他应付款	0	100 000
应收账款	0	2 000	应付账款	0	4 776
存货	0	5 950		0	
固定资产	235 500	302 747.73	留存收益	0	18 824.90
无形资产	0	575.17	实收资本	285 500	285 500
资产总计	285 500	409 100.90	负债和所有者权益总计	285 500	409 100.90

"根据 10 月编制的每日现金流量表，编制 10 月的现金流量表。提示，现金及现金等价物净增加额等于经营活动产生的现金流量净额、投资活动产生的现金流量净额、筹资活动产生的现金流入净额三者之和。"

"10 月的现金流量表如表 1 – 68 所示。"

表 1 – 68　　　　　　　　　　现金流量表　　　　　　　　会企 03 表

编制单位：众口奶茶店　　　　　　20×2 年 10 月　　　　　　　　单位：元

项　　目	本期金额	上期金额（略）
一、经营活动产生的现金流量：		
销售商品、提供劳务收到的现金	97 828	
收到其他与经营活动有关的现金	700	
经营活动现金流入小计	98 528	
购买商品、接受劳动支付现金	1 782＋78 442	
支付给职工以及为职工支付现金	700	
支付其他与经营活动有关的现金	300	
经营活动现金流出小计	81 224	
经营活动产生的现金流量净额	17 304	
二、投资活动产生的现金流量：		
收回投资收到的现金		
投资活动现金流入小计		
购建固定资产、无形资产支付的现金	580＋27 896＋41 000	
投资支付的现金		
投资活动现金流出小计	69 476	
投资活动产生的现金流量净额	– 69 476	
三、筹资活动产生的现金流量：		
吸收投资收到的现金		
取得借款收到的现金	100 000	
筹资活动现金流入小计	100 000	
偿还债务支付的现金		
分配股利、利润或偿付利息支付的现金		
筹资活动现金流出小计		
筹资活动产生的现金流量净额	100 000	
……		
五、现金及现金等价物净增加额	47 828	
加：期初现金及现金等价物余额	50 000	
六、期末现金及现金等价物余额	97 828	

"这就是现金流量表的全部。当然是奶茶店 10 月现金流量表的全部。不过大多数企业的现金流量表跟你编制的奶茶店的现金流量表差不多。10 月奶茶店的三张报表全部编制完成，分别是表 1-22 的利润表、表 1-67 的资产负债表、表 1-68 的现金流量表。通过学习、编制这三张报表，对奶茶店发生的交易或事项如何影响报表是不是有了初步的认识？"

"是啊！从会计的角度或者说从报表的角度看奶茶店的经营与单纯从业务的角度看奶茶店经营是不同的。启发良多。大宝，非常感谢！"

"你这叫惠而不费，口惠而实不至，感谢我，就给我倒杯上好的凉白开？"

"也是，做人不能太抠。小花，给大宝倒一杯热水。"

"哎呀！抠死你算啦！小花，不用太热，常温的就行。"

"还是上好的凉白开。那就干脆别喝啦！"

"我也是贱，自找的。现金流量对奶茶店的日常经营非常重要。关于现金流量表及其编制，我从专业的角度总结一下，顺便也温习一些学过的内容。可能会把一个简单的问题弄复杂了。"

"嗯。简单问题复杂化？你要现出假专家的原形。"

"给一个外行或刚入门的讲专业的方法、内容，具体、形象化的东西比较容易理解和接受，专业术语、概念、原理等比较抽象的东西就不容易理解和接受，所以感到复杂。"

"有道理。我尽量理解、接受。"

"为条理清楚、层次分明，或用标题把内容分开。你应该记得编制现金流量表有直接法和间接法。间接法就是将净利润通过调整变成经营活动产生的现金净流量。"

"记得。"

"好。有两项调整。一是对折旧费用的调整，二是对一些流动资产、流动负债项目变化的调整。我们就把对折旧费用的调整作为第一项。"

一、对折旧费用的调整

大宝整理了一下前面的表格，认真地说："表 1-9，资产负债表反映奶茶店拥有固定资产——商铺使用权，成本是 235 500 元，在 10 月以前购买的，所以这项资产对应的现金流出发生在 10 月之前。奶茶店 10 月的利润表中显示，10 月为这项固定资产计提的折旧费用为 500 元。折旧，实际上是固定资产的一部分成本。10 月初时，这些资产的现金流出实际上是发生在以前月份，因此，该折旧费用不是 10 月的现金流出。"

"对。对注册商标形成的无形资产的摊销和对购买的电磁炉等固定资产计提的折旧，也一样。"

"尚田，这个话茬接得漂亮。尽管从营业收入中减去该项 500 元的折旧费用，得出了净利润，但是它不是现金流出，净利润要比不考虑该项折旧费用时少了多少元？"

"当然是 500 元。"

"因此，将净利润调整为经营活动产生的现金净流量时，要在净利润基础上加上 500 元。现在假设 10 月确认的折旧费用不是 500 元，而是 1 000 元，除净利润，其他项目没有任何改变，那么，来自经营活动产生的现金净流量将会高于、低于或等于原现金流量表中的数字？"

"等于。因为折旧费用是非付现成本，不影响现金流量。"

"如果 10 月该项固定资产的折旧费用不是 500，而是 2 000，也就是折旧费用增加了 1 500 元，那么与利润表中原净利润的数字相比，新的净利润将会增加 1 500 元、减少 1 500 元或不变？"

"费用增加 1 500 元，净利润当然减少 1 500 元。"

"对。折旧费用所增加的 1 500 元，通过净利润减少 1 500 元，刚好得到弥补。那现金流量将会高于、低于还是等于原报表中的数字呢？"

"等于。它自岿然不动。"

"行啊，尚田。绕不晕你。啰唆几句。对于固定资产来说，它的现金流出是在购买该资产的时候，或者是在归还为购买该资产所借的款项的时候。现金流量不会受到折旧费用的影响，否则就会导致重复计算。因此，折旧不是现金的一个来源。在间接法中，由于折旧在净利润调整为收付实现制方面所起的作用，人们误以为折旧是现金的一个来源，这是一个常见的错误。"

"嗯。折旧不是现金的一个来源。折旧是一项非付现成本。"

"再总结一下。为了将净利润转化为来自经营活动的现金净流量，要在净利润上加当期计提的固定资产的折旧、当期无形资产的摊销等非付现成本。尚田，现金、应收账款、存货以及将在近期内转变为现金的资产都是什么资产？"

"流动资产。"

"应付账款、应付职工薪酬以及近期将要到期的债务等都是什么负债？"

"流动负债。"

"会计上，把流动资产和流动负债之间的差额称为营运资本。各种经营活动，比如销售、购买原材料，所发生的生产、销售和管理费用等都是引起营运资本变化的主要原因。对流动资产和流动负债项目变化进行调整，其实就是对营运资本变化进行调整，所以下面就讲对营运资本项目变化的调整。"

二、对营运资本项目变化的调整

1. 对流动资产项目变化的调整

"尚田，首先你要明白，尽管现金，就是资产负债表中的货币资金，理所当然地属于营运资本，因为货币资金是流动性最强的流动资产，但在对营运资本的变化进行调整时，将它排除在外，因为我们分析的是那些项目的变化对现金的影响，所以它自身是不应该包含在内的。"

"对。没错。"

"如果奶茶店 10 月所有的营业收入都是来自现金交易的现金收入，那么，现金流入额与营业收入额的关系如何？"

"相等。"

"也就是说，如果销售的营业收入是 50 000 元，那么，现金流入也就是 50 000 元，但对于大多数企业而言，某些货物或劳务是赊销给顾客的，这些销售首先应该反映在流动资产的什么项目中？"

"应收账款。只有当顾客，后来支付该项欠款时，企业才能收到现金。"

"如果奶茶店所有的销售都是赊销，当月销售，6 个月以后收现。10 月的销售额是 50 000 元，那么，在发生这些销售时，营业收入是多少元？10 月的应收账款增加了多少元？"

"营业收入是 50 000 元，10 月的应收账款增加了 50 000 元。"

"如果 10 月奶茶店从以前月份赊销的顾客那里收到了 50 000 元的现金，当月现金增加 50 000 元，而应收账款将减少 50 000 元。当月应收账款的期末余额如何变化？现金的增加与当月的销售收入关系如何？"

"当月应收账款的期末余额与期初余额是相等的，没有发生变化。现金的增加等于当月的销售收入，都是 50 000 元。"

"可以就此形成以下结论，当应收账款的期初与期末余额相等、没有变化时，现金的增加将等于当期的销售收入。如果把这个结论扩展到所有营运资本项目时，就可以得出如下结论：如果期初余额等于期末余额，那么，编制现金流量表时不需要将权责发生制调整为收付实现制。"

"我琢磨琢磨。嗯，是这个理儿。"

"如果奶茶店 10 月的营业收入是 50 000 元，全部赊销。但 10 月，收到以前月份赊销本月到期的 55 000 元的现金，应收账款的期末余额如何？"

"应收账款一增一减，应收账款的期末余额与期初余额相比减少 5 000 元。"

"在这种情况下，应收账款的期末余额与期初余额不等。它表明，如果期末应收账款余额少于期初余额，那么，现金的增加将多于、少于还是等于本期的营业收入？"

"增加的现金多于本期的营业收入。"

"所增加的现金部分是来自应收账款的减少。如果本月销售全部是赊销，现金的增加则是因为更多老顾客支付了欠款；如果本月的销售，部分现销、部分赊销，则现金的增加，部分原因是老顾客支付了他们的欠款，部分原因是销售给了新的顾客。"

"对。"

"由于现金的增加额多于营业收入的金额，因此，必须在净利润的基础上，加上现金大于营业收入的部分，这部分金额就是应收账款期末与期初相比减少的金额。其实，你前边总结过的公式就体现了这个结果。"

"是。"

"如果在一个会计期间应收账款的期末余额与期初余额相比，增加了，则应对净利润做相反的调整。也就是说，为了求出经营活动所带来的现金净流量，非现金流动资产的增加，将导致从净利润中做减还是加的调整？"

"减。"

"如果奶茶店10月存货的期初余额是15 000元，期末余额是20 000万元，这表明，在这一个月里，该项资产是增加还是减少了？"

"当然增加了，增加了5 000元。"

"与应收账款相比，这项变化对现金流具有的作用一样吗？"

"不一样。作用应该相反。"

"对。因此，要想求出现金的变化，必须从净利润中加上还是减去存货增加的金额？"

"减。"

"边总结边问。如果各营运资本项目的余额没有变化，那么，现金流入量等于还是不等于营业收入？"

"等于。"

"此时还用不用进行调整？"

"当然不用。"

"总之，我们必须分析资产负债表上各个项目的变化，来确定它们对现金的影响。确定经营活动产生的现金流量时，应关注资产负债表中的哪些项目？"

"流动资产和流动负债项目，也就是营运资本项目。"

"如何判断它们对现金进而对净利润的影响是加还是减呢？先让事情变得简单，就像你穿越过去所做得那样。一个简单的记忆方法是：假设资产负债表中资产除了现金项目只有一个项目。比如只有现金和应收账款两个项目，那么，应收账款的减少就意味着现金的增加还是减少？"

"增加。"

"这是符合会计基本等式：资产 = 负债 + 所有者权益的。为保持这个等式的平衡，如果只有现金和应收账款两个项目，那么，应收账款的减少必然意味着现金的增加还是减少？"

"增加。"

"尚田，我要提醒你，流动资产（注意，这里讨论的流动资产一定不包含现金）的变化可能对现金不会立即产生影响，可能是隔了一期或几期才会产生影响。比如，赊购存货，存货的增加伴随应付账款的增加。如果是现购，存货的增加意味着现金的减少；如果是赊购，存货的增加并不意味着现金的减少，只是应付账款增加。我们就从应付账款入手，来分析下面的内容。"

2. 对流动负债项目变化的调整

"尚田，你应该知道，与流动资产的变化相比，流动负债的变化对现金有相反的影响。流动负债的增加，为将净利润调整为收付实现制，要求在净利润上加上还是减去这一增加的金额？"

"加上。如果流动负债减少，则要求在净利润上减去这个减少的金额。"

"都会抢答了。如果应付账款的期末余额为 5 000 元，期初余额为 10 000 元。如何将净利润调整为收付实现？"

"应付账款减少了 5 000 元。因此，通过减去这一金额，将净利润调整为收付实现制。"

"如果应付职工薪酬的期末余额 10 000 元，期初余额 5 000 元。如何将净利润调整为收付实现？"

"应付职工薪酬增加了 5 000 元。因此，通过加上这一金额，将净利润调整为收付实现制。"

"对。看来掌握得不错。下面对营运资本净变化的影响做一个总结。"

3. 营运资本净变化的影响

"尚田，对于流动资产，总而言之，流动资产的增加，意味着更多的现金被束缚在应收账款、存货和其他流动资产中，并且伴随着现金的减少。这就是当一家企业的现金变少的时候，它会设法使其他流动资产尽可能低的原因。"

"是这个道理。"

"尚田，你能否用我刚才的句式对流动负债做总结？"

"我试一试。流动负债的增加，意味着更多的现金被释放了出来，那些没有支付给供应商的现金仍然以现金的形态存放在企业中，这就是当一家企业的现金少的时候，它会设法使其他流动负债尽可能高的原因。"

"很棒！你作为财务报表的使用者，需要理解这些关系，但是不必记住它们。为了加深理解，进行一次问答。有四种变化调整。流动资产减少，如何调整净利润？你只回答加或减。"

"加。"

"流动资产增加，如何调整净利润？"

"减。"

"流动负债增加，如何调整净利润？"

"加。"

"流动负债减少，如何调整净利润？"

"减。"

"非常好！有一点要注意，这些调整是为了将净利润转化为现金净流量，利润表上净利润的金额是不变的。"

"明白！"

"下面对经营活动产生的现金流量做一个总结。"

4. 经营活动调整总结

"尚田，如果营运资本总额（不包括现金）没有改变（期末与期初相比），而且没有非付现成本（如折旧），那么，来自经营活动产生的净现金流量与净利润之间的关系如何？"

"应该相等。"

"如果营运资本总额（不包括现金）减少了（期末与期初相比），那么，来自经营活动产生的净现金流量与净利润之间的关系如何？"

"来自经营活动产生的净现金流量多于净利润。"

"如果营运资本总额（不包括现金）增加了（期末与期初相比），那么，来自经营活动产生的净现金流量与净利润之间的关系如何？"

"来自经营活动产生的净现金流量少于净利润。"

"如果有折旧费用，那么，来自经营活动产生的现金净流量与净利润的关系如何？"

"来自经营活动产生的净现金流量多于净利润。"

"不错不错。记住，在根据营运资本的变化分析对现金的影响时，必须确保这些计算中不包括现金，就是资产负债表中的货币资产。下面我们分析投资活动和筹资活动现金流量。"

三、投资活动和筹资活动现金流量

"现金流量表主要由三部分构成：经营活动产生的现金流量、投资活动产生的现金流量以及筹资活动产生的现金流量。如果用现金购买存货，作为经营活动现金流量处理；如果用现金购买固定资产，作为投资活动现金流出处理。购买存货是日常经营活动的内容之一，所以按经营活动现金流量处理。"

"是。不同的分类。"

"看一个企业获取现金的能力，主要看经营活动产生的现金流量。购买固定资产、无形资产的现金支出是投资活动产生的现金流出，那如果将固定资产变卖取得的现金如何处理？"

"应该算作处置固定资产、无形资产和其他长期资产收回的现金净额，是投资活动产生的现金流入。"

"投资活动产生的现金流量还包括对外投资，比如奶茶店投资控股了其他公司或者将奶茶店拥有的其他公司股权出售，前者可能产生投资活动现金流出，后者一般产生投资活动现金流入。"

"为什么是可能？"

　　"因为对外投出的资产不一定是现金。比如，奶茶店以商铺入股。所以，一项投资活动并非总是现金流出。"

　　"明白了。"

　　"现金流量表中的筹资活动产生的现金流量，既包括比如像短期借款等流动负债产生的，也包括像长期借款等长期负债产生的。将来奶茶店有了一定规模，可以发行债券或者股票。发行债券和股票所得到的现金属于筹资活动产生的现金流量。"

　　"那是我们的目标！"

　　"我们一直在讨论利润表中的净利润与现金流量表的关系，现在结合资产负债表、利润表来讨论一下三张表之间的关系。"

四、现金流量表整体总结

　　"尚田，你看一下表 1 - 67 和表 1 - 68，两张表清楚地显示，现金流量净增加额等于资产负债表中货币资金的期初、期末余额的变化。所以，为了使现金流量表与资产负债表保持一致，在现金流量表的最后一行，现金的净增加额或净减少额必须等于期初的货币资金与期末货币资金的差额。"

　　"对。"

　　"奶茶店 10 月的净利润是 18 824.90 元，经营活动产生的现金净流量是 17 304 元。比较二者的大小是很有意义的。尚田，你能不能谈谈意义所在？"

　　"是不是这个意思，奶茶店赚了 18 824.90 元，其中 17 304 元是真金白银地收到了。比较二者的大小是否可以看出实现的净利润的质量？"

　　"无师自通。你已经学会了如何使用现金流量表。所以，我们看下一个标题。"

五、现金流量表如何使用

　　"对现金流量的预测有助于企业管理人员和财务信息的其他使用者估计未来的现金需要量，比如一家公司在发展期间，它的应收账款、存货和固定资产都需要更多的现金。因此，尽管这种发展可能产生额外的盈利，但也会需要更多的现金。尚田，明白？"

　　"明白。"

　　"一家公司在遇到财务困难，即支付出现问题时，也许应当更多地关注现金流量表，而不是利润表。因为它需要用现金而不是用净利润来偿还债务。"

　　"欠债还钱。没错。"

　　"企业的债权人希望知道现金流是否足以支付其债务的利息，以及当债务到期时，是否足以偿还本金。债权人特别关注每年有多少现金是来自可持续的经营活动。而企业的所有者希望有充足的现金流入，因为现金流入越充足，越有能力分配利润。"

"冷暖自知。企业的日子过得紧不紧、宽裕不宽裕，还是要看现金流量表。"

"三张报表全部介绍完了。你怎么犒劳我？"

"请你吃五星级宵夜！"

"路边摊？露天？"

"不，带塑料棚。哎，大宝，吃什么不重要，在哪里吃也不重要，关键是……大宝，别急着走！"

记忆要点

*现金流量表作为重要的财务报表，它报告的是一个会计期间内资产负债表各个项目的变化对现金的积极或消极的影响。

*现金流量表主要有三个部分：经营活动产生的现金流量，投资活动产生的现金流量，筹资活动产生的现金流量。

*现金流量表显示，现金的净增加或净减少额必须等于期初货币资金与期末货币资金之间的差额。

*经营活动产生的现金净流量，可以通过对净利润就以下两项进行调整而得出：折旧费用；非现金流动资产和流动负债的变化。

*折旧费用不是现金流入。由于它减少了净利润，因此，为了求出经营活动产生的现金净流量，必须将它加回到净利润中。

*一般来说，投资活动包括购买新的固定资产和出售固定资产的所得。

*一般来说，筹资活动由通过借款取得的资金以及偿还这些借款等活动构成。

*当一家公司正在发展或者遇到财务危机时，它应当更加关注现金流量表，而不是利润表。来自可持续经营活动的现金流量，是报表使用者关注的重点。

效果检验

下面每个交易或事项属于什么类型的活动？请做出你的选择。

(1) 众口奶茶店花 5 800 元购买了一台咖啡机。

［经营活动/投资活动/筹资活动］

(2) 众口奶茶店与某银行签订贷款合同，向银行借款 80 000 元。

［经营活动/投资活动/筹资活动］

(3) 众口奶茶店偿还了 2 700 元的应付账款。

［经营活动/投资活动/筹资活动］

(4) 众口奶茶店收到某顾客预付的货款 1 800 元。

［经营活动/投资活动/筹资活动］

（5）众口奶茶店发行股票 1 000 股，每股的票面价值 100 元。

［经营活动/投资活动/筹资活动］

（6）众口奶茶店出售了一家分店所用的商铺，售价 500 000 元。

［经营活动/投资活动/筹资活动］

（7）众口奶茶店收到所购上市公司股票而分得的现金股利。

［经营活动/投资活动/筹资活动］

（8）众口奶茶店向投资者分配利润。

［经营活动/投资活动/筹资活动］

道德检测

从道德方面看会计人员职业行为守则，有最重要的三个原则，客观性原则、独立性原则、谨慎性原则。客观性原则要求会计人员保持客观性，在会计处理时不存在利益冲突。独立性原则是说会计人员应该客观、公正地记录发生的业务，不受其他因素的影响。谨慎性原则针对经营活动中的不确定因素，要求会计人员在会计处理时充分考虑或估计可能发生的风险和损失。下列情况违反了三原则中的哪个原则？

（1）A 公司原主办会计离职，王女士是 A 公司新聘请的会计师。A 公司目前还没有安装财务软件，基本上手工完成全部会计处理。她的职责是编制公司的财务报表，包括现金流量表。该公司使用直接法编制现金流量表。王女士很多年没有编制过现金流量表了，也不记得如何使用直接法编制现金流量表。她使用间接法编制了现金流量表，并希望没有人会发现她用间接法编制了现金流量表。

（2）张先生是一位即将在 B 公司退休的会计师。B 公司同样还没有安装财务软件，基本上手工完成全部会计处理。由于他抱着即将退休的心态，得过且过，不再追求完美和卓越，在编制公司现金流量表时马马虎虎，导致现金流量表上的现金期末余额与资产负债表上的现金期末余额不一致。张先生的做法是找一个"倒挤数"，也就是现金流量表上的现金期末余额与资产负债表上的现金期末余额的差额，随意将此差额计入现金流量表中任一项目，使得现金流量表上的现金期末余额与资产负债表上的现金期末余额相等。

（3）赵女士是 C 公司财务部经理，在没有得到上司同意的情况下，擅自批准购买了一台价格昂贵的办公设备。她知道上司看到财务报表时会找她核对，所以她要求处理这项交易的会计人员将这项交易隐藏在现金流量表的其他项目中列报，避免被上司注意到。

（4）从 2006 年开始，李先生一直是 D 公司的 CFO，十几年来从未发现公司的财务报表有任何重大差错或欺诈。李先生相信今年的财务报表也一样。由于最近公、私两方面有更要紧的事情处理，所以在没有对财务报表进行详细审核的情况下他就签字了。

第二章　存货是个跷跷板，
一期多了一期少

天气渐渐炎热了，"众口奶茶店"开业也有一段时间了，经过全体员工的努力，奶茶店的口碑越来越好了，尤其是珍珠奶茶，由于口味独特可口，销量越来越好。

这天，尚田和小花结束了一天的营业后，正在商量下个月的销售计划。

这时大宝下班路过奶茶店，就走了进来。

"哟，大宝，你来了，赶紧来一杯网红奶茶喝喝，最近奶茶店生意不错，我和小花正商量要搞一个促销活动，打算去多进一点做奶茶的原料，现在原材料的价格也是起起伏伏，一个月内可以涨涨跌跌好几次，零零碎碎的东西也太多了，小花正不知道该怎么记账呢？"

大宝到奶茶店放置原材料的地方转了一转，说："尚田，你放置的这些原材料有点乱，你可以分门别类地放置。这样吧，我先来给你们说说会计上关于存货的相关概念和入账方法。"

"好嘞，小花，拿小本本和笔。"

第一节　什么是存货？

什么是存货

"尚田，我问一下，制作一杯奶茶需要哪些材料呢？"

"制作一杯奶茶需要原料：珍珠丸；黑色、红色、橙色等多种珍珠奶茶粉；奶粗精；茶叶（袋装红茶、绿茶为佳）；再加入香芋、橙香、荔枝、百果香、椰香等可配出10多种口感的奶茶。需要的工具有烹煮器具、不锈钢锅、盆、勺、滤网、封口机、珍珠奶茶杯、珍珠奶专用吸管、雪克杯、盎司杯、咖啡勺、搅拌棒、密封罐、刨冰机、沙冰机、松饼机等。"

"哦，还真不少呢，那小花你平时记账怎么记得呢？"

小花认真地说："我就是一个一个、一批一批记下来，现在东西越来越多，有时候觉得很麻烦，东西多，单价小。我都想合并一起记一笔算啦。大宝，财务上可不可以合并记录呢？"

"要讲清楚这个问题，我们先引入一个概念——存货。"

"存货？存起来的货物？那我刚刚跟你说的这些是不是都是存货？"

"你说得对，也说得不对"大宝边说边用手机查到存货的定义。

《企业会计准则第1号——存货》对存货的定义：存货是指企业在日常活动中持有以备出售的产品或者商品、处在生产过程中的在产品、在生产过程或提供劳务过程中耗用的材料或物资等。

大宝解释道："存货包括库存的、加工中的、在途的各类材料、商品、在产品、半成品、产成品、包装物、低值易耗品等。会计报表中的存货数字就是这几个项目相加得出来的总和。一般来说，存货占流动资产50%～70%，是维持企业生产经营活动的必要资产准备，而且，还直接影响企业的收益。所以，会计上特别注意存货的核算。"

"好像挺复杂的，小花，你认真学习啊！"尚田不放心地看了一眼小花。

"小花，你是不是感觉存货是个特别麻烦的问题？不过没有关系，我们慢慢来了解一下什么是存货，存货如何计算价格，存货是怎么影响利润的。"

大宝认真地向他俩讲解着会计上的存货包括的内容。

（1）原材料：原材料是指企业在生产过程中经加工改变其形态或者性质，并构成产品主要实体的各种原料及主要材料、辅助材料、外购半成品（外购件）、修理用备件、包装材料、燃料等。

（2）在产品：在产品是指企业正在制造尚未完工的生产物，包括正在各个生产工序加工的产品和已经加工完毕但尚未检验或者已经检验但尚未办理入库手续的产品。

（3）半成品：半成品是指经过一定生产过程并已经检验合格交付半成品仓库保管，但尚未制造完工成为产成品，仍需进一步加工的中间产品。

（4）产成品：产成品是指企业已经完成全部生产过程并以验收入库，可以按照合同规定的条件送交订货单位，或者可以作为商品对外销售的产品。

（5）商品：商品是指商品流通企业外购或者委托加工完成验收入库用于销售的各种商品。

（6）包装物：包装物是指为了包装本企业的商品而储备的各种包装容器，如桶、箱、瓶、坛、袋等。其主要作用是盛装、装潢产品或商品。

（7）低值易耗品：低值易耗品是指不能作为固定资产核算的各种用具物品，如工具、管理用具、玻璃器皿、劳动保护用品以及在经营过程中周转使用的容器等。其特点是单位价值低，或使用期限相对于固定资产较短，在使用过程中保持其原有实务形态基本不变。

"小花，你对照刚刚我讲的存货的概念和内容，区分一下奶茶店里哪些是原材料，哪些是半成品，哪些是产成品。"

请把以下物品进行分类：

鲜牛奶　袋包红茶　袋包绿茶　白砂糖　牛奶香粉　炼奶　珍珠粒　用开水煮过的珍珠粒　不锈钢锅　盆　勺子　滤网　茶杯　吸管　消毒设备　冰箱　烤箱

原材料：

半成品：

产成品：

包装物：

低值易耗品：

第二节 存货的价格是如何计算的？

存货的计算

大宝看着两位好朋友认认真真学习的样子，欣慰地说："我们继续说说存货是如何计算价格的这个问题。小花，你平时是怎么记这些原材料还有这些工具的价格的？"

"这个不是很简单吗？当时买材料的时候是什么价格，就是什么价格啊！"

"这样记录是否正确呢？你把你的记录本给我看看。"

小花的记录本（见表2-1）：

表2-1　　　　　　　4月珍珠丸进货记录

日期	买入黑色珍珠丸（数量包，每包500克）	单价（元/包）	金额（元）
3月31日	0		
4月1日	10	4	40
4月3日	10	5	50
4月6日	10	6	60
4月10日	10	7	70
4月15日	10	8	80
4月18日	20	8	160
4月20日	10	9	90
4月23日	10	9.5	95
4月25日	10	10	100
4月27日	5	11	55
4月30日	10	12	120
总计	115		920

"今天刚好是 5 月 1 日，4 月你们在做珍珠奶茶的时候，一共用了多少珍珠丸？价格是多少呢？"

"大宝，这个问题困扰我很久了，你看我们每次买的珍珠丸价格都不一样，每次制作奶茶时，用的珍珠丸我根本记不清是哪一批的，我就用平均法算的，也不知道对不对？正好，你来了，给我们讲讲呗。"

"哈哈，我也想到了，这么多批次的珍珠丸，你用的时候不知道是哪一批，你用平均法也没有错，但是发出存货的计价方法还有个别计价法、先进先出法、月末一次加权平均法等各种方法。如果用会计语言来描述的话，奶茶店购买的本月的珍珠丸数量就是本月购入存货数量，月末储藏室里剩余的珍珠丸数量就是期末存货，而奶茶店 4 月制作奶茶用掉的珍珠丸数量就是本月消耗掉的存货数量。看下面这个著名的会计公式。"

期末存货＝期初存货＋本月购入的存货－本月消耗的存货

小花："那我懂了，本月消耗的存货＝期初存货＋本月购入的存货－期末存货，这个数量是可以算出来的，但是价格要怎么算呢？每次购入的存货价格都是不一样的，难死我了！"

尚田："所以，你每次都采用平均法计算，是不是刚刚大宝说的月末一次加权平均法？"

大宝："小花采用的就是会计上说的存货计价方法之一，就是月末一次加权平均法。月末一次加权平均法就是指以本月全部进货数量加上月初存货数量作为权数，去除本月全部进货成本加上月初存货成本，计算出存货的加权平均单位成本，以此为基础计算本月发出的存货的成本和期末结存存货成本的一种方法。会计上存货计价方法还有一种方法是先进先出法。先进先出法是指以先购入的存货应先发出（即用于销售或耗用）这样一种存货实物流动假设为前提，对发出存货进行计价的一种方法。采用这种方法，先购入的存货成本在后购入存货成本之前转出，据此确定发出存货和期末存货的成本。具体方法是：收入存货时，逐笔登记收入存货的数量、单价和金额；发出存货时，按照先进先出的原则逐笔登记存货的发出成本和结存金额。"

"这两种方法都是可以用的，如果选择不同的计算方法，珍珠奶茶的成本价格是不一样的，是不？"小花轻轻地问。

"那肯定不一样啊，你可以算算看哪种方法成本少？"尚田胸有成竹。

小花拿出了记账单（见表 2 - 2）。

大宝鼓励地说："小花，你给我看的是月末一次加权平均法计算的，是正确的，如果你采用先进先出法记账，你看看会不会不一样呢？"

"那我试试看吧，你们先去吃饭，等回来后，我就算好了！"

表2-2　　　　　　　　　　　　月末一次加权平均法记账单

日期	购入			发出			结存		
	数量（包）	单价（元）	金额（元）	数量（包）	单价（元）	金额（元）	数量（包）	单价（元）	金额（元）
3月31日	0	0	0						
4月1日	10	4	40						
4月3日	10	5	50						
4月6日	10	6	60						
4月10日	10	7	70						
4月15日	10	8	80						
4月16日	20	8	160						
4月20日	10	9	90						
4月23日	10	9.5	95						
4月25日	10	10	100						
4月27日	5	11	55						
4月30日	10	12	120	115	8	920	0		
总计	115		920						

"行的，不过，尚田，你要请我吃大餐哦！"

"肥死你，走吧，小花，帮你打包哦，请你算得仔细一点！"

小花认真地用先进先出法记账，假设发出的珍珠丸数量是已经知道的（见表2-3）。

表2-3　　　　　　　　　　　　先进先出法记账单

日期	购入			发出			结存		
	数量（包）	单价（元）	金额（元）	数量（包）	单价（元）	金额（元）	数量（包）	单价（元）	金额（元）
3月31日	0	0	0	0	0	0			
4月1日	10	4	40	8	4	32	2	4	8
4月3日	10	5	50			38（2×4＋6×5）	4	5	20
4月6日	10	6	60	10		56（4×5＋6×6）	4	6	24
4月10日	10	7	70	12		80（4×6＋8×7）	2	7	14
4月15日	10	8	80	10		78（2×7＋8×8）	2	8	16
4月16日	20	8	160	12		96（2×8＋10×8）	10	8	80
4月20日	10	9	90	12		98（10×8＋2×9）	8	9	72

日期	购入			发出			结存		
	数量（包）	单价（元）	金额（元）	数量（包）	单价（元）	金额（元）	数量（包）	单价（元）	金额（元）
4 月 23 日	10	9.5	95	12		110（8×9＋4×9.5）	6	9.5	57
4 月 25 日	10	10	100	10		97（6×9.5＋4×10）	6	10	60
4 月 27 日	5	11	55	10		104（6×10＋4×11）	1	11	11
4 月 30 日	10	12	120	11		131（1×11＋10×12）	0		
总计	115		920			920			

从表 2 - 3 中可以看出来，如果物价持续上涨，采用先进先出法，储藏室剩余的珍珠丸（会计语言称期末存货）的价值接近于市价，而制作奶茶消耗掉的珍珠丸费用偏低（会计语言称就是发出存货的成本偏低）。而采用加权平均法虽然利于简化成本计算工作，但是由于平时无法从账上提供发出和结存存货的单价和金额，不利于存货成本的日常管理和控制。

记忆要点

先进先出法是指以先购入的存货先发出（即用于销售或耗用）这样一种存货实物流动假设为前提，对发出存货进行计价的一种方法。采用这种方法，先购入的存货成本在后购入存货成本之前转出，据此确定发出存货和期末存货的成本。

第三节　存货是怎么影响利润的？

转眼"六一"儿童节就快到了，众口奶茶店计划做个促销方案。于是请大宝来咨询。

大宝马上附和："那当然好啦，不过你们如果要搞促销活动，肯定需要制作比平时更多量的奶茶才能供应，那么，你们想过没有，需要多买多少原材料？你们的资金够用吗？如果这个促销活动失败，你们会损失多少？"

"大宝说的对！那我们要怎么办呢？"

"你们有算过一杯奶茶的成本是多少吗？"大宝提醒道。

"我们原来粗算过，不过学习了存货的计价方法，我们也知道不同的计价方法，一杯奶茶的成本价格是不一样的。"

"对的，那我们先来说说奶茶的成本是怎样构成的这个问题。"

一、奶茶的成本是怎样构成的？

一杯珍珠奶茶的原材料主要有珍珠粒、白砂糖、红茶、奶粉、水；包装材料为纸杯（以中杯为例）、吸管。

5月2日，尚田用银行存款买了一些原材料，用银行存款支付（见表2-4）。

表2-4   5月2日的购物记录

日期	原材料	单价	数量	总金额（元）
5月2日	珍珠粒	6元/千克	10千克	60
	白砂糖	5.8元/千克	10千克	58
	红茶	45元/盒（1盒有200小包）	13盒	585
	奶粉	16元/千克	10千克	160
	纸杯	16.5元/100只	2 500只	412.5
	吸管	1.7元/100支	2 500支	42.5
	纯净水	2元/升	200升	400
总计				1 718

小花负责记账，在这笔业务中，奶茶店的银行存款减少了1 718元，但是奶茶店里的存货多了1 718元。这个属于一项资产减少，一项资产增加，换句话说，将一项资产转换成了另一项资产。

这种转换改变了奶茶店的总资产吗？

当然没有。

奶茶店的总资产是不变的（见表2-5）。

表2-5   资产负债表   会企01表

编制单位：众口奶茶店   20×2年5月2日   单位：元

资产	期末余额	负债和所有者权益	期末余额
银行存款	-1 718	负债	
存货（原材料）	+1 718		
商铺		实收资本	
资产总计	（略）	负债和所有者权益总计	（略）

现在我们来制作奶茶：

每杯奶茶需要：奶粉 40 克，红茶 1 包，白砂糖 40 克，珍珠粒 40 克，纯净水 0.25 升，纸杯一个，吸管一支。

假设 5 月 2 日所购物品可以制作 2 500 杯奶茶，请问每杯奶茶的原材料成本是多少？

1 718 ÷ 250 = 0.69（元/杯）

5 月 12 日，尚田看到珍珠奶茶的原材料快用完了，准备去原来的供货商处购买一些原材料。

"黄老板，我又来买一些蒸煮奶茶的原材料回去。这次价格可以给我优惠一点吗？"

"尚田，你已经多次在我这里购买了，能优惠的肯定给你优惠啦。不过，现在珍珠奶茶的原材料价格普遍上涨，按目前的行情，这波涨价的趋势还会持续，你要不这次多买一点？"

"哦，是这样啊，那我还真得多买一点。我现在的众口奶茶店生意挺好的，我们要准备'六一'促销活动，需要多一点原材料。"

"可以啊，我按目前的最优惠价格卖给你。"

"黄老板，这次我如果多买一些，可能银行存款不够，能不能下个月我来付款？"

"看在老客户的份上，我就答应你啦，下次继续合作！"

尚田买了一些原材料，没有付款（见表 2 - 6），等到下个月用银行存款付款。

表 2 - 6   **5 月 11 日购物记录**

日期	原材料	单价	数量	总金额（元）
	珍珠粒	8 元/千克	20 千克	160
	白砂糖	6.8 元/千克	20 千克	136
	红茶	50 元/盒（1 盒有 200 小包）	26 盒	1 300
5 月 11 日	奶粉	20 元/千克	20 千克	400
	纸杯	18.5 元/100 只	5 000 只	925
	吸管	2 元/100 支	5 000 支	100
	纯净水	2.5 元/升	400 升	1 000
总计				4 021

5 月 11 日的资产负债表如表 2 - 7 所示。

表 2 - 7   **资产负债表**   会企 01 表

编制单位：众口奶茶店   20 × 2 年 5 月 11 日   单位：元

资产	期末余额	负债和所有者权益	期末余额
银行存款		负债	
存货（原材料）	+4 021	应付账款	+4 021
商铺		实收资本	
资产总计		负债和所有者权益总计	

在这笔业务中，奶茶店的银行存款没有减少，但是奶茶店里的存货多了 4 021 元。同时奶茶店的负债多了 4 021 元，这个属于一项资产增加，一项负债增加，资产负债表的左右两边还是平衡的，这种转换改变了奶茶店的总资产吗？

当然是的。

假设上述原材料可以制作 500 杯奶茶，请问每杯奶茶的原材料成本是多少？

$4\ 021 \div 5\ 000 = 0.8$ （元/杯）

上述奶茶的原材料成本算起来很简单，那是因为我们假设一批原材料是同时购买的，又恰好全部做成了产成品（珍珠奶茶），原材料消耗完后，再次去购买下一批次的原材料，又全部消耗完，再去买一批。但是实际上，奶茶店不会有这么理想的状态，往往原材料不是同一批次购买的，每次买原材料的价格都是不同的，也不会等到原材料全部消耗完了后再去购买另外一批，也就是说基本上月末都会有剩余的原材料。而且制作奶茶的时候，用的原材料很难区分是哪一批次购买的，所以，这就给我们提出了一个问题：制作出来的奶茶的原材料成本究竟要怎么计算？

二、奶茶的成本是怎么算出来的？

"大宝，制作奶茶的原材料价格在不断的上涨，整个奶茶店都在加强成本管理，不允许浪费一点点原材料，奶茶店的利润会受到什么样的影响？"

"尚田，要回答这个问题，等月末的时候需要你们对奶茶店进行盘点。等你们盘点好了，再打电话给我，我过来跟你们讲讲。"

月末了，尚田、小花决定对奶茶店进行盘点，他们如何翻箱倒柜地盘点存货，我们就省略不提了。经过几个小时的折腾，尚田做出来一个存货盘点结果表（见表 2 - 8）。

表 2 - 8　　　　　　　　　　众口奶茶店 5 月 31 日期末存货盘点清单

项目	期初结存数量	本期采购数量	期末结余数量
珍珠粒	10 千克	70 千克	20 千克
白砂糖	10 千克	70 千克	20 千克
红茶	13 盒	91 盒	26 盒
奶粉	10 千克	70 千克	20 千克
纸杯	2 500 只	17 500 只	5 000 只
吸管	2 500 支	17 500 支	5 000 支
纯净水	200 升	1 400 升	400 升

由于奶茶店的规则是有订单就做奶茶，无订单就不做，所以没有多余的奶茶剩余，也

就是没有半成品和产成品，期末的时候只有原材料的存货。

本月众口奶茶店共销售15 000 杯珍珠奶茶，为了算出本月的毛利，首先要算出每杯珍珠奶茶的原材料成本。每一批次的原材料的价格都不一样，而且价格持续上涨，表2-9 是奶茶店每次购买原材料的价格数量清单（注意：由于奶茶都是根据订单制作，奶茶的销售量就是奶茶的生产量）。

表 2-9　　　　　　　　　　　　　5 月资金流水账

日期	项目	数量	单价	总金额（元）	奶茶销售量（杯）
5 月 1 日	珍珠粒	10 千克	6 元/千克	60	5 月 1 日共销售 500 杯
	白砂糖	10 千克	5.8 元/千克	58	
	红茶	13 盒	45 元/盒（1 盒有 200 小包）	585	
	奶粉	10 千克	16 元/千克	160	
	纸杯	2 500 只	16.5 元/100 只	412.5	
	吸管	2 500 支	1.7 元/100 支	42.5	
	纯净水	200 升	2 元/升	400	
	小计			1 718	
5 月 2 日	珍珠粒	10 千克	6 元/千克	60	5 月 2~10 日共销售 4 000 杯
	白砂糖	10 千克	5.8 元/千克	58	
	红茶	13 盒	45 元/盒（1 盒有 200 小包）	585	
	奶粉	10 千克	16 元/千克	160	
	纸杯	2 500 只	16.5 元/100 只	412.5	
	吸管	2 500 支	1.7 元/100 支	42.5	
	纯净水	200 升	2 元/升	400	
	小计			1 718	
5 月 11 日	珍珠粒	20 千克	8 元/千克	160	5 月 11~19 日共销售 5 000 杯
	白砂糖	20 千克	6.8 元/千克	136	
	红茶	26 盒	50 元/盒（1 盒有 200 小包）	1300	
	奶粉	20 千克	20 元/千克	400	
	纸杯	5 000 只	18.5 元/100 只	925	
	吸管	5 000 支	2 元/100 支	100	
	纯净水	400 升	2.5 元/升	1 000	
	小计			4 021	

日期	项目	数量	单价	总金额（元）	奶茶销售量（杯）
5月20日	珍珠粒	20千克	10元/千克	200	5月20~25日共销售2 500杯
	白砂糖	20千克	7.5元/千克	150	
	红茶	26盒	60元/盒（1盒有200小包）	1560	
	奶粉	20千克	30元/千克	600	
	纸杯	5 000只	20元/100只	1 000	
	吸管	5 000支	3元/100支	150	
	纯净水	400升	3.5元/升	1 400	
小计				5 060	
5月26日	珍珠粒	20千克	12元/千克	240	5月26~31日共销售3 000杯
	白砂糖	20千克	8元/千克	160	
	红茶	26盒	65元/盒（1盒有200小包）	1 690	
	奶粉	20千克	35元/千克	700	
	纸杯	5 000只	25元/100只	1 250	
	吸管	5 000支	4元/100支	200	
	纯净水	400升	4元/升	1 600	
小计				5 840	
合计				18 357元	15 000杯

小花分别用月末一次加权平均法和先进先出法计算存货成本。

1. 用月末一次加权平均法来计算

存货单位成本 =［月初存货的实际成本 + ∑（当月各批进货的实际单位成本

× 当月各批进货的数量）］÷（月初库存存货数量

+ 当月各批进货数量之和）

当月发出存货成本 = 当月发出存货的数量 × 存货单位成本

当月月末库存存货成本 = 月末库存存货的数量 × 存货单位成本

是不是感觉很复杂？

我们来画一个表格（见表2-10），你可以发现很简单。

表 2 – 10　　　　　　　　　　　月末一次加权平均法成本计算

日期	金额（元）	可以做奶茶的数量（杯）	实际做奶茶的数量（杯）
5月1日	1 718	2 500	500
5月2~10日	1 718	2 500	4 000
5月11~19日	4 021	5 000	5 000
5月20~25日	5 060	5 000	2 500
5月26~31日	5 840	5 000	3 000
合计	18 357	20 000	15 000

5月原材料的总金额是 18 357 元，可以制作 20 000 杯，每一杯的成本 18 357 ÷ 20 000 = 0.918（元/杯）。

5月共销售 15 000 杯，原材料成本共计 15 000 × 0.918 = 13 767.75（元）。

众口奶茶店珍珠奶茶的销售价格是 20 元/杯，则 5 月收入 = 15 000 × 20 = 300 000（元）。

我们都知道一个公式：

$$收入 - 费用 = 利润$$

将上述的数据代入这个公式可以算出：300 000 – 13 767.75 = 286 232.25（元）。

请问算出来的 286 232.25 元就是 5 月赚的钱吗？

显然不是啊！

小花又拿出了一些清单，显示本月发生了水电费 3 000 元，工资 20 000 元，为了扩大销售量投入的广告费 20 000 元，店面房的折旧费用 10 000 元。

会计上有一个收入和费用配比原则，即企业为了做生意，必须先取得资产，如现金或者生产性资产，然后使用或者耗用这些资产来赚取收入。一般来说，利润表就是收入减去支出，但是为了让利润表能更加有效地表达企业经营成果的各个方面，支出部分又可细分为成本与费用。所谓成本，就是指与生产产品直接相关所发生的支出，例如原材料支出；而费用则是与生产产品没有直接相关但能促成交易完成的各种支出。收入减去成本就是毛利，毛利减去费用才是最后的利润。

以众口奶茶店 5 月的业务为例。首先，要卖奶茶，必须先买一些原材料，这就是有投入才有产出的概念。同时，奶茶店为了制作奶茶，必须要发生一些如员工的工资、水电费、房子的租金等，这些支出也会耗用资产，有了这些支出后，才有机会做生意、赚取收入。

为了正确计算利润（盈余），必须将为产生收入所投入的相关支出加以详细的记载，这就是会计上所谓的"收入成本配比原则"，这个原则也是编制利润表的重要依据。

2. 采用先进先出法的方法计算

具体方法是：收入存货时，逐笔登记收入存货的数量、单价和金额；发出存货时，按照先进先出的原则逐笔登记存货的发出成本和结存金额（见表2－11）。

表2－11   先进先出法成本计算

日期	原材料金额（元）	可以做奶茶的数量（杯）	每杯奶茶的原材料成本（元）	实际销售奶茶的数量（杯）	销售奶茶的原材料成本（元）
5月1日	1 718	2 500	0.6872	500	343.6（500×0.6872）
5月2～10日	1 718	2 500	0.6872	4 000	2 756.8（4 000×0.6872）
5月11～19日	4 021	5 000	0.8042	5 000	3 962.5（500×0.6872＋4 500×0.8042）
5月20～25日	5 060	5 000	1.012	2 500	2 426.1（500×0.8042＋2 000×1.012）
5月26～31日	5 840	5 000	1.168	3 000	3 036（3 000×1.012）
合计	18 357	20 000		15 000	12 525

从表2－11中可以看出，15 000杯的奶茶原材料成本是12 525元。

我们比较一下用两种方法分别算出来的众口奶茶店5月的损益（见表2－12）。

表2－12   两种方法损益比较   单位：元

项目	月末一次加权平均法	先进先出法
	金额	金额
收入	300 000	300 000
－成本	13 767.75	12 525
＝毛利	286 232.25	287 475
－费用	53 000	53 000
＝利润	233 232.25	234 475

通过比较，我们发现：

在物价持续上升时，采用先进先出法计算存货的价格，比用月末一次加权平均法计算存货的价格，对利润的影响是采用先进先出法算出来的利润高。这是因为在物价持续上升时，期末存货成本接近于市价，而发出成本偏低，会高估企业当期利润和库存存货价值；反之，物价持续下降时，会低估企业存货价值和当期利润。

三、成本和费用到底是什么关系呢?

还是以众口奶茶店 5 月的业务为例,本月共制作了 15 000 杯奶茶,需要 13 767.75 元的原材料,两者有直接的因果关系,在会计上把这种有直接因果关系的支出称为"成本"。另一种支出是没有直接的因果关系的,但它们是做生意的基本投入,例如租金、工资、福利费、水电费、广告费等,这些支出不一定能产生收入,但是要做生意就得有这些基本开销,在会计上我们称为"费用"。

收入减去支出,如果是正数,就叫作盈余,如果收入小于支出,就会产生亏损。无论是盈余还是亏损,经营结果都要由投资者来承担,盈余会使资本增加,亏损会使资本减少。

效果检验

请你帮尚田算出表 2 – 13 的期末存货金额是多少?

表 2 – 13　　　　　　　众口奶茶店 5 月 31 日期末存货盘点

项目	期初结存数量	本期采购数量	期末结余数量	期末存货金额 (元)	
				月末加权一次平均法	先进先出法
珍珠粒	10 千克	70 千克	20 千克		
白砂糖	10 千克	70 千克	20 千克		
红茶	13 盒	91 盒	26 盒		
奶粉	10 千克	70 千克	20 千克		
纸杯	2 500 只	17 500 只	5 000 只		
吸管	2 500 支	17 500 支	5 000 支		
纯净水	200 升	1 400 升	400 升		
总计					

四、存货减值

存货跌价准备

尚田完成了一天的奶茶店工作后回到家里,爸爸妈妈正讨论得热火朝天,尚田凑上去也想加入他们的话题,不料爸爸妈妈正在讨论的是最近股票行情。妈妈说:"你看,最近贵州茅台的股价是节节攀升,如果当初多买点贵州茅台股票就好了,我们家要发财了!"爸爸也很懊恼:"当初真的不应该把贵州茅台股票给早早地卖了,后来看这个股票价值越来越高，也一直不敢再买进，老是怕买的时候是最高点，到时候要被'割韭菜'。没想到，这个股票是节节高啊！不要说是股票了，就连茅台酒，听说年份越长的酒越值钱啊！我一个同事藏了一瓶1982年产的茅台酒，原先一直舍不得拿出来喝，现在值很多钱了，价格不知道翻了多少倍呢！"听到这里，尚田终于明白了上次听大宝说起来的会计上的谨慎性原则的运用道理：茅台酒是商品，贵州茅台酒股份有限公司年末没有卖出去的茅台酒，就是会计上说的存货，按目前的行情来看，这些没有卖出去的茅台酒价值是越来越高了，但是资产负债表中的存货价值还是按原来的不变（会计上这个是谨慎性的原则）。但是我开的是奶茶店，如果我的奶茶当天没有卖出去，那这些奶茶到明天就不可能再拿去卖，这些奶茶的价值就变更为0了，大大贬值了。还有我都不敢把原材料进货太多，因为它们也有保质期，如果超过了保质期，这些原材料的价值也变成0，那财务上就要体现出来（会计上这个是谨慎性的原则），否则会虚增存货的价值。会计上需要把这些会贬值的存货通过存货跌价准备的方法，把贬值的价值体现出来，减少当期的利润。

记忆要点

不同企业由于自身产品的特殊性，对存货的估值方法也完全不一样。比如食品饮料类的产品酸奶，这个产品一旦过了保质期价值就归零了，并且这个过程会很快；如果是生鲜类的产品，对时间的要求会更敏感，是以天来计算，这个时候如果发现企业的计提减值准备比较保守，那就是虚增利润。而像白酒、红酒之类的，放的时间越久越有价值，就根本不需要计提减值，如果发现企业计提减值准备，而且还是比较激进的，那就是在隐藏利润。

道德检测

存货是财务造假案件高发的方面，上市公司出于完成财务计划、维持或提升股价、获取贷款、保住上市资格等目的，常常采用各种手段虚报利润。在形形色色的利润操纵手法中，资产造假占据了主要地位。我国近年来影响较大的财务报表舞弊案绝大多数与资产项目的造假有关，有兴趣的同学可以自行上网查看相关的案例。如"獐子岛的扇贝逃跑了"就是其中的典型。这些公司造假往往采用虚构收入、虚增应收款项、隐瞒负债和费用、虚假披露以及资产计价舞弊等五种手段来非法提高资产价值和虚增盈利，其中资产计价舞弊是资产造假的惯用手法。

存货项目因其种类繁多并且具有流动性强、计价方法多样的特点，企业往往采用高估存货的价值构成资产计价舞弊的主要部分。存货的价值确定涉及两个要素：数量和价格。一方面，确定现有存货的数量常常比较困难，因为货物总是在不断地被购入和销售；不断地在不同存放地点间转移以及投入生产。有些企业比如农业类、养殖类的原料或产品，如水里的生物、山上的人参，很难清点得一清二楚，只能由公司说了算。另一方面，存货单位价格的计算由于有多种计价方法可以选择，比如采用先进先出法、月末一次加权平均法以及其他的计价方法，计算出来的存货价值将不可避免地存在较大的差异。正因如此，复杂的存货账户体系往往成为极具吸引力的舞弊对象。不诚实的企业常常利用以下几种方法的组合来进行存货造假：虚构不存在的存货；操纵存货盘点导致存货的实际数量与事实不符；不该资本化的存货资本化等。所有这些精心设计的方案有一个共同的目的，即虚增存货的价值。

企业通过对存货价值估计方法的调整，来调整当期的财务费用以及利润的情况非常的普遍。2020 年某公司有价值 1 000 万元的存货年末没卖出去，那这就是库存，但为了隐藏利润，公司对这批存货计提了 200 万元存货跌价准备，这 200 万元计入资产减值损失，就减少了 200 万元当期利润，期末这批存货的账面价值是 800 万元。2021 年，这批存货以 1 000 万元卖出去，由于账目库存金额为 800 万元，于是 2021 年就有了 200 万元的利润。这很好理解吧？但玄妙之处就在于 2020 年的计提存货跌价准备。如果说企业不想隐藏利润，可以不用计提存货跌价准备，如果在 2020 年只计提了 100 万元的存货跌价准备，那么期末存货的账面价值是 900 万元；当 2021 年以 1 000 万元卖出，利润就只有 100 万元。存货还是那批存货，买家也还是那个买家，价格也还是那个价格，但利润走势就可以完全不同了。

财务造假需要承担的法律后果：

财务造假直接侵犯了国家和有关方的利益，扰乱了社会经济秩序，是一种严重的违法、违纪行为，会计造假应当受到以下法律责任：

（1）根据《中华人民共和国会计法》第四十三条规定，伪造、变造会计凭证、会计账簿，编制虚假财务会计报告，构成犯罪的，依法追究刑事责任。

尚不构成犯罪的，由县级以上人民政府财政部门予以通报，可以对单位并处五千元以上十万元以下的罚款；对其直接负责的主管人员和其他直接责任人员，可以处三千元以上五万元以下的罚款；属于国家工作人员的，还应当由其所在单位或者有关单位依法给予撤职直至开除的行政处分；对其中的会计人员，五年内不得从事会计工作。

（2）根据《中华人民共和国会计法》第四十四条规定，隐匿或者故意销毁依法应当保存的会计凭证、会计账簿、财务会计报告，构成犯罪的，依法追究刑事责任。

有前款行为尚不构成犯罪的，由县级以上人民政府财政部门予以通报，可以对单位并处五千元以上十万元以下的罚款；对其直接负责的主管人员和其他直接责任人员，可以处三千元以上五万元以下的罚款；属于国家工作人员的，还应当由其所在单位或者有关单位依法给予撤职直至开除的行政处分；对其中的会计人员，并由县级以上人民政府财政部门吊销会计从业资格证书。

（3）根据《中华人民共和国刑法》第一百六十二条规定，隐匿或者故意销毁依法应当保存的会计凭证、会计账簿、财务会计报告，情节严重的，处五年以下有期徒刑或者拘役，并处或者单处二万元以上二十万元以下罚金。

效果检验

一、单选题

1. 先进先出法和月末一次加权平均法是关于（ ）方面的方法。

A. 存货的计量　　　　 B. 利润的比率　　　　 C. 融资

2. 待摊费用是（ ）。

A. 一项资产　　　　 B. 所有者权益　　　　 C. 一项负债

3. 应收账款是（ ）。

A. 一项资产　　　　 B. 所有者权益　　　　 C. 一项负债

4. 在物价持续上涨的情况下，（ ）使期末存货价值更大。

A. 先进先出法　　　　 B. 月末一次加权平均法

二、计算题

资料：某工厂5月初结存甲材料2 000千克，单价3.5元，共7 000元，5月发生的有关甲材料的收发业务如下：

1. 3日，购入甲材料1 000千克，单价3.7元，共3 700元。

2. 10日，发出甲材料1 600千克。

3. 13日，购入甲材料2 000千克，单价3.75元，共7 500元。

4. 21日，发出甲材料2 500千克。

5. 25日，购入甲材料3 000千克，单价3.65元，共10 950元。

要求：分别用先进先出法和月末一次加权平均法，计算5月某工厂发出存货的总成本和期末存货总成本。

三、思考题

如果有另外的奶茶店跟众口奶茶店打价格战，那么一杯奶茶要卖多少钱才不会亏本？

第三章　是盈是亏或保本
吹尽浮沫始到金

　　说起生意上的事儿，最让尚田难忘的还是奶茶店刚刚开业不到半年的那场"战役"。许多年后，每次回忆起那时面临生意上的压力，尚田都会想起他和大宝的那场秉烛促膝的谈话。

　　事情是这样的。

　　众口奶茶店开业以来，生意一直很不错。另外，周边各种配套的商业服务实体店种类齐全，已然形成了一个小有名气的商业圈。从每日的人流量来看，这个商圈完全可以和一站式购物广场相媲美。

　　生意慢慢好起来了，人气也渐渐旺起来了，烦恼很快也就找上门来了。

　　尚田的外婆当初买这个店面的时候，本来是想买在一楼，但由于资金有限，外加老人家不想未来的日子里让外孙承担太多的负债，最终是选了现在这个二楼位置相对较好的店面。外婆当初的打算是让尚田把店面出租出去，用收取的店租来补贴自己的生活开支。每年只要收收租金，其他的事情也不用太操心。但万万没想到，尚田却长了一颗百舸争流千帆竞的创业之心，顺理成章地在自家店面开始了他的奶茶事业。

　　众口奶茶店开业之初，方圆 1 公里范围内只此一家。在小花和大宝的加持下，蒸蒸日上的生意一时让尚田有点小得意。怎奈天有不测风云，就在这个时候，一楼店面也新开了一家奶茶店。而且在开业大酬宾的时候，开始了和众口奶茶店打起价格战。尚田也只能被动应战了。你来我往的几天价格战之后，尚田心里感觉越来越没底。

　　就在这个时候，大宝来到他的奶茶店。

　　"刁大老板，客似云来啦。"

　　"哎哟，贵客，大救星，正心心念叨你呢！"

　　"哈哈，我说这几天怎么耳朵发烧，原来有人心里念叨我呀。怎么样啊，现在生意越来越好了嘛。看来你刁尚田果然是苟富贵不忘我呀。"

　　"唉，正烦心着呢。你上来的时候难道没看见吗？楼下也新开了一家奶茶店，正在打折促销呢。"

　　"哦，是啊，我好像在一楼看到了一个小小的奶茶店面，门口还有几个年轻人在排队。"

　　"对呀，他们刚刚开业没几天，由于开在一楼，和我们二楼比有位置上的优势。不仅如此，优惠力度还很大，弄得我们这家众口奶茶店不得不跟进打折。"

"嗯。价格肉搏战，不是很明智之举。卷进这个价格战的绞肉机里，最后会两败俱伤的。"

"能有什么办法呢，眼下我这个众口奶茶店也是刚刚开门营业不久，店小势微，不跟着卷，早晚是死路一条。"

"哈哈，看来内卷无处不在呀。不仅打工人有内卷，你这个大老板也必须卷啊！"

"嗨嗨，别拿我穷开心了。你这个专家来了，赶紧帮我解惑吧。"

"嗯，说吧，你现在是打算坐以待毙呢，还是直面挑战呢？"

"你都已经给我选择了，谁也不想死呀。"

"那好，我只是提醒你一下，价格战只能是权宜之计，你可要想好了哦！"

"这几天我一直在想这件事，不和楼下那家店正面杠一下，我不甘心呀。"

"我能帮你什么呢？"

"关键问题来了，楼下那家店打九折，我就得跟进打九折甚至打八五折；他们打八五折我就必须打八五折甚至更低的折扣。他们买一送一，我也必须跟进。看这架势，他们是想烧钱把我赶走，你知道，我资金实力有限，和他们耗不起呀。再说，咱们开门做生意，这奶茶的价格也是有底线的。我就是想向你咨询一下我的底线到底是多少？"

"嗯嗯，我明白了。你是想知道有关你的奶茶成本构成、价格底线以及相关的策略问题，对吧？"

"正是啊，今天你来了不把这个问题给我解决了，就不能放你回去。"

"好好好，我懂你的心情，不过这要从长计议。这个问题涉及管理会计的知识了。"

"啥？管理会计？没听说过。"

"哈哈，你接触到的会计知识才那么一点点，当然不知道管理会计了。告诉你会计是有两大分支的，此前给你讲的是财务会计范畴的内容，今天就给你讲解另一个分支管理会计吧。不过时间有限哈，我不可能一次性给你讲太多，怕你印象不深刻。"

"行行行，你挑重点的，能解我当下困惑的内容就行。"

"嗯，好的，那么今天我就给你讲讲成本性态和本量利分析的相关内容吧。这两个问题能解你燃眉之急。"

"小花！赶紧给咱们家大宝上杯 VIP 超大珍珠奶茶。"

"看来你刁尚田进步了嘛！哈哈，现在我们开始吧。"

第一节　成本那些事儿

"大宝老师，请开始你的表演，哦，不，请开始你的讲解。"

"嗯。好吧，看在你这杯 VIP 超大杯奶茶和你的诚意的面子上，不和你斗嘴了。现在我问你答吧。"

"啊？还提问那。"

"要是不互动，你印象不深刻嘛！"

"明白明白，大宝老师，我就想知道我的奶茶定价的底线在哪里。这样和楼下竞争时，我可以有的放矢。"

"咱们奶茶店开门营业，目前来看，当然是以赚得越多越好，专业点讲就是利润最大化。不客气点讲，这个目标也是企业初创开始以后相当长的一段时间内一直努力的方向。当然，还有更高层次的目标，这是后话，暂且不提。但是创办企业哪有一帆风顺的呢，你看你眼下这个大麻烦就是作为一家开门营业的服务行业一般都会遇到的问题。你既然选择了直面价格战，就应该掂量掂量自己几斤几两。也就是说，不仅要知道咱们这家奶茶店做一杯奶茶成本是多少（当然这是作为定价的最简单粗暴的依据），同时还要明白一天当中要销售出去多少杯奶茶才能不亏。只有懂得了这些皮毛的知识，参与价格竞争才会有点底气呀。"

"是啊，那么，大宝老师，我这一杯奶茶的成本在此前我好像计算过的。难不成你还要再讲一遍吗？"

"非也非也，你所计算的成本会计上叫产品成本，和我今天给你讲的成本含义是不一样的。"

"哦，我有点搞不懂了。"

"我今天只从成本性态的角度来给你讲解。"

"哦，什么是成本性态？"

"简单来说，成本性态就是生产奶茶的各项成本和奶茶杯数之间的关系。比如奶茶的原材料，生产一杯奶茶就消耗一份原材料，生产两杯奶茶就消耗两份原材料。那么这个原材料的成本就是变动成本。"

固定成本

"哦，好像不难嘛！我那一勺波霸珍珠配一杯奶茶，那么波霸的成本就是变动成本。"

"嗯。你的确是天才。哈哈。那么问题来了，你店里的冰箱、微波炉、封口机等这些设备的成本并不随着你产出奶茶的杯数增加而增加、减少而减少，而是在一定范围内是固定不变的。经营期间摊入的成本就可以称为固定成本。"

"嗯。从矛盾论的角度来看，有变动就有固定嘛，这在我的意料之中。"

"对的，不过在实际生活中更多的成本并不是纯粹的变动成本或固定成本。往往是两个属性兼而有之的成本，我们管理会计中称为混合成本。"

"混合成本？那怎么还能区分出哪部分是变动的哪部分是固定的？"

"理论上来说，当然可以了。不过是要借助一些数学模型或实践经验来操作的。这个问题对于你这个会计'小白'来说，讲了也是白讲。先暂且不提吧。以后遇到问题了，我再给你详细道来。"

"好的，我这个段位只配知道哪些成本是变动的，哪些成本是固定的就行。而且是相对而言，并不是绝对纯粹的。是吧?"

"是的，对于你这个奶茶店目前的状况，给你讲到这种程度就足够了。那么问题来了，你来填一下表3-1的空白吧。我考考你：在你的店面里哪些是属于加工奶茶的变动成本，哪些又属于固定成本?"

表 3-1   成本项目

众口奶茶店单位变动成本项目	众口奶茶店固定成本项目
1. ＿＿＿单位成本额： 元/杯	1. ＿＿＿总额： 元/日
2. ＿＿＿单位成本额： 元/杯	2. ＿＿＿总额： 元/日
3. ＿＿＿单位成本额： 元/杯	3. ＿＿＿总额： 元/日
4. ＿＿＿单位成本额： 元/杯	4. ＿＿＿总额： 元/日
5. ＿＿＿单位成本额： 元/杯	5. ＿＿＿总额： 元/日
⋮	⋮
合计：	合计：

"不够填的话，自己再加续表，总之尽可能完整。鉴于你的奶茶店只有你和小花两个人，既是老板又是员工，暂且不把工资放入变动成本当中。但这并不意味着工资不是成本哦。"

"唉，提到我们俩的工资，只有一把辛酸泪啊!"

"是两把。刚刚夸你是天才，现在怎么就飘了? 好好填表格哦，开店赚钱就算是为了实现心中的星辰大海，但更要脚踏实地呀。"

对一家规模较小的奶茶店来说，变动成本的范围一般只包括制作生产奶茶所用的原材料、主要材料和辅助材料等，这些物料消耗的多少与制作生产奶茶的数量呈正比例关系。而固定成本的范围相对更广一些，包括店面的每日租金（这部分后文还会详细介绍）、固定资产的每日折旧、店面装修费用的每日摊销、一些低值易耗品的日摊销额以及水电费等各项税费等。

至于人工工资费用，在类似于奶茶店这种微型企业中一般视同固定成本。其主要原因是，服务行业奶茶店的员工工资，通常是按工作小时数来计酬。在工作期间，销售奶茶的数量并不是固定不变的，也就是说员工单位时间加工奶茶的数量与员工的工资并不是相互配比的。而且，制作加工奶茶之前的准备工作和制作奶茶中的实际操作所花费的时间也是不均衡的。很难严格区分哪一部分是固定成本，哪一部分是变动成本。这种现象正说明了实际工作中很多成本都是以混合成本的形式来呈现的。

记忆要点

*成本性态：它是指成本总额与特定业务量之间的依存关系，又称成本习性。成本按其性态可分为固定成本、变动成本和混合成本三类。

*变动成本：它是指在一定时期、一定业务量范围内，随着业务量的变动，其总额呈正比例变动的有关成本，如直接材料成本、直接人工等成本。

*固定成本：是指在一定时期、一定业务量范围内，其成本总额保持不变的成本，如按直线法计提的固定资产折旧费，计时工资等。

*混合成本：是指随业务量的变动而变动，但又不呈正比例变动的那部分成本。

效果检验

一、单选题

1. 在相关范围内，不随产量变化而变化的成本是（　　　）。

A. 固定成本　　　　B. 单位固定成本　　C. 半变动成本　　　　D. 混合成本

2. 与决策相关的未来成本称为（　　　）。

A. 非相关成本　　　B. 不可避免成本　　C. 相关成本　　　　D. 不可延缓成本

3. 变动成本水平通过（　　　）来表达和进行控制。

A. 变动成本总额　　B. 单位变动成本　　C. 业务量　　　　　D. 成本习性

二、多选题

1. 成本按成本性态可划分为（　　　）。

A. 制造成本　　　　B. 非制造成本　　　C. 固定成本　　　　D. 变动成本

E. 混合成本

2. 固定成本具有（　　　）的特点。

A. 成本总额的不变性　　　　　　　　B. 单位成本的反比例变动性

C. 成本总额的正比例变动性　　　　　D. 单位成本的不变性

E. 随业务量变动又不呈正比

3. 下列选项属于变动成本的特点的有（　　　）。

A. 单位成本总额在一定程度上不变

B. 变动成本的反比例变动性

C. 变动成本的正比例变动性

D. 变动成本总额与业务量之间永远呈正比例变动

E. 变动成本的趋势是没有任何规律可循的

三、社会实践题

请同学们在课余时间开展一次社会调查活动。调查范围为校园或商圈中的奶茶店；调查内容为奶茶店的销售情况，以及设备、原料、耗材以及人工各种成本的项目及其金额，并按照变动成本和固定成本以及混合成本三种类型加以分类。并在下一次课前做好汇报PPT，并在课上进行宣讲。另外，请每一组小组分享一下你们在调查过程中是如何与被调查对象交流的，在此过程中需要注意哪些问题。

要求以小组的形式完成本次学习任务。

第二节　营业利润的真面目

"尚田大老板，经过我的谆谆教诲，看来你对变动成本、固定成本等相关概念及范畴已经初步了解了吧？"

"大宝老师，我先给你点个赞！让我知道成本到底是咋回事了。"

"呃，尚田，千万别这么说。今天给你说的所谓成本性态的相关内容并不是财务会计中的制造成本，两种成本区别大着呢，千万别混为一谈。至于制造成本，以后慢慢给你解释吧，这是很复杂也很重要的一个专题内容。因为制造成本计算的准确与否会影响到利润额。所以，如果你有兴趣，以后要多给我做几杯 VIP 超级大杯奶茶哈。"

"好的，以后的事情以后再说，超级大杯奶茶多少杯都没问题。知识付费嘛，我都感觉我在大宝老师这儿已经赚了，哈哈。"

"嗯，说正事儿吧。时刻提醒一下，这次我们学习的内容都是涉及企业内部决策范畴的话题，也就是说管理会计范畴的各种概念绝大多数和财务会计范畴不一样，千万别弄混淆哦。"

"哦，好吧，我现在还没怎么糊涂，因为你还没讲到重点内容。你还没帮我解决价格战的问题呢。"

"是啊，解决问题的答案是几句话的事情，但铺垫是要很长很长。"

"嗯。老师，请开始你的讲解吧。我准备好了。"

"好的。现在我需要给你讲下一个重点的问题，就是有关本量利分析的内容。"

"本量利分析？怎么又分析了，会计不是做账编报表吗？怎么又分析了？"

"看来你对会计还是有偏见啊。做账也好，编报表也好，那只是会计信息收集、整理、输出的过程。其实你只要严格按照企业会计准则、会计制度等一些法律法规的要求一步一步地去处理就行了。最难的是怎么利用会计信息解决实际问题，也就是读取信息、分析信息，为解决实际问题提供有用的方案，这是电脑抑或 AI 机器人目前无法取代人脑的地方。"

"哦，看来我只是摸到会计冰山一角啊。"

"哈哈，冰山一角？你现在的水平，冰山长什么样都没看到呢，要想摸到一角，那还早着呢。继续努力吧。"

"嘿嘿，你大宝老师不就是会计的冰山一角嘛。我这不就看到了吗？"

"别贫嘴。回到正题。所谓本量利分析，就是你奶茶店奶茶的成本、销售量和奶茶店利润三者依存的关系分析，是指在成本性态分析的基础上，运用一些科学的公式或数学模型，对成本、利润、销售量与奶茶销售单价之间的依存关系进行具体分析。"

"听起来有点玄之又玄。"

"听好，这不是什么天机。而且今天我不会全部都给你讲，只是以问题为导向给你有选择性的介绍。说明了吧，这么多的铺垫，都是为了最终我要给你讲的内容保本点服务的。"

"保本点？又是啥东西？"

"还没讲到这里那，下面我问你答哦。"

"好的，愿意配合老师，哈哈。"

"嗯，严肃点。我先问你一个简单的问题，你平时是怎么计算奶茶店的利润的？"

"这个问题简单，大宝老师以前讲过的，利润＝销售收入－销售成本。"

"不错，还没还给我，表扬一下。下面我们针对这个计算公式进一步展开一下。"

"好的，你尽管问，我有信心了。"

"嗯，你是怎么计算奶茶的销售收入的？"

"销售收入＝奶茶的销售单价×奶茶的销售量。"

"回答正确。如果把销售成本用成本性态来进行分解，你觉得销售成本包括哪几项？"

"嗯，大宝老师已经讲过了，按照成本性态来划分成本，销售成本应该可以分解出变动成本的和固定成本，因为销售成本是混合成本。这是我自己的理解。不知道对不对？"

"不愧是经过高等教育的人，悟性还是很高。完全没错，销售成本作为混合成本可以分为固定成本和变动成本两部分。那么变动成本是不是还可以进一步分解一下呢？你把分解后的利润计算公式整理下我看看对不对。"

"利润＝奶茶的销售单价×奶茶的销售量－（奶茶的单位变动成本×奶茶的销售量＋固定成本总额）"

"教科书式的公式，真棒！！！"

"老师的表扬一点都不吝啬啊，真慷慨。"

"说正经的。下面我们把你列出的公式再进行整理，把括号打开，再提取奶茶的销售量这个公因式，最终整理的结果你看看是怎样的？"

"利润＝（奶茶的销售单价－奶茶的单位变动成本）×奶茶的销售量－固定成本总额"

"嗯。我就不表扬你了，小学生都会这么整理公式。哈哈。"

"嘿嘿，这个环节要是被你表扬，侮辱性极大。"

"好的，经过你的一番操作，又引出了一个新的概念：边际贡献。"

"边际？贡献？没听说过。"

"没听说过就对了。我来给你解释一下吧，在本量利分析中，边际贡献的概念十分重要。它是指奶茶的销售收入与奶茶的变动之间的差额，又称贡献边际、贡献毛益、边际利润或创利额。"

"啥，贡献毛衣？羊毛的吗？"

"哪儿跟哪儿啊，是贡献毛益，毛利的毛，收益的益。别纠缠这个了，干脆统一就叫边际贡献吧。"

"好的，听老师的，就叫边际贡献。"

"嗯。边际贡献的表现形式大体分两种形式：一种是以绝对数变现的，还可以分成边际贡献总额（销售收入－销售成本中的变动成本部分）和单位边际贡献（单价－单位变动成本）；另一种是以相对数表示的边际贡献率，是边际贡献总额与销售收入的比率。你知道边际贡献率还有一种计算方法吗？"

"嗯？这个问题来的好突然，我还没反应过来。"

"也有你回答不上来的问题哈。边际贡献率除了用边际贡献总额除以销售收入之外，还可以用单位边际贡献除以单价来计算。懂了吧？"

"哦哦哦，其实是一回事嘛，只要把销售量约分约掉就行了。不难不难。"

"后知后觉，孺子亦可教。"

"老师过奖了，那么接下来呢？"

"我们还是要回头看最初那个利润的公式。哦，我忘记强调一点，这里的利润，只是营业利润，在扣除所得税、利息之前的利润，称为息税前利润。你知道一下就行了。现在我要调整一下，用一个更简单、更准确的词来代替利润，就叫它营业利润。经过几轮公式变形和整理，现在的营业利润等于边际贡献减去固定成本，即营业利润＝边际贡献－固定成本；同时，它还可以等于单位边际贡献乘以销售量减去固定成本，即，营业利润＝单位边际贡献×销售量－固定成本；还可以有第三种计算方式，它等于销售收入乘以边际贡献率－固定成本，即，营业利润＝销售收入×边际贡献率－固定成本。"

"嗯。还有第四种吗？我其他没记住，只记住最后都是减去固定成本。"

"哈哈，目前只有这三个公式，建议你都要记下来，先记在笔记本上，然后慢慢刻在你的脑海里。从这一系列公式的操作可以看出，咱们销售出去的奶茶所提供的边际贡献虽然不是营业利润，但是它与营业利润的形成有着密不可分的关系，而且是十分重要哦。因为边际贡献形成后首要的作用就是用来补偿奶茶店的固定成本总额。也就是说，只有当边际贡献大于固定成本总额的时候才能为你的奶茶店提供利润，否则就亏啦。"

"嗯。从公式上不难看出你所讲的是百分之百的正确，那我就不当作废话了，全都照单全收。"

"别骄傲哦，我们在一点、一点地靠近核心知识点那，耐心点哦。"

"好的，期待你为我指点迷津。"

"除了营业利润、边际贡献、边际贡献率等概念之外，我还要介绍一个概念，它就是变动成本率，是指变动成本总额占销售收入总额的百分比。你告诉我，还可以怎么计算变动成本率？"

"这你要让我想一想，哦，这不难，把变动成本总额和销售收入总额分别用各自的公式表示出来，把销售量约掉，变动成本率就等于单位变动成本除以单价了嘛，即，变动成本率＝单位变动成本÷单价。"

"没错，还是原来的样式，不变的操作。问题来了，你告诉我变动成本率和边际贡献率是什么关系呢？别急着回答我，提醒你先把这两个指标的计算公式写出来，其实就一目了然了。"

"变动成本率＝单位变动成本÷单价，边际贡献率＝单位边际贡献÷单价，分母都是单价，分子分别是单位变动成本和单位边际贡献。咦，单价减去单位变动成本不就是等于单位边际贡献嘛。也就是说，如果把变动成本率和边际贡献率两个指标相加，属于同分母两个分式相加，而且分子两个指标相加竟然还等于分母。哈哈，这两个指标相加等于1啊。"

"是的，这是很重要的两个互补的指标关系。'变动成本率＋边际贡献率＝1'这个关系充分说明变动成本率高的产品，边际贡献率就低，盈利能力就小；变动成本率低的产品，边际贡献率就高，盈利能力就大。你明白了吗？"

"嗯。今天收获真大啊，变动成本率和边际贡献率二者是此消彼长的关系，要想赚更多的钱，就必须尽量降低变动成本率，进而就会提高边际贡献率。"

"对的，但别忘了，咱们是良心企业，降低变动成本并不是要你偷工减料哦。"

"那是当然，咱们的奶茶店绝不做无良商家。不过，大宝老师，你绕了半天，我的问题还没解决呢？"

"啊？你啥问题了？我都忘记啦，嘻嘻。"

"哎呀，眼下是我和楼下同行怎样打价格战，我的底线在哪里。你到现在还没提到半句解决方法。"

"哦，我想起来了，说了半天，还没帮你解决问题呢。好吧，接下来也该讲今天的关键问题了，也就是你的奶茶店每日销售的保本点的销售量或销售额。不过，我觉得价格战嘛，适当地可以打一打，不过最终你们两家还会走向默契。"

"最终先不考虑，我现在急需的是眼下该怎么决策。"

"嗯。现在我出一道表格题，看看你听懂了没有。填写表3-2中的空白。"

表3-2　　　　　　　　　　　　　表格题（1）

单位变动成本	2.3 元	当日销售量	120 杯
单位销售价格	10 元	每日固定成本	550 元
变动成本率		边际贡献率	
边际贡献总额		营业利润	

记忆要点

*边际贡献：它是指产品的销售收入与相应变动成本之间的差额，又称贡献边际、贡献毛益、边际利润或创利额。

*营业利润：它是指边际贡献扣除固定成本之后的差额。

*边际贡献率和变动成本率二者之间的关系：边际贡献率与变动成本率之间具有互补性，变动成本率高的产品，边际贡献率就低，盈利能力就小。变动成本率低的产品，边际贡献率就高，盈利能力就大。边际贡献率加上变动成本率等于1。

效果检验

一、单选题

1. 边际贡献是产品销售收入超过（　　　）以后的余额。

A. 固定成本　　　　B. 变动成本　　　　C. 成本总额　　　　D. 混合成本

2. 利润 =（实际销售量 − 保本销售量）×（　　　）。

A. 边际贡献率　　B. 单位利润　　C. 单位售价　　D. 单位贡献边际

3. 某企业只生产一种产品，月计划销售 600 件，单位变动成本 6 元，月固定成本 1 000 元，欲实现利润 1 640 元，则单价应为（　　　）元。

A. 16.40　　　　B. 14.60　　　　C. 10.60　　　　D. 10.40

4. 某企业只生产一种产品，单价 6 元，单位制造成本 4 元，单位销售和管理变动成本 0.5 元，销量 500 件，则其产品贡献边际为（　　　）元。

A. 650　　　　B. 750　　　　C. 850　　　　D. 950

二、多选题

1. 销售收入为 20 万元，贡献边际率为 60%，下列变动成本总额不正确的为（　　　）万元。

A. 8　　　　B. 12　　　　C. 4　　　　D. 16

2. 贡献边际率的计算公式可表示为（　　　）。

A. 1 − 变动成本率　　　　　　　　B. 贡献边际 ÷ 销售收入

C. 固定成本 ÷ 保本销售量　　　　D. 固定成本 ÷ 保本销售额

E. 单位贡献边际 ÷ 单价

3. 下列属于采用变动成本法计算盈亏的公式有（　　　）。

A. 销售毛利总额 − 营业费用 = 税前利润

B. 销售收入总额 − 变动成本总额 = 边际贡献总额

C. 际贡献总额 − 固定成本总额 = 税前利润

D. 销售收入总额 – 已销售的生产成本总额 = 销售毛利

E. 销售收入总额 – 已销售的生产成本总额 = 边际贡献总额

4. 下列公式不正确的有（　　　）。

A. 营业收入 – 直接材料 – 直接人工 = 边际贡献

B. 营业收入 – 变动成本 = 边际贡献

C. 营业收入 – 变动生产成本 = 边际贡献

D. 营业收入 – 固定成本 = 边际贡献

三、社会实践题

根据上一节社会调查的结果，匡算一下你所调查的奶茶店每个月的营业收入、边际贡献和税前利润情况。请在下一次课上汇报计算结果。另外，分享一下任务完成过程中遇到的团队合作上的问题，是怎么解决的。

要求以小组的形式完成本次学习任务。

第三节　做生意怎么知道不亏钱？

"尚田大老板，前面我讲了成本性态和边际贡献等一系列的概念。我看你掌握得还不错，那么接下来我们就开始最关键的知识点讲解，它就是——保本点。"

"好的，我都等得不耐烦了。赶紧开始吧。"

"嗯。经营一家奶茶店，成本很重要，价格也同样重要。不过这二者其实并不是一成不变的，要随着内外环境的变化而变化。这不，眼下要是和同行打价格战，外在表象最关键的因素当然就是价格了。但是降价的前提应该是自己不能亏，否则就真的是挥刀自宫了不是？"

"是啊，做生意的，谁也不想亏本呀！"

"所以，现在我们要知道每天的奶茶销售量或者销售额达到多少的时候，咱们这一天就不亏了。如果完成了这一个基本的目标，奶茶再打折销售和他们竞争就有底气了。否则，如果不知道自己的底线在哪里，就一味地降价，到头来可是白忙活一场还倒贴钱。"

"嗯。是啊，这个思路我觉得很适合我现在的情况。"

"保本点，也称盈亏平衡点，也就是指你每日的奶茶销售量或销售额达到一定水平，这个时候，所产生的边际贡献总额刚刚好等于你每日的固定成本，从而营业利润等于零。"

"明白了，也就是说我每天卖奶茶刚好够本的时候的那个点就是保本点对吧。"

"是的，这个点可以是奶茶销售的数量，也可以是奶茶的销售额。别着急，我们慢慢给你解释。"

"嗯。你讲吧，我今天一定能开窍。"

"我们仍然拿前面讲过的营业利润的公式来说，营业利润＝单位边际贡献×销售量－固定成本。所谓保本也就是营业利润等于零。公式就变成：单位边际贡献×销售量－固定成本＝0，进而，单位边际贡献×销售量＝固定成本，即：销售量＝固定成本÷单位边际贡献。你告诉我，单位边际贡献怎么计算来着。"

"单位边际贡献等于单价减去单位变动成本嘛，我记得很清楚的。"

"真不错，准确地说你是脑骨清奇。"

"这点知识咋会难倒我呢！"

"嗯，没错，刚才这个公式：销售量＝固定成本÷单位边际贡献，就是保本点的销售量的计算公式。你知道保本点销售额怎么算吗？"

"这个嘛，乘以单价不就是保本点销售了呗。"

"对的，那么你说说这个保本点销售额的公式吧。"

"销售额 ＝ $\dfrac{\text{固定成本×单价}}{\text{单位边际贡献}}$ ！这难不倒我。"

"行啊，张口就来，可你看看这像个正常的公式吗？分子上面固定成本乘以单价是个什么玩意儿？这充其量是一个真正公式形成前的半成品！"

"那你说是什么样子的。"

"既然公式这个样子不像样，咱们就要给它再整理一下。单价放在分子位置上不伦不类，那就把它放到分母，前提是你的单价总不至于是零，对吧？"

"那绝对不可以。"

"对呀，如果把单价放到分母，公式中的分母就变成了：$\dfrac{\text{单位边际贡献}}{\text{单价}}$，你回忆一下，这是啥？"

"哦，我想起来了，这是边际贡献率嘛，就是和变动成本率互补的那个指标。"

"太对了，这样整理后才是个公式的样子嘛。好的，你再完完整整地归纳一下两个公式。"

保本点销售量 ＝

保本点销售额 ＝

保本点的计算

"另外，尚田老板，你根据表3-3里的数据来计算一下保本点销售量和保本点销售额吧。"

表3-3 表格题（2）

单位变动成本	2.3 元	当日销售量	120 杯
单位销售价格	10 元	每日固定成本	550 元
变动成本率		边际贡献率	
边际贡献总额		营业利润	
保本点销售量		保本点销售额	

"大宝老师，你这个保本点的计算我掌握了，但不实用啊。"

"为啥这么说？"

"我的奶茶店可不只卖一种奶茶啊，不同品种的奶茶变动成本不同，价格也不同，每天各品种的销售数量也是不固定的，用你的这种方法，我怎么确认保本点呢？"

"哦，这也是我接下来要讲解的问题。刚才介绍的方法是针对单一产品来确定保本点的。奶茶店当然会有不同品种的产品来满足不同消费者的需求了。保本点当然是可以确定的，不过要稍微麻烦一点。"

"不怕麻烦，你尽管讲，我一定要学会怎么计算。"

"一般来说，生产销售单一口味奶茶的奶茶店基本上是不存在的。在经营多种口味奶茶的情况下，保本点是无法用实物量（销售量）来表示的，而只能用金额（销售额）来表示。由于不同口味的奶茶边际贡献率各有不同，整个奶茶店的每日综合保本销售额同所生产的奶茶的品种结构存在着直接的联系。"

"等等，啥叫品种结构？"

"问得好，假设你的店里目前有三个品种的奶茶在销售，某一种奶茶的当日销售额占三种奶茶当日销售总额的百分比，就是该种奶茶的品种结构，其实品种结构就是某产品销售额占总销售额的百分比。"

"哦，好像有点明白。"

"没关系，会有计算题等着你。我们可以通过计算综合边际贡献率的方法求出综合保本销售额。嗯，你还会问啥是综合边际贡献率。我直接告诉你吧，就是把每一种奶茶的边际贡献率乘以它们各自的品种结构，然后都加在一起就行了，其实就是计算边际贡献率的加权平均数。你听明白了没有，给你两分钟考虑时间写出综合边际贡献率的公式吧。假设我们有三个品种的奶茶，分别是 A、B、C，它们各自的品种结构分别是 a、b、c，它们各自的贡献边际率分别为 MRA、MRB、MRC。请你写出综合边际贡献率的公式。"

"综合边际贡献率 $= a \times MRA + b \times MRB + c \times MRC$，大宝老师，你看我总结的对不对？"

"我都不知道怎么夸你了，算了就不夸了，这就是最大的褒奖。得出这个公式还不是最终的结果，我们还要用固定成本去除以这个综合边际贡献率才能得出综合的保本点销售额。这样灌输你知识，感觉你有点受不了了，算了咱们就做一道计算题吧。填一下表 3 - 4 中的空白。"

例题解析

表 3 - 4　　　　　　　　表格题（3）

项目	A 奶茶	B 奶茶	C 奶茶	合计
单价（元）	10	15	20	
单位变动成本（元）	2.3	4.5	7.0	
边际贡献率（%）				
预计每日销量（杯）	60	40	20	

续表

项目	A 奶茶	B 奶茶	C 奶茶	合计
每日销售额（元）				
品种结构（%）				
综合边际贡献率（%）				
每日固定成本（元）		550		
综合保本点销售额（元）				

"如果你计算的结果约等于 771 元，那就是正确的，也就是说这三种奶茶的销售额达到 771 元，当天就达到保本了。"

"但是我还是想知道 A、B、C 三种奶茶各自的保本点销售量，那该怎么办呢？"

"这个不难，既然你知道了综合保本点销售额，而且你也知道了三种奶茶的品种结构，你就按照这个品种结构的比例分摊 771 元到每一种奶茶当中去，就可以得出每一种奶茶的保本点销售额。既然计算出了各自的保本点销售额，再除以各自的单价，不就得出了保本点的销售量了吗？"

"哦，对，这样倒推一下的确能解决我的疑问。"

"嗯。现在怎么智商不在线了？好吧，那就继续这道题（见表 3 - 5），再让你实际推算一下各自的保本点销售量吧。另外，计算的过程中可能会产生除不尽的情况，你可以四舍五入取整就行了。"

表 3 - 5　　　　　　　　　　表格题（4）

项目	A 奶茶	B 奶茶	C 奶茶	合计
单价（元）	10	15	20	
单位变动成本（元）	2.3	4.5	7.0	
边际贡献率（%）				
预计每日销量（杯）	60	40	20	
每日销售额（元）				
品种结构（%）				
综合边际贡献率（%）				
每日固定成本（元）		550		
综合保本点销售额（元）				
每种奶茶的保本点销售额（元）				
每种奶茶的保本点销售量（杯）				

"大宝老师，你给出的计算题我都会算了，但我还是想知道我该怎么和楼下同行竞争呢？"

"是啊，关键问题最终还是躲不过的。这么跟你说吧，我这里也只能给你出解决问题的思路，但最终结果会怎么样我不知道，你还是要本着会计的谨慎性原则来随机应变。"

"那是当然，如果你是诸葛在世，我就啥都不怕了。"

"开门做生意，难免会遇到竞争对手和你打价格战。我的思路就是：在你决定和对方打价格战的前提下，首先要认清自己。看清别人容易，认清自己难。今天给你啰唆这么多的东西，主要是要你认清自己的店有几斤几两。在价格战中你的底线就是保本，千万不要做那种伤敌一千自损八百的事情，这样做生意划不来的。在和对方竞争的时候，我的保守建议就是首先要保本。在保本这条线达到后，再和对方展开价格拉锯战。"

"那万一对方采取伤我一千他损八百的战术呢？我岂不是坚持不下去了？"

"当然，我们希望不要打到这种地步。实在不行，你也只能拿出撒手锏了。"

"啊，我还有撒手锏？我怎么不知道，赶紧告诉我。"

"这也就是我前面跟你说的一个话题，留到最后来讲。它就是你的店面。这个店面是你自己的，对方的店面是租来的。从成本的角度看你们两家不相上下。我们此前在计算固定成本的时候，是把店面租金也计算在内了（这个在管理会计中算作是机会成本），如果在固定成本中把这一块去掉，你算算你的保本点是不是又下降了啊。"

"哦，对呀，对方每个月必须现金支出店面费用的，而对于我来说至少这笔现金不是必要支出。保本点下降了，价格竞争力又提高了呀。不过，我总感觉少了点什么，就是不知道问题出在哪里？"

"当然，这个策略对于你来说只能是权宜之计，不能维持太长时间，否则你还是亏。"

"是啊，这样看来价格竞争的确不是一个什么好的策略。"

"是的，同行之间的竞争应该是以良性竞争为主，比如从新产品研发入手，再比如从产品的加工工艺改进入手，或者改进你的服务，或者加大线上销售的宣传力度，把视野放到更远的地方去，等等，这么多的方法才是你们两家良性竞争之路。有空去拜访一下你的竞争对手吧，你们双方最好能达成谅解，最终走向和谐，背靠背地去迎接奶茶市场的挑战。"

"大宝老师最后的建议说到我的心坎上了。咱们说办就办，我现在就去拜访他们。今晚我请客，大宝老师你一定要来哦。"

"一定一定，咱师徒俩谁跟谁呀！"

记忆要点

* 保本点的计算公式：保本点销售量＝固定成本÷单位边际贡献

　　　　　　　　　　保本点销售额＝固定成本÷单位边际贡献率

* 单一产品保本点的计算。

* 多品种产品保本点的计算。

效果检验

一、单选题

1. 生产单一品种产品企业，保本销售额 = （　　　）。

A. 保本销售量 × 单价

B. 固定成本总额 ÷ 贡献边际率

C. 固定成本总额 ÷（单价 – 单位变动成本）

D. 固定成本总额 ÷ 综合贡献边际率

2. 税前利润 = （实际销售量 – 保本销售量）×（　　　）。

A. 贡献边际率　　　B. 单位利润　　　C. 单位售价　　　D. 单位贡献边际

3. 下列因素中导致保本销售量上升的是（　　　）。

A. 销售量上升　　　　　　　　B. 产品单价下降

C. 固定成本下降　　　　　　　D. 产品单位变动成本下降

4. 销售量不变，保本点越高，则能实现的利润（　　　）。

A. 越小　　　　　B. 不变　　　　　C. 越大　　　　　D. 不一定

5. 生产多种产品时，综合保本销售额 = 固定成本总额 ÷（　　　）。

A. 单位边际贡献　　　　　　　B. 边际贡献率

C. 单价 – 单位变动成本　　　　D. 综合边际贡献率；

二、多选题

1. 生产单一品种产品企业，保本点为（　　　）。

A. 保本销售量 × 单位边际贡献总额 ÷ 边际贡献

B. 固定成本总额 ÷ 边际贡献率

C. 固定成本总额 ÷（单价 – 单位变动成本）

D. 固定成本总额 ÷ 综合边际贡献率

E. 固定成本

2. 下列各项指标中，会导致保本点下降的有（　　　）。

A. 单价升高　　　　　　　　　B. 单位变动成本升高

C. 固定成本总额降低　　　　　D. 预计销量上升

E. 预计销量下降

3. 保本点意味着（　　　）。

A. 营业利润等于零　　　　　　B. 企业的价值已达到最大

C. 边际贡献总额等于固定成本　D. 企业的价值已达到最小

E. 企业的税后净利润为零

4. 下列关于保本点的表述中，正确的有（　　　）。

A. 保本点不变，销售量越大，盈利越多

B. 销售量不变，保本点越低，盈利越多

C. 销售收入不变，固定成本越大，保本点越高

D. 销售收入不变，单位变动成本越大，保本点越低

E. 固定成本、单位变动成本不变、销售量越大，盈利越多

5. 引起保本点变动的因素有（　　　）。

A. 单价　　　　　　　　　　B. 单位变动成本

C. 销售量　　　　　　　　　D. 目标利润

E. 边际贡献（率）

三、思考题

怎样看待同行竞争，如何开展同行业的良性竞争？

道德检测

送走了最后一个客人之后，尚田一边拖着地板一边和厨房里擦拭餐具的小花有一搭无一搭地聊着天。

"小花，我一直很奇怪，你当初在大学的时候为什么总是那么认真地学习，很少做与提升自己无关的事情呢？"

"尚田，这你都不懂吗？我们读大学可是拿出了一大笔的学费呢。这几天我可是一直在思考大宝老师给我们讲的那个成本性态的原理。"

"啥？上大学的学费和大宝老师讲的内容有啥关系？"

"大宝老师还夸你聪明呢！我看你还是不会活学活用。我寻思着，我们每年交的那笔可观的学费对于我们读书来说就是一种成本——固定成本，你说对不对？"

"嗯？你这么一说还真是啊。哦，我突然明白了。你那么认真学习，原来是和固定成本原理有着密不可分的关系啊！"

"是啊，在读书期间以更少的单位成本获取最大的学习效益才是作为一名学生的根本。"

问题：

请你从固定成本的属性角度谈谈作为一名大学生怎样降低学费这一学习的成本。

第四章　且就洞庭赊月色，
　　　　　卖买奶茶白云边

　　夏天终于如火如荼地来临了，听天气预报说，今年的高温天多达 40 多天，这个消息让小花和尚田又爱又恨，爱的是众口奶茶店的生意肯定会火爆，越来越多的人会关顾奶茶店，恨的是，上班路上要忍受火辣辣的阳光照射，有时候为了躲避阳光，宁愿早早出门来到店里上班，上班时间明显增长。

　　这天下班后，小花和尚田约大宝喝茶，小花拿着这段时间的账本，心里没底，还是想请教大宝财务上的一些问题，但是又无从问起，这个景象就像是一个学渣，幡然醒悟后想认真学习，想到要跟老师请教，可是却不知道从何问起。大宝拿着小花给的账本，翻了一番，大致明白了他们的疑惑，说："前段时间我一直在忙一个大项目，现在总算可以答应你们的邀约来跟你们聚一聚，看到你们的奶茶店开得不错，非常开心！但是，成功经营离不开财务知识，小花，看了你的账本，我觉得你俩还得好好学习相关的财务知识，作为奶茶店的老板，奶茶好喝，当然很重要，但是开店也是为了赚钱啊，要是自己手里有多少钱、赚了多少钱、赔了多少钱都不清楚，这老板就当得糊里又糊涂啊。小花，你的账本记得不错，但是不是符合我国会计记账原则呢？"

　　小花："我记的就是流水账，但是一目了然，花了多少钱，收了多少钱，我觉得应该是对的吧？但是心里又没底，这不想请你这个会计专家把把脉。"

　　大宝低头喝了一口茶："那咱们今天就从会计的基本记账原则讲起吧。"

第一节　权责发生制和收付实现制

一、权责发生制和收付实现制的概念

权责发生制与
收付实现制

　　小花和尚田赶紧拿出小本本。

　　大宝慢慢说道："通常而言财务记账有两种基本原则：如果用会计语言来说的话，一种叫收付实现制，另一种叫权责发生制。目前的会计制度约定所有的企业都要用权责发生制记账，但在实务中，有很多业务企业会选择收付实现制记账，他们这么做当然都有自己

的原因。

"这两种记账原则的理论基础其实不太一样。简单地说，收付实现制采用流水记账的方法，这种方法的优点是简单非常好理解。现在手机上的很多记账 App 采用的就是这种收付实现制，比如挖财等。缺点也有，咱们一会再说。权责发生制记账原理是在产生了权利和义务的时候记账，而不是以已经发生的收入、支出来记账，我这么说你们是不是很困惑？"

小花和尚田都点点头，大宝看着他们说："你们困惑就对了，这个就是它的缺点，这种方法是要通过学习后才能明白，才能使用的。但是它的优点有很多，这是一种规范正确的会计思维，坚持权利和义务发生的观点，可以培养出健康的财务思维，对一家企业长久的发展大有好处。

"现在回过头来说说，为什么有些企业选择收付实现制？首先，收付实现制比较简单，今天收到一笔钱就记一笔，付出一笔钱也记一笔，比较省事儿，不需要做专业判断，有个小本子就够了。还有一个原因，目前企业的三角债比较常见，就是我欠你货款，你欠我材料款等，有的企业采用权责发生制确认了收入和费用，但是对方客户却迟迟不肯付款，有时候货款甚至会拖欠几年，企业采用权责发生制一厢情愿地去确认了收入，从账面上看有了利润，但是实际却没有收到钱。这就是说，有的企业明明赚钱了，但是却没有钱，甚至会陷入缺少流动资金带来运行困难的情况。如果采用收付实现制，收到钱才算是有收入，没有收到钱，虽然货物已经卖出去了，但是没有计为收入，这样就可以很清楚地表达企业的流动资金。对企业的进一步运营有很大的帮助。我从小花的账本上看，你们上个月买了一辆小汽车，花了 10 万元。"

尚田点点头说："对的，我想着现在奶茶店运营得不错，客户也很多，很多客户点外卖需要送，买辆汽车送外卖方便一点。"

小花："是啊，就是因为上个月买了一辆汽车，我们上个月的利润就是负的，也就是亏损了！"

大宝笑着说："我想也是这个原因，那么上个月采用收付实现制来记账的话，你们的利润是亏损的，如果采用权责发生制来记账的话，是否真的亏损呢？

"我来举个例子，你们就明白了。甲和乙是同一个公司的员工，上班路途都比较远，甲自己买了一辆 15 万元的汽车代步，每天开车上班，乙因为小区没有买到车位，每天停车不方便就采用打的上下班。有一天他们俩为了一个问题吵起来了，就是说甲认为自己每天的上班通勤成本肯定高于乙，而乙认为自己每天打的费不菲，每天的通勤成本要高于甲，他们争论不休，让我来给他们判断，现在我把这个问题抛给你们，你们是如何思考的呢？"

小花："开车省钱啊，打车贵着呢，甲开车上班，每天损耗的是油费，最多还有开车不谨慎，有点违章罚款吧。乙的话，上班路途很远，每天花费的打的费都是按表计算的，很贵的。我觉得乙比甲通勤成本高。你说呢？"

尚田："你讲的有道理，如果单纯从每天的花费来看，乙的打的费要远远高于甲损耗的汽油费，但是我们要考虑，甲的汽车花费了 15 万元，这个要怎么算呢？15 万元够乙打的很多很多年了。"

大宝："你俩考虑的思路都对，小花的会计思维是收付实现制，尚田的会计思维是权责发生制。"

大宝又喝了一口茶说："我们来看一下啊，表面上看，打的是比开车贵，但是甲当年买车的钱没有考虑进去，甲的汽车花了 15 万元，这个 15 万元不能只算到买车那一年的开车成本吧，只要这辆车能开，开一天就得摊一点买车钱，这个能理解吧？我们假定他的车能开 10 年，10 年后这辆车能卖 2 万元。当然他那个破车 10 年后能不能卖 2 万元，咱也不知道，我们假设能卖 2 万元。那么，甲即使不开车，他每天的开车成本是多少呢？"

小花突然说："那要不要算上每年的保险费什么的，我觉得这个费用也要摊。"

大宝赞许地看着小花："你很聪明哦，有点权责发生制的会计思维了！"

大宝拿出纸和笔演算起来：

假设甲每年的保险费等费用是 6 000 元。

汽车每年摊销的车费是：$(150\,000 - 20\,000) \div 10 = 13\,000$（元/年）

考虑保险费用后，汽车每年成本 $= 13\,000 + 6\,000 = 19\,000$（元/年）

则每天的成本 $= 19\,000 \div 365 = 52.05$（元/天）

大宝指着计算过程说："什么意思呢？也就是说，甲每开一天车，除了油钱、违章罚款（有可能有），还得加上 52.05 元的成本，这样计算就是权责发生制的理论基础。为配合理解权责发生制原则，你们可以回忆一下前面讲过的配比原则（见第一章第三节）。"

记忆要点

*权责发生制（应计制，accrual basis）

权责发生制亦称应收应付制，是指在会计核算中，按照收入已经实现、费用已经发生，并应由本期负担为标准来确认本期收入和本期费用。

根据权责发生制原则处理会计业务时应做到以下两点。其一，凡本期内实际发生并应属本期的收入和费用，无论其款项是否收到或付出，均应作为本期的收入和费用处理；其二，凡不应属于本期的收入和费用，即使款项已经收到或支付，亦不应作为本期的收入和费用予以处理。因此，采用权责发生制，在会计期末必须对账簿记录进行账项调整，才能够使本期的收入和费用存在合理的配比关系，从而可以比较正确地计算企业的本期盈亏。

优点及适用范围。权责发生制能够真实地反映当期的经营收入和经营支出，更加准确地计算和确定企业的经营成果。因此，它在企业会计中被普遍采用。

*收付实现制（现金制，cash basis）

收付实现制是一种与权责发生制相对应的关于收入和费用两个会计要素的计量

基础。收付实现制亦称实收实付制，是指在会计核算中，以实际收到或支付款项为确认本期收入和本期费用的标准。

根据收付实现制原则处理会计业务时应做到以下两点。其一，凡本期内实际收到的收入和支付的费用，无论其是否应归属本期，均应作为本期的收入和费用处理；其二，凡本期未曾收到的收入和未曾支付的费用，即使应归属本期，亦不应作为本期的收入和费用予以处理。因此，采用收付实现制，会计处理手续比较简便，会计核算可以不考虑应计收入、应计费用、预收收入、预付费用的存在。

缺点及适用范围。收付实现制不能正确地计算和确定企业的当期损益，缺乏合理的收支配比关系。因此，它只适用于业务比较简单和应计收入、应计费用、预收收入、预付费用很少发生的企业以及机关、事业、团体等单位。

＊收付实现制与权责发生制区别和联系

其二者的联系是它们的目的均为正确计算和确定企业的收入、费用和损益。

它们的区别如下：

（1）概念不同：权责发生制是按照收益、费用是否归属本期为标准来确定本期收益、费用的一种方法；收付实现制是按照收益、费用是否在本期实际收到或付出为标准确定本期收益、费用的一种方法。

（2）优缺点不同：权责发生制的优点是科学、合理、对盈亏的计算比较准确，但缺点是较复杂；收付实现制的优点是处理手续简便，但缺点是不科学，对盈亏计算不准确。

（3）会计处理方法不同：权责发生制是将本期的收入和费用以"应收应付"为原则入账，不论款项是否实际收到或支出；收付实现制则以"实收实付"为原则入账，以实际现金的收到和支付为衡量标准。

小花和尚田听得入神，小花看着自己拿来的那本账本，有点自嘲地说："看来，我记的这本账需要重新去记了，尚田，如果采用权责发生制的话，我们店面的装修费、还有一些设备都需要慢慢摊销到各个期间里面啊，我们每月的利润要重新计算咯！"

大宝："你们现在学会了收付实现制和权责发生制，先不要着急，先把你们奶茶店里需要摊销的成本项目列出来，需要摊销的时间列出来，然后计算每一期需要摊销的金额，不要着急，先去理一理。"

尚田："好咧，我们先去理一理。大宝，经过你的讲解，我们收获很多啊，我们这家奶茶店还有很多财务知识需要你帮忙，每次的免费奶茶不能表达我们的谢意了，有点过意不去了。"

大宝故意逗尚田，"那你要怎么谢我呢？"

"这样吧，等过段时间，等我们的奶茶店营业正常后，我每个月 10 日付你咨询费 1 000

元，怎么样？"

"哎哟，那真的太谢谢你了，想不到我的财务知识比较值钱啊，说实话，你们是我的好朋友，否则这点咨询费是不够的哦！跟你开玩笑的，你咨询费就不要给我了，当然我每次来，免费的大杯奶茶给我一杯就算我的报酬了！"

二、应收账款和坏账

大宝接着说："我们可以继续咨询费的话题。假设你和我签了合同，每月 10 日会付给我一笔咨询费 1 000 元，那么这个月 10 日，你付给我了，我会在我的小本本上记一笔收入 1 000 元，这是收付实现制，但是在权责发生制下，不管你 10 号有没有给我 1 000 元，我也会在小本本上记上一笔收入 1 000 元，表达的意思是，在这个时刻，我已经取得了获取经济利益的权利，只是暂时还没有收到钱而已，对我来说，虽然我没有收到这笔钱，但是我已经取得了向你要钱的权利，这笔收入用会计语言来说就是应收账款。"

尚田："这么记账挺一厢情愿啊，如果我反悔，我要是否认了这个权利不给你咨询费了呢？"

大宝："当然要是你硬不给，我也只能默默地承受，然后把这笔应收账款改记为坏账，但是我这么记录，是符合客观事实和会计准则的，我之所以确认了收入不是因为我收到钱，而是有证据（合同）表明我取得了收钱的权利。至于这笔钱我是不是能收到，那是另外一回事。"

大宝喝了口茶，如释重负地说："好了，这两种记账原则我讲完了，小花，给你一个作业，你来总结一下这两个记账原则的优缺点分别是什么？"

小花思考了几分钟："好吧，我来总结，说的不对，专家帮我指点啊！权责发生制的优点，就是企业的管理人员可以在每一个经营期间明确有归属的经济业务，每一期产生了多少收入，发生了多少支出和费用。而这些特点收付实现制不具备。"

大宝："小花你可真棒，一针见血，完全正确！那么请你再告诉我，你刚刚给我看的账本是用什么原则记的？"

小花："那肯定收付实现制吧。"

"真聪明，好吧，那么我们今天就先讲到这里，你们回去试试用权责发生制来记账，看看与原来的账本有什么区别，下次记得把账本再拿来我看看哦！"

效果检验

众口奶茶店 20×× 年 6 月发生经济业务：

（1）购买奶茶原材料 20 000 元，用银行存款支付 10 000 元，余未尚支付。

（2）销售奶茶 100 000 元，收到货款 50 000 元，存入银行，余款尚未收到。

（3）预付下半年度房屋租赁费 50 000 元。

（4）本月支付短期借款利息 15 000 元，其中已预提 5 000 元。

（5）本月分配的工资费用与实际支付的工资均为 100 000 元。

（6）收回外单位前欠应收账款 20 000 元。

要求：分别按照权责发生制和收付实现制原则分析众口奶茶店 20××年 6 月的收入与费用的情况，填入表 4 – 1。

表 4 – 1　　　　　　　　　　权责发生制与收付实现制对比

经济业务序号	权责发生制		收付实现制	
	收入	费用	收入	费用
1				
2				
3				
4				
5				
6				

第二节　客户提出赊账，要答应吗？

关于赊账

新的一周又开始了，一个阳光明媚的清晨预示着将会有一个炎热的中午，这样的天气非常适合奶茶的销售，众口奶茶店的顾客络绎不绝，这些迹象都表明奶茶店的生意是越来越好了。小花一边忙得脚不沾地，一边在幻想"按这样的情形下去，我家的众口奶茶店估计马上可以成为饮料业的大亨了！"

刚整理完店铺不久，小花见到了一个久违的朋友小刘来访。小刘是小花的发小，目前在一家外贸公司上班，小花开心地寒暄说："嗨，小刘，今天怎么有空过来，想喝什么奶茶？我亲自给你做。"

小刘说："不急不急，我今天过来是特地跟你商量一件事情。"

"是什么事？你说。"

"你家的奶茶店生意这么好，现在在我们这个城市已经小有名气了，正好现在我们这里政府允许老百姓摆摊，这不我也想试试。"

"那你外贸公司的工作不做了？"

"不是的，我想趁还年轻多赚点钱，白天在外贸公司上班，下班后去摆个摊，一边可以体验生活，一边可以赚点零花钱。我想卖你家的奶茶，我已经去考察过市场了，夏天的夜晚，市江边公园里人流量很大，那里附近没有奶茶店，如果我去卖奶茶，估计生意会好。你看，我卖你家奶茶，还可以帮你宣传呢！是不是很好的主意？"

看到发小要卖自己家的奶茶，小花觉得很兴奋，赶紧说："当然好啊，我每天多做一些奶茶，下班后你来我店里拿。"

小刘见小花答应得如此爽快，便直接说："你可不可以算我便宜一点，让我也有盈余？"

"没问题，我就算你七折，至于数量，我就先给你供应 200 杯，看看你的销售情况如何，再来慢慢增加。"

"不过我也是刚开始做生意，手头上没有那么多现金，能不能让我先赊账，让我每下个月的 15 日付款一次？也就是说下个月的 15 日付你这个月的货款。"

"这个我无法确定，因为过去，我都是用现金做生意，不知道如果让你赊账会有什么影响。"

"关于这个问题，就请你务必帮忙了，你先考虑一下，我明天再来问你的答复。"

"好，明天回你消息。"

小花要不要答应小刘提出的赊账请求呢？小花需要考虑哪些因素？

一、赊账对周转金的影响

小花第一次遇到这样的提议，小刘要采购他们家的奶茶去卖，这不是多了一笔生意嘛，而且量也挺大，可以因此多赚些钱，她把这个消息告诉了尚田，两人商量来商量去，觉得小刘的业务如果做好了对他们俩都好，不过他们都不清楚赊账和用现金支付到底有什么差别。为了保险起见，他们俩还是觉得要去请教一下他们的好朋友大宝。

于是，尚田立刻打电话给大宝联络，说明原委，想知道让人赊账交易会有什么影响。

大宝说："赊账其实也是很常见的一种销售方式，要不要采取赊账的方式销售，主要考虑资金能否正常周转，以你目前的情况来看，你每天买奶茶的原材料都是用现金支付，如果销售收入是赊账，恐怕会使资金不够。给你出个主意，如果你买原料的部分款项也可以考虑用赊账的方法进货，如此一来，就可以减轻你的资金压力。"

"我现在购买原材料都采用及时付款的方式，因为及时付款，可以享受 9 折优惠，可是如果我用赊账方式，就可能没办法享受 9 折的优惠了，不过我可以试试看。"尚田说。

挂断电话后，尚田打给他的供货商，说明要将付款方式改成赊购。供货商回应因近期经济状况不好，最多只能给他 10 天期限，而且没有 9 折优惠。

尚田虽然觉得少了折扣有点可惜，但一想到卖给小刘后的盈余可能更高，便勉强同意。接着他打电话给小刘，谈定彼此的交易条件，愿意让他下个月付这个月的货款。

时间慢慢地就这样过去了，小花也学会了用权责发生制的记账方法，加以运用后做出了本年 7 月的利润表（见表 4 - 2）及本年 7 月最后一天的资产负债表（见表 4 - 3），他们再次约大宝喝茶顺便把这些报表拿给他看，也算是小花的作业。

表 4-2 　　　　　　　　　　　　利润表　　　　　　　　　　　会企 02 表
编制单位：众口奶茶店　　　　　　　　　20××年 7 月　　　　　　　　　　　单位：元

项　　目	本期金额	上期金额（略）
一、营业收入	396 800	
减：营业成本	108 500	
销售费用	20 000	
管理费用	35 000	
财务费用	0	
二、营业利润	233 300	
加：营业外收入		
减：营业外支出		
三、利润总额	233 300	
减：所得税费用	58 325	
四、净利润	174 975	

表 4-3 　　　　　　　　　　　　资产负债表　　　　　　　　　　会企 01 表
编制单位：众口奶茶店　　　　　　　　20××年 7 月 31 日　　　　　　　　　单位：元

资产	期末余额	负债和所有者权益	期末余额
流动资产：		流动负债：	
银行存款	348 500	短期借款	100 000
应收账款	86 800	应付账款	22 934
存货（原材料）	5 600	应交税费	
流动资产合计		流动负债合计	
非流动资产：		非流动负债：	
固定资产		长期借款	
非流动负债合计		非流动负债合计	
		所有者权益：	
		实收资本	285 500
		盈余公积	
		未分配利润	32 466
		所有者权益合计	
资产总计	440 900	负债和所有者权益总计	440 900

大宝看到这两张报表后，表示小花非常聪明，基本掌握了会计核算的基础，于是决定继续传授下一个财务思维：是否决定要采用赊销的方式，先要了解有关资金需求的计算方式。

"这次我要讲解的内容稍微有点难度，不过你俩天生聪慧，应该没有问题，如果我在讲解过程中有什么问题，记得提出来啊，不要客气！"

"哈哈，谢啦！我们俩一定认真学习。"小花已经拿出了小本本。

"要了解一家企业的资金需求，需要3个元素：企业的应收账款周转天数、存货天数与付款天数。我先从应收账款周转天数开始讲解。应收账款周转天数是指企业从取得应收账款的权利到收回款项、转换为现金所需要的时间，它衡量公司需要多长时间收回应收账款，属于公司经营能力分析范畴。这会影响一家企业资金需求量。周转天数越短，说明流动资金使用效率越好。因此，应收账款周转天数的计算对一家企业来说相当重要。"

"为什么应收账款周转天数会影响企业资金需求量呢？"尚田不解地问。

大宝解释："这就好像你每天卖给小刘200杯奶茶却没收钱，对你的资金周转有没有造成压力？"

"我现在还没感觉，不知道时间长了会怎么样？"

大宝说："如果你1个月后才跟小刘收钱，那你会有多少现金没有收回来？这部分本来是收现金的，现在却没办法收到现金，你现在没有感觉是因为你这个月刚好没有刚需资金的事务，如果你这个月刚好需要一笔钱去结算你欠客户的或者别的需要付出资金的事项，而你又没有资金的收入，那你就得想办法去筹这笔钱，这就是资金周转上的压力。"

"那得算算这个月小刘赊账欠我多少钱？"尚田和小花拿起笔来算。

"假设你一天卖给小刘200杯奶茶，每杯奶茶14元，一天就有2 800元没收到现款。7月共31天，假设小刘8月15日才付你款项，那就是45天后才收款，总共有多少钱没收回来呢？"

"这个我会算，一天2 800元，45天126 000元，所以有126 000元没收到。"

大宝继续问："可这些奶茶的原材料成本要不要付钱呢？"

"当然要啊，原材料每次采购都要付现金。"

"这就对了，钱还没收到，买原材料时却立刻付现，你说这对你的周转有没有影响？"

"这么说来，当然是有啦，有出没进嘛。"

"没错，所以你们就必须算出营业周转期及资金缺口才能决定可不可以赊销或赊购。"大宝语句坚定。

二、如何计算周转金

听着大宝的解释说明，尚田和小花才意识到，原来"周转"对做生意的影响这么大。

于是尚田接着问："什么是营运周转期？我要怎么知道资金是否有缺口呢？"

大宝说："进货后还没卖掉的就是存货。存货放着一直到卖出的天数，叫作存货周转天数或存货持有天效。当存货销售出去后，也要经过几天才能收回现金，这就叫作应收账款周转天数。所谓营业周期，就是从用现金买产品到产品出售后收回现金的这段时间，也就是存货周转天数加上应收账款周转天数的意思。"

"举个例子，假如你的存货周转天数要 10 天，应收账款周转天数要 15 天，也就是你进货后要 25 天才能收到现金。但是在这 25 天里，你必须支付货款、水电费、薪资等，如果没有预先准备一些钱，在还未收到货款之前，你就没有足够现金可以支付这些支出，这就叫作'周转不灵'。至于需要准备多少现金来应付日常支出的周转需要，就是资金缺口。"

尚田挠了挠脑袋："我好像听懂了，可是不知道该怎么计算？"

大宝笑了笑，指了指小花带来的资产负债表和利润表说："来，我算给你看。"

大宝指出，应收账款周转天数就是应收账款金额除以平均每日销售收入金额。以众口奶茶店的例子来看，应收账款金额是 126 000 元，平均每日销售收入为 2 800 元，126 000 元除以 2 800 元，得出应收账款周转天数为 45 天。而存货周转天数的算法是用存货金额除以平均每日销售成本的金额。假设存货有 20 000 元，平均每日的销售成本为 2 000 元，20 000 元除以 2 000 元，得出存货周转天数为 10 天。他问尚田："如果你的营业周期是 25 天，你知道要准备多少周转金才够吗？"

"不知道啊，这个又要怎么算？"尚田问。

大宝回答："用平均每日的销售成本乘以营业周期，就可以得到周转金需求的金额。例如你每天所需的销售成本是 2 000 元，营业周期为 25 天，你必须准备 50 000 元的周转金来应付日常支出，以避免还没收到货款前现金不足的状况。"

尚田点点头说："我懂了，不过我还有一个问题，为什么应收账款周转天数是除以平均每日销售金额，而存货周转天数却是除以平均每日销售成本呢？"

大宝笑着说："这个问题问得非常好，看来你学习财务知识进步很快，都能问出这么专业的问题了！"

他告诉尚田，这个就是会计语言上说的配比原则的具体体现，所谓应收账款就是未收回来的货款，对应的是销售收入，是用售价来计算的，所以应收账款周转天数要以销售金额来计算，也就是用应收账款除以平均销售收入。根据收入与成本的配比原则，存货属于成本，必须用销售成本来计算，所以存货周转天数也就是存货除以平均销售成本。

尚田仿佛开窍了，很有自信地说："我知道了，计算周转金是用平均支出来计算，而不是用平均收入来计算。虽然收款是用售价计算，也就是一杯奶茶卖 14 元，但是奶茶店在支付方面，支付的是奶茶的原材料等成本，例如制作一杯奶茶需要原材料成本是 5 元。而周转金是在计算周转期间内必须准备多少钱来付款，所以是用平均销售成本乘以营业周期，而不是使用平均销售收入乘以营业周期。"

大宝："学得非常快啊！你已经懂得了公司经营能力分析。那么你来总结一下应收账款周转天数这个指标的意义何在？"

尚田想了想，做了如下总结：应收账款周转天数越短越好；应收账款的周转次数越多，则周转天数越短；周转次数越少，则周转天数越长。周转天数越少，说明应收账款变现的速度越快，资金被外单位占用的时间越短，管理工作的效率越高。另外营业周期越长，资金缺口就越大；平均销售成本越多，资金缺口就越大。反之，营业周期越短，资金缺口就越小，同理，平均每日销售成本越低，资金缺口就越小。

三、如何计算实际资金缺口

大宝对小花和尚田的会计知识领悟力非常满意，在他确定他这两位老朋友已经了解了营业周期和资金缺口的概念后，他继续针对周转金做进一步说明。"现在我要告诉你们一个秘密，刚才资金缺口的计算是一种保守的算法。其实并不需要准备这么多周转金来应付营业支出的需要。"

"啊？为什么呢？"尚田问。

"因为有时候我们进货或支付费用时，也可以选择不用立即付款啊，这时你需要准备的周转金的天数就可以将付款的天数扣除。换句话说，真正需要准备周转金的天数是营业周期减去付款天数。"

"哦，难怪上次你让我去跟我的供货商商量，能不能赊账？我上次去问了，我的供货商同意延迟 10 天付款，但是不给我打 9 折的优惠了，那么这 10 天是不是就是'付款天数'？"尚田问。

"付款天数就是你进货后多久就要付款的天数，一般而言，算法就是应付账款金额除以平均每日销售成本。例如你的应付账款是 16 000 元，平均每日的销售成本为 2 000 元，也就是平均每 8 天就要付款一次，所以付款天数是 8 天。"大宝解释道。

"因为每天的销售成本为 2 000 元，付款周期是 8 天，所以应付账款金额是 16 000 元。这样我懂了，这和应收账款周转天数的计算是一样的概念，只是把应收账款改为应付账款、销售成本取代销售收入。"尚田说。

"对。通常，现金缺口是由现金周期算出来的。就是把存货周转天数减去应付账款付款天数，加上应收账款周转天数，然后再将平均每日销售成本乘以现金周期，就可以得到真正的资金缺口了。"大宝说。

"有点难啊"，尚田说，"现在我试着来算一下我的资金缺口，请专家你帮我看看到底算得对不对。"

尚田在纸上依照大宝刚才所说的算法，开始计算。

$$应收账款周转天数 = 应收账款金额 \div 平均每日销售收入$$

$$存货周转天数 = 存货金额 \div 平均每日销售成本$$

$$应付账款付款天数 = 应付账款金额 \div 平均每日销售成本$$

$$营业周期 = 存货周转天数 + 应收账款周转天数$$

$$现金周期 = 存货周转天数 + 应收账款周转天数 - 应付账款付款天数$$

$$资金缺口 = 平均每日销售成本 \times 现金周转期$$

列出一系列计算的公式后，尚田拿着小花拿来的资产负债表和利润表，开始演算。

首先，7月利润表的销售收入是 396 800 元，7月共 31 天，平均每日销售收入为 12 800元，应收账款金额为 86 800 元，用 86 800 元除以 12 800 元，得到 6.78 天的收款天数。

其次，用 7 月的销售成本 108 500 元除以 31 天，求得平均每日销售成本为 3500 元。然后用存货金额 5 600 元除以 3 500 元，得到 1.6 天的平均存货周转天数。

再用应付账款金额 22 934 元除以平均每日销售成本 3 500 元，得到 6.55 天的应付账款付款天数。

接着计算现金周期。将收款天数 6.78 天加上平均存货周转天数 1.6 天，再减去应付账款付款天数 6.55 天，得到 1.83 天。

然后用平均每日销售成本 3 500 元乘以 1.83 天，就得出资金缺口为 6 405 元。

尚田算完之后，便向大宝询问这样的算法是否正确？

大宝说："对的，以前你们都是现金销售，不会存在周转金不够的情况，但是小刘要求改成一个月后付款，情况就不一样了。所以你们必须经常计算现金周期及资金缺口，以免导致周转金不够而有周转不灵的风险。"

经过大宝的详细说明，尚田和小花发现，财务知识可说是一山还比一山高，作为奶茶店的经营者，不仅要掌握财务知识，而且还要精通熟练，并且还得经过不断地实践才行。上了这堂扎实的课，两人都相信未来在资金周转部分一定更能灵活把握了。

大宝看了看他们继续说道："作为一个优秀的经营者，今天掌握的还是财务知识的冰山一角，除了现金周期是很重要的财务信息外，你们还要懂得其他一些也很重要的财务比率。"

"还有哪些重要的财务比率？"尚田问。

"那还有很多啊，比如你的短期偿债能力怎么样呢？你的投资回报率怎么样呢？等等，今天就不跟你们说，下次有机会我再跟你们讲讲。"

经过这 2 个月的努力，小刘的生意也非常火爆，尚田不但打开了奶茶店的知名度，同时又吸引了一位朋友成了奶茶的销售商。也就是说，这个夏天，尚田和小花的众口奶茶店已经打下稳定的知名度，他俩也正计划来年朝其他县、市发展，开设连锁店。

记忆要点

*存货周转天数（days sales of inventory）是指企业从取得存货开始，至消耗、销售完所有存货为止所经历的天数。通过企业一定时期（通常为 1 年）内销售成本与平均存货之间的比例关系计算得到。周转天数越少，说明存货变现的速度越快。存货占用资金时间越短，存货管理工作的效率越高。

*应收账款周转率是指一定的分析期间内应收账款转为现金的平均次数。其计算公式有理论和运用之分，两者的区别仅在于销售收入是否包括现销收入。可把现销业务理解为赊销的同时收回货款，这样，销售收入包括现销收入的运用公式，同样符合应收账款周转率指标的含义。

拓展阅读

1. 应收账款周转率

应收账款周转次数，表明应收账款一年中周转的次数。应收账款周转天数，也称为应收账款的收现期，表明从销售开始到回收现金平均需要的天数（1 年按 360 天计算）。应收账款与收入比，可以表明 1 元销售收入需要的应收账款投资。

$$\text{应收账款周转天数} = \frac{360}{\text{应收账款周转率}}$$

（1）理论公式：赊销收入净额 ＝ 销售收入 － 销售退回 － 现销收入。

$$\text{应收账款周转率} = \frac{\text{赊销收入净额}}{\text{应收账款平均余额}} \times 100\%$$

$$= \frac{\text{当期销售净收入} － \text{当期现销收入}}{(\text{期初应收账款余额} ＋ \text{期末应收账款余额})/2} \times 100\%$$

（2）运用公式：销售净收入 ＝ 销售收入 － 销售退回。

$$\text{收账款周转率} = \frac{\text{当期销售净收入}}{(\text{期初应收账款余额} ＋ \text{期末应收账款余额})/2}$$

（3）意义。一般来说，应收账款周转率越高越好，表明公司收账速度快，平均收账期短，坏账损失少，资产流动快，偿债能力强。与之相对应，应收账款周转天数则是越短越好。如果公司实际收回账款的天数越过了公司规定的应收账款天数，则说明债务人拖欠时间长，资信度低，增大了发生坏账损失的风险；同时也说明公司催收账款不力，使资产形成了呆账甚至坏账，造成了流动资产不流动，这对公司正常的生产经营是很不利的。但从另一方面说，如果公司的应收账款周转天数太短，则表明公司奉行较紧的信用政策，付款条件过于苛刻，这样会限制企业销售量的扩大，特别是当这种限制的代价（机会收益）大于赊销成本时，会影响企业的盈利水平。

（4）有一些因素会影响应收账款周转率和周转天数计算的正确性。首先，由于公司生产经营的季节性原因，使应收账款周转率不能正确反映公司销售的实际情况。其次，某些上市公司在产品销售过程中大量使用分期付款方式。再其次，有些公司采取大量收取现金方式进行销售。最后，有些公司年末销售量大量增加或年末销售量大量下降。这些因素都会对应收账款周转率或周转天数造成很大的影响。投资者在分析这两个指标时应将公司本期指标和公司前期指标、行业平均水平或其他类似公司的指标相比较，判断该指标的高低。

2. 存货周转天数

$$存货周转天数 = 360 \div 存货周转次数$$

$$存货周转次数 = 主营业务成本 \div 存货平均金额$$

$$存货平均金额 = (期初金额 + 期末金额) \div 2$$

也即：

$$存货周转天数 = 360 \div 存货周转次数$$

$$= 360 \div (主营业务成本 \div 存货平均金额)$$

$$= 360 \div \{主营业务成本 \div [(存货年初金额 + 存货年末金额) \div 2]\}$$

$$= (存货年初金额 + 存货年末金额) \div 2$$

存货周转分析指标也可用于会计季度和会计月度等的存货周转分析。将360天（1年按360天计算）对应的计算数值转换为90天和30天分别对应的计算数值即可。

存货周转次数也称存货周转率。

存货周转天数的意义：存货周转天数越少，表明存货周转次数越多，平均存货越少。但是，存货过少不能满足流转需要，所以存货周转天数不是越少越好。但是也不是说存货周转天数越多越好，因为存货过多会占用过多的资金，造成资源浪费。在特定的生产经营条件下，企业存在一个最佳的存货水平。存货周转天数加上应收账款周转天数再减去应付账款周转天数即得出公司的现金周转周期这一重要指标。

存货周转天数表示在一个会计年度内，存货从入账到销账周转一次的平均天数（平均占用时间），存货周转天数越短越好。存货周转次数越多，则周转天数越短；周转次数越少，则周转天数越长。存货周转次数表示一个会计年度内，存货从入账到销账平均周转多少次。存货周转次数越多越好。

存货周转分析指标是反映企业营运能力的指标，可用来评价企业的存货管理水平，还可用来衡量企业存货的变现能力。如果存货适销对路，变现能力强，则周转次数多，周转天数少；反之，如果存货积压，变现能力差，则周转次数少，周转天数长。提高存货周转率，缩短营业周期，可以提高企业的变现能力。

存货周转速度反映存货管理水平。存货周转速度越快，存货的占用水平越低，流动性越强，存货转换为现金或应收账款的速度越快。它不仅影响企业的短期偿债能力，也是整个企业管理的重要内容。

道德检测

与应收账款相对应的关键词是"坏账准备金"，通俗地说，坏账准备金就是假设应收账款中有一定比例无法收回，对方有可能赖账，必须提前把这部分赖账金额扣掉。

对于应收账款数额巨大的企业，坏账准备金一个百分点的变化都可能造成净利润的急剧变化。理论上讲，上市公司的坏账准备金比例应该根据应收账款的账龄而变化，账龄越长的账款，遭遇赖账的可能性越大，坏账准备金比例也应该越高；某些时间太长的账款已经失去了偿还的可能，应该予以勾销，承认损失。对于已经肯定无法偿还的账款，比如对方破产，应该尽快予以勾销。

遗憾的是，目前仍然有部分上市公司对所有"应收账款"和"其他应收款"按照同一比例计提，完全不考虑账龄的因素，甚至根本不公布账龄结构。在阅读公司财务报表的时候，我们要特别注意它是否公布了应收账款的账龄，是否按照账龄确定坏账准备金，是否及时勾销了因长期拖欠或对方破产而无法偿还的应收账款；如果答案是"否"，我们就应该高度警惕。

从 2002 年开始，中国证监会对各个上市公司进行了财务账目的巡回审查，坏账准备金和折旧费都是审查的重点，结果不少公司因为违反会计准则、进行暗箱操作，被予以警告或处分，它们的财务报表也被迫修正。但是，无论证监会处罚多少家违规企业，处罚的力度有多大，如果普通的投资者没有维护自己权益的意识，类似的假账事件必然会一再重演，投资者的损失也会难于避免。

效果检验

一、单选题

1. A 公司年初和年末的应收账款净额分别为 168 000 元和 147 000 元。公司当年的净所得为 204 000 元，总销售收入为 1 700 000 元。现金销售占总销售收入的 6%。当年，A 公司的平均应收账款周转率为（ ）。

A. 9.51 B. 10.15 C. 10.79 D. 10.87

2. 以下哪些公司最有可能由于存货短缺而失去销售？（ ）。

公司 1 的存货周转率为 46。

公司 2 的平均存货周转天数为 18.9 天。

公司 3 的存货周转率为 5.4。

公司 4 的平均存货周转天数为 32.7 天。

A. 公司 1 B. 公司 2 C. 公司 3 D. 公司 4

二、多选题

存货周转率中（　　）。

A. 存货周转次数多，表明存货周转快

B. 存货周转次数少，表明存货周转快

C. 存货周转天数多，表明存货周转快

D. 存货周转天数少，表明存货周转快

E. 存货周转天数多，表明存货周转慢

三、思考题

权责发生制下计算的利润和收付实现制下计算的利润一样吗？

第五章　他山之石逆境行，
点石成金欲其成

这一年最后一个月的某一个周末，连续几天的阴雨让大宝浑身不自在。撑着伞走在小路上，鞋子湿得开始渗水了。前几天与刁尚田的几轮微信通话，让大宝觉得他有必要亲自来一趟众口奶茶店了。

对于刁尚田和小花来说，坚持和努力还是得到了应有的回报。经过他们俩夜以继日、勤勤恳恳地经营着这个奶茶店，生意是越来越红火了。虽然在这个过程中遇到了很多难题和挑战，最终还是挺过来了。此前，楼下新开的那家奶茶店自从和刁尚田和解之后，生意也一度红火。不过，突如其来的疫情影响了他们这个外来的"强龙"，惨淡经营了半年后，他们的最大一笔开支——店面费，让这家奶茶店关张了。作为"地头蛇"的众口奶茶店，虽然也没好到哪里去，但是由于拥有店面的所有权，刁尚田的抗击系统风险的打击能力堪比"小强"了。虽然从内部管理的角度来说，这机会成本也是成本，但从账面上看，却还是能看得过去。在党中央的领导下，疫情的蔓延得到了控制，人们又开启了正常的生活。竞争对手的主动退出，让众口奶茶店在这方圆两公里范围内的优势又凸显出来了。作为满脑子生意经、一点就通的刁尚田来说，较好的经营业绩并不能让他满足。最近几次叨扰大宝，就是想让他帮忙答疑解惑。

午后两点钟，雨中逛街的年轻人比平时少了许多。大宝抖一抖雨伞上的水珠，跺一下脚，推门进入众口奶茶店。

第一节　运筹奶茶店　指点投资路

"欢迎光临，请问需要点……大宝老师！欢迎欢迎，热烈欢迎。"小花认出大宝，眉毛、眼睛都开出花儿来。

"呦，老板娘，微笑服务很到位嘛。"

"那是必需的呀，大宝老师，服务行业讲究的就是微笑服务、迎来送往嘛。你坐，我先给你来一杯温暖的南瓜拿铁奶茶，这是咱们店的新品。尚田！大宝老师来啦，赶紧出来陪客人。"

"哈哈，大宝老师客似云来，如期而至啊。"尚田推开后门，走进前厅。满脸堆笑地打着招呼。

"尚田大老板，从你和小花的微表情就能看出，你们这里的生意的确不错。看来咱们还是要感谢国家感谢政府啊。新冠疫情这么快就得到了大规模的控制，让众口奶茶店起死回生啊。"

"是啊，我更加骄傲我是一个中国人了。"

"大宝老师，尝尝我现做的奶茶新品——南瓜拿铁奶茶，请多指教。"小花顺手给大宝也端来一杯白开水，然后去吧台擦洗去了。

"我有一段时间没登你的三宝殿了，看来我今天又是带着使命来的。咱们开门见山，单刀直入吧！"

"大宝老师，看你说的。我都不好意思再麻烦你了。"

"哦？开门就将军啊，好了我收回我刚才说的话。我是顺便过来坐坐，没事我就先回家了。"

"别呀，大宝老师，你看你来都来了。大冷的天，冒着雨来帮我解决问题，你看你一来，我这个小店瞬间就温暖了许多。"

"嗯。你这句话还算有点良心。前几天你在微信上和我聊的问题，我打算还是当面和你再仔细探讨探讨。毕竟通过网络聊天，解决不了这么复杂的问题。"

"是啊，大宝老师。最近一直困惑我的问题就是这奶茶店的未来。你看，疫情被控制后，奶茶店的经营状况已经开始走出低迷，慢慢又好起来了。楼下那家店也搬走了。众口奶茶店的产品辐射范围在快递业务的加持下又扩大了许多。我现在是想扩大经营。"

"尚田，你的想法是好的。不想当将军的士兵不是好厨子。正如我微信里面和你讲的，扩大经营至少有两种情况：一是扩大经营面积，添置新的设备或旧设备更新换代，增加服务人员；二是扩大经营辐射区域，提高你的品牌知名度，以特许经营的形式授权，进行连锁经营。"

"大宝老师，我最近也一直在考虑这两点，我的想法是两条腿走路总比一条腿走路要快的。"

"你的意思是你想两条路一起走？"

"是的，这样快速扩张，提高市场占有率，品牌的溢价速度会更加快嘛。如果走上了良性循环的道路，那未来就可以期待呀。"

"嗯。想法是好的，但是，我要提醒你哦，这是要靠投资来解决的问题。在投资伊始，首先要考虑的不是收益也不是什么良性循环。"

"投资就是为了赚钱啊，不考虑收益不考虑良性循环，还考虑什么？难道还考虑亏损啊？"

"哈哈，差不多说到点子上了。投资之前，首先要考虑的是风险！要知道，投入市场创办企业，会无时无刻面临这样那样的风险。有来自外在的风险也有来自你奶茶店内部的风险等。风险一旦超出了你的抵抗能力，你就马上凉凉了。你看楼下那家同行为啥关张停业呀，还不是抵抗不了疫情的冲击。这外部风险（系统风险）来了，之所以你能挺过来，还是要感谢你外婆啊。"

"嗯。大宝老师分析得对，我一直对外婆心存感激。如果没有这个店面，我们今天还不知道在哪个犄角旮旯见面聊天呢。"

"是啊，开门营业，抵御风险是第一要义。看来你的店面到目前为止，已经抗过几轮大的风险了。大难不死，必有后福呀。"

"借你吉言，所以今天和大宝老师再聚首，就是想聊聊接下来我该怎么做。请你给我指点一下。"

"好的，你说说看。"

"这个冬季感觉比往年要寒冷许多，很多年轻人逛街时买热奶茶的次数增多了。还有很多不愿逛街而宅在家里的年轻人，也愿意点一杯外卖热奶茶一边看书学习，一边拍照晒朋友圈。所以目前店里的生意十分不错。"

"是啊，你的奶茶品牌现在已经做出来了，我周边的同事也会通过外卖平台点众口的奶茶。"

"这个小小的成就还是要感谢大宝老师的鼎力支持。"

"大恩不言谢嘛，只要能喝上免费众口奶茶，我就觉得值了。"

"大宝老师，你看，奶茶店处于现在这个阶段，我想趁热打铁。借点钱扩大经营，把生意做得再大一些。"

"想法很好，那就详细地讲一下你的计划吧。首先，我想听听你的投资计划。"

"嗯。你也知道，我们这个地处江南的城市，冬天很冷夏天炎热。很多年轻人逛街累了，买奶茶不仅是为了解渴，更多的是想驻足休息，夏天纳凉，冬天避寒。我们这个店面在二楼，如果在一楼，我想会更好。另外，咱们这个店面里只有两套桌椅供人休息，根本满足不了顾客的需求。"

"是的，二楼店面开奶茶店的确有很多不足之处。不过，你的这个众口奶茶店经营到这个成绩，算是非常不错了。"

"碰巧楼下那家奶茶店关张，我想把楼下的店面也租下来，扩大营业面积，并升级店面装修档次，为进店消费的顾客提供休闲的场所。"

"嗯。这样操作，对你产品的品牌增值很有好处啊。"

"是啊，这也是我长远打算的第一步。"

"你还有进一步打算？尚田老板，看不出来你志向远大啊。"

"这个问题暂且不提，稍后再续。我现在急需解决的是扩大这个店面经营所需的资金，这是大事儿，所以请大宝老师来帮我参谋参谋。"

"嗯。想法是好的。而且，听你叙述的扩大经营面积的理由也是很充分的。全面地考虑到了各方面的有利因素。的确，现在的年轻人并不是为了口渴而买奶茶，很多时候是冲着你的品牌、你的店面位置、你的装修风格甚至你的服务质量来消费的。你的这个想法我完全赞同。那么接下来的问题就是，你的资金需求量是多少呢？"

"我已经盘算过了，楼下店面租金费用、店面装修、改造费用以及添置设备等，加在一起差不多要 20 万元。对于我这家小店来说，一次性拿出这么多的现金基本上是不可能实现的。所以只能靠贷款了。"

"就等着你这个数字了。我前段时间看过你的账面，还是比较乐观的。"

"现在讲贷款的事，和我的账面有啥关系吗？"

"关系大着呢。你目前的账面所有资产的来源都来自所有者权益，这意味着你是有偿债能力的。在能够抵御财务风险的前提下，通过负债融资来实现你扩大经营的目标，在这个过程中支付相对少许的利息，相对于你的收益来说，还是很划算的。不过，我觉得负债融资 20 万元还是少了点，还可以再多一些。你目前的所有者权益账面是 50 万元，最多可以负债 35 万元，达到你所有者权益的 70%，从资金结构的角度来看还是比较合理的。"

"还可以借更多的钱！这个我听明白了。但啥叫资金结构啊？"

"粗略地跟你讲一下吧，资金结构就是你账面上的资金包括权益资金和债务资金两种，二者之间的比例，就可以理解为资金结构。这个比例是否合理，直接反映你的企业价值、资金成本和财务风险之间的平衡关系。这个问题涉及企业财务管理，个中自有乾坤，比较复杂，以后有机会再详细讲解。"

资金结构

"嗯，好的。这么复杂高深的问题估计一杯奶茶解决不了。"

"对咯，真聪明。以后你的奶茶店做大了，涉及更复杂的财务管理问题了，可不是奶茶能撬开我的嘴巴咯。好了，老规矩，尚田老板，听完我讲了这么多，总该休息一下，做个思考题吧。"

头脑风暴：企业再投资决策过程中，需要考虑哪些方面的因素，请你分析总结一下，按照要求填写表 5-1。

表 5-1 　　　　　　　　　　　影响再投资决策的因素

宏观因素	微观因素
外在因素	内在因素

记忆要点

　　*在制定、选择投资方案之初，首要考虑的因素是风险。

　　*投资方案一旦选中，就应该着手解决筹资问题。筹资有两种方式，一种为权益筹资，另一种为债务筹资。不管哪一种筹资方式，都要考虑筹资方式对企业资本结构的影响。企业可以通过筹资方式的选择或调整来追求资本结构最优，进而使企业价值最大。

效果检验

思考题：

　　在查阅相关资料的前提下，请用思维导图的形式来叙述中小企业筹资、投资过程中需要解决的哪些关键问题。

第二节　借鸡来生蛋　总要撒些米

　　"尚田老板，你怎么解决这 30 万元的借款？我想听听你的想法。"

　　"大宝老师，前几天我跑了几家银行，都推说年底到了，马上就放贷难度挺大的。这是为啥呢？有人来申请贷款，而且像我这样有不动产的客户，银行为啥要推脱呢？"

　　"嗯。尚田，这你就不知道了吧。做每一行都要遵守每一行的规定。年底这段时间，每家银行都收紧钱口袋了，至于原因嘛，我只说一点你就应该能明白。年底对每家银行贷款业务的考核，不仅要考核这一年当中贷出去多少钱，而且还要考核这一年中回收贷款多少钱，二者的比例要达到一定的要求。如果无论何时都放贷的话，考核的卷面成绩会是怎样，不就是无法掌控了吗？少安毋躁，到下月初元旦放假结束后，你再跑一次银行，他们就不会这么推脱了。"

　　"哦，还有这回事啊。"

　　"是啊，尚田老板，多角度考虑问题才是解决问题的必要条件哦。"

　　"明白了，大宝老师不是白叫的，实在是佩服。"

　　"这是常识，做生意的都必须懂的。说说你跑的这几家银行的贷款条件都有哪些吧。"

　　"嗯。每家银行提供的条件基本上差别不大，具体条件是这样的：贷款给小微企业是可以享受到利率优惠的，在提交必备的佐证材料之外，需要等上相当长的一段时间才能有结果。如果发现一点点瑕疵，不符合银行的要求，这贷款申请就会被退回。"

　　"银行的条件并不过分，银行当然愿意贷款给优质客户，不过它们首先要考虑的是风险控制，不符合银行放贷要求，哪怕是一点点，银行的贷款风险就会被无限放大。千里之堤，溃于蚁穴啊。"

"嗯。对的，如果我站在银行的角度上对待这个问题，我也会这样做的。"

"刚刚学到的马上就用到了，开始多角度考虑问题了。值得表扬！"

"银行工作人员给出了另一个建议，就是申请抵押贷款。如果有不动产，经过评估、公正后，贷款就能很快审批下来。相对于第一种方法，简单便捷高效一些。但是，可能会发生一些评估费、公证费，以及贷款的利息率会稍高一些，因为是属于纯商业贷款，无法享受到国家扶植中小微企业金融政策的优惠。"

"嗯。鱼和熊掌不能兼得嘛。你打算通过哪种途径贷款呢？"

"我还在这两种方法之间犹豫。"

"对于一个初涉融资行为的人来说，犹豫不决是很正常的。不过我这里只是帮你摆事实、讲道理，最终的选择还是要你自己来决定。"

"那是当然，这个道理我懂的。"

"尚田老板，你主要是在解决贷款问题的两种方式的效率高低和成本大小之间做两难选择。一方面，我们申请的贷款，越快批下来越好，在乎的是效率。短时间内将贷款投入生产力当中，尽快产生效益，这是我们做生意的人所希望的。所以，贷款审批时间越快越好。另一方面，也就是你纠结的核心问题，商业抵押贷款利息率比较高。这的确是非常现实的问题。不过只要这笔贷款投资出去能够赚取高于利息率的投资回报，就不失是一种好的选择。"

"愿听其详。"

"假如你的贷款年利率是6%，将这笔贷款投入经营当中去，取得的投资回报率如果大于等于6%，这不有利可图吗？至少不会亏本。只要不是亏的，贷款投资的潜在协同效果也许是你意想不到的。至于这个奶茶店的真实投资报酬率是多少我最好不需要知道，你自己心中有数，比较大小你总会的吧。"

"嗯。大宝老师的意思我明白。"

"其实这里面的门道还是很多很复杂的，现在一股脑讲太多你也是消化不了。你只要知道这两点就行。一是是否能够接受贷款的利息率，这是非常个性化的东西。同样的百分比，对于你来说也许能够接受，对于他人来说也可能不会接受。二是时刻谨记投资报酬率要大于等于贷款利率。如果想深入了解其中的知识，以后再讲吧。"

"好的，我明白了。对于融资行为来说，贷款是解决问题的高效手段。只是这贷款利息，嘿嘿，我还是挺纠结的。"

"哎，尚田老板，你这样想就不对了。贷款经营相当于借鸡生蛋啊。你从邻居借来一只老母鸡，在你家生的这个蛋，你说归谁？"

"借来的母鸡，在我家生的蛋，当然归我呀。"

"没错，母鸡在你家生蛋的前提是你得喂它吃的呀。你撒给母鸡米，换来的是蛋。只要付出的米的价值小于蛋的价值，你就是赚的。铁公鸡一毛不拔就能得到鸡蛋，那等于是天上掉馅饼，不可能的事情。"

"那我再深究一下，这银行贷款利息率怎样确定的呢？"

"这个是很复杂的问题了，今天还有时间，我就把这个问题给你简单讲一下。也只能是简单讲讲，这里面包括的问题也是非常复杂的。"

"好的，让大宝老师多费心了。"

"哈哈，没关系，到你这里来，我才能寻找到自己的存在价值。"

"大宝老师言重了，你是金子，在哪儿都能发光。"

"回到正题。利息就是投资者对于资金在投资与再投资过程中产生增值的一种期待。其实站在银行的角度，贷款给你的这笔资金，也就是银行对你的投资。银行期待的收益率就是你承担的利息率。这当中包括社会平均报酬率、通货膨胀率以及风险回报率等。我解释清楚了吗？"

"嗯，略懂一二。看来把一个问题搞懂，必须要从不同角度看问题。站在银行的角度，如果给我提供长期贷款，它们所要求的贷款利率会比较高，而短期贷款的利率相对就比较低。二者之间的差别是不是就产生在银行承担的风险大小不同上，也就是你所讲的风险回报率的不同？"

"是的，没错。每个投资者要求的投资回报都要把承担的风险包括在内。"

"据我所知，银行在算利息的时候，基本上都是按照单利来计算的吧？"

"没错，银行在与客户结算利息所采用的利息率基本上都是单利。比如，银行贷给你1 000元，年利率是5%，那么一年的利息就是50元，两年的利息就是100元，三年的利息……"

"150元呗，多简单啊。"

"没错，的确老少皆知的计算方法，你要是不懂就不正常了。但是你可能不知道，利息计算方法最客观的其实是复利。"

"复利？"

"对，复利，也就是利滚利，你听说过吧？"

"哦，利滚利，我听说过。可为什么说复利是最客观的呢？"

复利的魅力

"假如你借我1 000元，约定年利率是5%，5年后一次性还本付息。如果按照单利的方法来计算的话，一年后我应该欠你1 000元本金和50元的利息，但是你没拿到这50元，因为我们约定5年后一次性支付本息。也就意味着这个第一年所产生的利息要在4年后才能拿到。同理可得，剩下的几年的利息都要在借款到期才能拿到。你不觉得还少了点什么吗？"

"嗯。好像是少了点什么。"

"是的，作为产生的每一年的利息50元，不能在当时马上兑现，而是要在一段时间以后才能拿到。你不觉得这每年的利息50元是不是也得计息呢？"

"对呀，我感觉缺少的东西就应该是利息的利息。"

"嗯。是的，所以实际的客观的计息方法是利滚利——复利计息的方法。"

"哦，原来是这样啊，那银行在和客户结算存贷款利息的时候怎么不按照复利计息的方法，莫非他们在欺骗我们？"

"尚田老板，你多虑了。虽然复利计息是客观存在的，但是实际操作起来确实非常烦琐。银行所服务的客户千千万，要想让计息方法能够被更多的人所接受，复利显然不符合要求。所以，银行推出的单利利息率是在复利的基础上换算出来的利率。你放心，银行是不会欺负你的。"

"这么说我们不论是在筹资环节还是在投资环节，都用单利来计算。计算简单，我喜欢。"

"你错了，我们不仅要有复利的观念，在一些场景中还要使用复利。"

"什么情况下用复利的方法来换算？"

"这也是我接下来要讲的。一般来说决策中所涉及资金的额度相对比较少、时间比较短的筹资，而且是要涉及与其他企事业单位实体之间相互结算，用单利来表示利息率比较合理。但是，如果在企业内部投资决策的时候，由于投资额度大、时间跨度长，复利的方法最合适。用复利的原理来计算净现值、内含报酬率等重要的指标，这些指标的大小是决定投资方案优劣的关键指标。"

"哦，看来复利还是必不可少的实用方法。"

"对的。我简单给你讲讲复利和单利的计算公式吧。不论是单利还是复利，都要解决两个概念：一是现值（现在值，通常用 P 来表示）；二是终值（将来值，通常用 F 来表示）。"

"嗯。现值就是眼下资金的额度，终值就是未来某个时点的额度，对吧？"

"是的，从字面上就能理解它们的含义。至于终值，就是资金到期后的本利和，这样理解会更清晰些。比如你现在借我 1 000 元，一年后我还你本利和 1 050 元。其中 1 000 元就是现值，1 050 元就是终值，5% 就是利息率，用来表示资金的时间价值（通常用 i 来表示）。"

"那复利条件下是不是也可以这样理解呢？"

"没错，复利和单利两种方法下，终值和现值的含义是一样的。只不过复利的计息方法更复杂一些。这样吧，在讲复利计息方法之前，填一下表 5 – 2 吧，知识总是要一点一点地消化。"

表 5 – 2　　　　　　　　　　　　单利下的终值与现值

单利终值 F	单利现值 P
已知现值 i、利率 i，时间为 n，则 F = P × (1 + ni)	已知终值 F、利率 i，时间为 n，则 P = F/(1 + ni)
银行借给你 20 000 元，年利率为 3.2%，3 年后到期，则到期后你应还银行多少钱？ F =	银行借给你一笔钱，年利率为 5.8%，5 年后到期，到期后你应还银行 25 800 元，问银行现在借你多少钱？ P =

"大宝老师，这个表格小学生都会做嘛。"

"没错，单利的终值和现值的计算本来就是非常简单，能让每个人都能接受，这也是用单利而不是用复利来计算的原因。"

"你这么说，还有一定的道理。不过我对复利的计算方法也开始感兴趣了。"

"不急，我只要给你展示一下公式（见表 5-3），你也就能明白，只是计算过程稍微复杂一点。"

复利终值的　复利现值的
计算　　　　计算

表 5-3　　　　　　　　　　　复利下的终值和现值

复利终值 F	复利现值 P
已知现值 P、利率 i，时间为 n，则 $F = P \times (1+i)^n$	已知终值 F、利率 i，时间为 n，则 $P = F \times (1+i)^{-n}$
银行借给你 20 000 元，年利率为 3.2%，3 年后到期，则到期后你应还银行多少钱（按复利计算）？ F =	银行借给你一笔钱，年利率为 5.8%，5 年后到期，到期后你应还银行 25 800 元，问银行现在借你多少钱（按复利计算）？ P =

"大宝老师，这计算过程也还不是很麻烦，就是这 n 次方和 -n 次方在计算的时候稍微复杂一点而已。"

"是的，表格里面的 n 的数值还是比较小，如数值大的话，就要借助一些辅助方法了。比如通过 Excel 的函数来计算，或者通过查询给定的复利终（现）值表。这些方法你以后会用到的，现在就不给你介绍了。"

"明白，如果需要，我可以上网去查一下。你讲的这些我基本都明白了。有关利息方面的知识就这些吗？"

"这一点点也只不过是知识的海洋里的一滴水罢了，这么说吧，我所掌握的也就是一勺水都不到。针对资金时间价值方面的知识，除此之外还有更复杂的。比如，在复利运算过程中怎样求利息率 i 或者求时间 n，怎样深入理解计息期 n 以及不同的计息期对时间价值的影响，等等。当然还有衍生出的另一个重要的知识点，那就是年金。年金在做企业内部投资决策过程中会起到非常重要的作用。这些内容在企业做大时会用到的。"

"好的，到时候再学习也不迟。"

"其实如果你的奶茶店做大到一定程度，有些专业的问题就不需要你亲自过问了。专业的事情由专业人士来处理。你作为大老板，只需要做决策就行了。"

"做决策难道不需要收集数据、整理数据、筛选数据吗？"

"你理解不正确。刚刚你说的这些工作项目没问题，是企业会计、财务管理工作人员需要做的，并在此基础上对数据进行再加工，并站在财务的角度上为决策层——尚田老板提供相关的建议。而作为决策者，尚田老板只需要拍板就行了。"

"哦，如果将来我的企业做大了，也就不是现在这样的只有老板没有员工的小店了。"

"对呀，你才开窍啊。所以财务、会计方面的知识略懂一二就行了。不然，会计专业的学生不就是没饭吃了吗？"

"嗯。说的有道理。哦，对了，刚刚你说我最大的筹资额可以达到35万元，多出我的初步预算的部分是不是就可以用作第二种扩大经营了？"

"哦，说了那么多针对扩大经营面积的问题，怎么把第二种情况给忘记了！对的，扩大经营辐射区域，将多出来的资金投入广告当中。一来可以提高咱们奶茶店的知名度，树立良好的品牌形象；二来可以吸引其他经营者加盟你的品牌共同经营，你就可以坐收加盟费了。"

"还有这等好事？"

"是好事不假，但这里面需要你去努力的事情远比你现在的业务复杂得多，同时以我的知识领域和知识结构，也很难解决其中的问题了。"

"好的，也就是未来需要我走的路还很长，还很曲折。"

"嗯。还很坎坷呢。行了，一步一个脚印地走吧。眼下需要你考虑的是如果下个月资金能到位了，怎么扩大你的经营面积，需要买哪些设备吧。至于广告费的投入，先慢慢来，走一步看一步。总之，分几批申请贷款都可以，贷款额度不要超过35万元就行。好了，我该去单位加班了，再见吧。"

"谢谢大宝老师，别忘记你的雨伞，外面还下着雨呢。带上一杯温暖的奶茶吧。再见！"

记忆要点

*复利是指将本金所生的利息加入本金，以此二者之和（本利和）作为计算下期利息的基础，逐期滚算的一种计息方法。在这种计算方法下，既要计算本金的利息，又要计算利息的利息。利息可以转化为本金，同本金一起作为下期计算利息的依据，即所谓的"利滚利"。根据货币时间价值计算的不同需要，复利又可分为复利终止和复利现值。

*复利终值是指一定量的本金按复利计算的若干期的本利和。

*复利现值是指若干年后的一次收益或支出，按照一定的复利利率计算，折合为现在的价值。

*复利现值与复利终值之间互为逆运算。

效果检验

一、单选题

1. 某人将60 000元存入银行，存款利率为8%，存款期为1年，则到期本利和为（　　）元。

A. 48 000　　　　B. 54 600　　　　C. 64 000　　　　D. 64 800

2. 甲拟存入一笔资金准备 3 年后使用。假定银行 3 年期存款年利率为 5%，甲 3 年后需用的资金总额为 34 500 元。则在单利计算情况下，目前需要存入的资金为（　　）元。

A. 30 000　　　　B. 29 803.04　　　　C. 32 837.14　　　　D. 31 500

3. 某企业拟设立一永久性进步奖以奖励员工，计划每年颁发奖金 20 000 元，银行年利率 5%，企业应于期初一次性存入银行（　　）元。

A. 200 000　　　　B. 400 000　　　　C. 1 000 000　　　　D. 500 000

4. 在复利计息下，当计息期短于 1 年时，实际利率同名义利率关系表现为（　　）。

A. 实际利率小于名义利率　　　　　　B. 实际利率大于名义利率

C. 两者相等　　　　　　　　　　　　D. 不能确定大小

5. 若使复利终值经过 4 年后变为本金的 2 倍，半年计息一次，则年利率应为（　　）。

A. 18.10%　　　　B. 18.92%　　　　C. 37.84%　　　　D. 9.05%

二、多选题

1. 某企业拟建立一项基金，每年初投入 100 000 元，若利率为 10%，五年后该项资本本利和不正确的为（　　）元。

A. 671 600　　　　B. 564 100　　　　C. 871 600　　　　D. 610 500

2. 如果用 F 表示单利终值，P 表示本金（现值），i 表示利率，n 表示计息期数，则单利终值的计算公式错误的为（　　）。

A. $F = P \times i \times n$　　B. $F = P + P \times n$　　C. $F = P + P \times i$　　D. $F = P + P \times i \times n$

3. 货币之所以具有时间价值，是因为（　　）因素共同作用的结果。

A. 通货膨胀　　　B. 利息　　　　　C. 时间　　　　　D. 风险

4. 不存在通货膨胀的情况下，利率的组成因素包括（　　）。

A. 纯利率　　　　　　　　　　　　　B. 违约风险报酬率

C. 流动性风险报酬率　　　　　　　　D. 期限风险报酬率

5. 计算复利现值所必需的资料有（　　）。

A. 年金　　　　　B. 终值　　　　　C. 期数　　　　　D. 利率

道德检测

这几天小花的面容上隐隐约约地被一层阴云所笼罩。尚田不敢说也不敢问。

尚田在浏览手机新闻客户端的时候，发现又有几家互联网金融公司暴雷，老板携款跑路了。当他把这个新闻分享给小花的时候，她的话匣子终于打开了。

"尚田，你不知道，这几天我吃不香也睡不好的。就是和这个事情有关。"

"是吗？我也没听说你周边的亲戚朋友哪个人是互联网金融大老板那。"

"别贫嘴。这些所谓的互联网金融公司多数是做 P2P 的，尤其是以做校园贷的最为猖狂。前几天我接到老家的一个亲戚的电话，我的一个表妹还没毕业呢，为了能买到一个什么明星代言的限量款的商品，竟然在网上贷款消费。之前都没和家里说一声就擅自决定。这校园贷毫无底线可言，审核门槛低，手续很简单，而且放款非常快。对于大学生这个缺钱的群体极具诱惑性。"

"那不是挺好的吗？"

"好什么呀！借钱一时爽了，但是要还的呀！贷款利率真的是高啊。不仅是利滚利，而且是一个季度滚一次利息。我这个表妹起初是抱着不打算还钱赖账的想法的，但没过半年，这个天真的想法就被催债的电话给打碎了。最后，催债电话都打到学校去了，后来我的表舅自然也就知道了。"

"啊，那后来咋样了？"

"欠人家的钱还是要还的呀，拖欠了两年多，连本带利都翻了好几倍。"

"看来这校园贷真是害人不浅啊！"

"是啊，最关键是利率高，复利计息，而且计息周期又很短。"

"嗯。我也赶紧给我家那边的七大姑八大姨提个醒，千万别让我的那群弟弟妹妹去校园贷。需要钱了还是找爸爸妈妈解决最靠谱。"

问题：

请你举例说明复利计息条件下，计息周期越短，复利终值越多的这一现象。

第六章　不畏数字遮望眼，
只缘身在报表外

两小时后，新的一年就要到来。阵阵寒意驱不散广场上人们迎接新年的热情。春意融融的众口奶茶店内，三个年轻人神采飞扬，展望未来。不负时代，不负韶华。

"尚田、小花，这是我第一次参加企业年会，可能是规模最小的企业年会，但应该是一次终生难忘的年会。尚田，刚才讲得非常好。家国情怀有抱负，言行一致踏实干，奶茶店会越来越好。还有，谢谢你的大红包，受之有愧。"

"大宝，我可从来没有把你当外人，你始终是奶茶店不可或缺的人物。"

"今天彻夜长谈，趁着年会总结这个东风，聊一聊会计报表表面数字背后的一些逻辑关系，让你感受隐藏在数据背后的会计之美。就如同体检一样，医生要借助验血、B 超、X 光等检查手段，得出人体的各项生理指标，才能对一个人是否健康做出评判。对财务报表的分析，就是企业财务方面的体检，可以为不同的会计信息需求者提供相关信息。比如，管理者可以通过判断企业各项经营指标是否正常，做出经营上的最佳选择。这种分析统称为财务报表分析。"

"好呀！"

"会计的平衡之美、化繁为简之美等，你慢慢可以体会到。现在暂不论美，先说丑。常言道，丑话说在前。如何使用财务报表中的信息？在此之前，回顾一下前边学过的一些会计内容，就可以发现财务报表不能提供一个会计主体的财务状况、经营业绩完整形象的原因，也就是财务报表的局限。"

第一节　财务报表分析

财务报表的
局限

一、财务报表的局限

大宝喝了口奶茶后，娓娓道来："对奶茶店财务报表的分析只是帮助你了解奶茶店财务状况、经营成果、现金流量的一些变化情况，为你将来做各种经营方案选择提供一些有价值的信息。财务报表本身有局限，它不可能反映奶茶店的全部。"

"这个我明白。毕竟报表反映的都是已经发生的业务，而选择是关乎将来。报表应该是从财务的角度来反映奶茶店，对吧？"

"是。这就是报表的局限所在，从报表的角度看，财务报表第一个局限是它只能核算那些能用货币量化的业务，报表没有反映无法用货币量化的业务。"

"这就是你以前讲过的货币核算。"

"对。第二个局限是财务报表反映过去的交易或事项，是已经发生了的交易或事项，是历史。历史固然重要，但我们还希望对那些将要发生的事件进行预测。所以，尚田，你要明白一点，奶茶店去年赚了10万元，并不代表明年也会赚10万元。"

"是的。商业上的成功是不可复制的。未来有许多不确定的因素，今年盈利与明年盈利是两个相互独立的事件。我不想用青春赌明天，只想胸怀理想，脚踏实地走好今天的每一步。"

"没喝多。很清醒、很理性、很务实。财务报表的第三个局限主要是与资产负债表有关。学习资产负债表时，有一种分类，将资产分为货币资产与非货币资产。货币资产本身就体现了其公允价值，与市场价值相似。非货币资产中有部分是资产负债表日用公允价值反映在资产负债表中，有相当部分不是用公允价值反映，比如存货、固定资产，它们基本上是用取得时的市价反映，是未耗成本。固定资产折旧实质上是把固定资产入账后，在受益期内平均其支出，按月列支。固定资产的原值减去累计折旧，反映的是资产负债表日固定资产的账面净值，无法反映固定资产在资产负债表日的公允价值。所以，可以得出财务报表的第三个局限，资产负债表没有给出一个会计主体的市场化的净值。"

"基本明白。也就是说我今天100万元买的资产，会计记账记录某某资产100万元，但明天在市场上能否以100万元卖出就不一定了。明天的市场价值可能高于或低于100万元。"

"漂亮的解释。尽管引用相关概念时有瑕疵，但瑕不掩瑜，理解非常到位。会计在处理不同的交易或事项采用不同的会计方法，但在处理同样的交易或事项时可以在不同的会计方法中选择。当然，为了保证会计信息的可比性，会计准则中有会计方法一经确定，不得随意变更的规定。"

"是。用来比较的信息，可比性应该是这些信息最重要的特征。"

"这就是财务报表的第四个局限。财务人员和管理人员在选择各种会计方法的时候，具有主观倾向性。在后面的学习中，你将会遇到这种灵活选择会计方法记账的一个例子是，在确定存货价值、销售成本时，会计主体选择的方法一定是对会计主体的净利润产生积极影响的方法。"

"每个人、每个投资者、每个企业都在有局限的条件下追求收益最大化。这没错呀！"

"我们不做道德评判，这无关乎错对。由于会计方法的选择带有主观倾向性，不同的人处理同样业务时选择的方法不同，一定会产生不同的结果。这会削弱会计信息的可比性。会计信息受主观选择的影响，导致会计信息不能客观反映会计主体真实的财务状况、经营成果和现金流量。"

"明白了！那如果把处理一种业务或交易的会计方法固定为一种，不就可以消除因会计方法选择带有主观倾向性对会计信息的影响吗？"

"那当然。企业会计准则是所有企业都要遵循的规范，这为不同行业、不同规模的企业的会计信息具有可比性提供了制度保证。各行各业千差万别，为了适应不同企业的实际，在统一的企业会计准则中，企业可以选择最适宜的会计方法。其实，企业可以选择的会计方法越来越少。"

"唉，我还以为我有了重大发现。事不过三，你已经说了四个局限，还有吗？总不能一晚都聊局限吧！"

"既然是说在前的丑话，那要说完整。我这是'分开两扇顶门骨，无数凉冰浇下来'，让你清醒认识到财务分析的作用是有限的。最后一个局限，影响财务报表的很多金额是估计值，如，在计算固定资产折旧费用时，必须估计该固定资产的使用寿命和净残值。估计，当然受主观的影响，无法客观真实反映会计信息。"

"这个容易明白。因为折旧必须要有使用年限，估计 5 年未必比估计 10 年更接近真实。固定资产实际的使用年限可以低于 5 年，也可高于 10 年。"

"掷地有声的例子。非常棒！前年看过一本关于流感的书，书名忘记了，书中的有些话却记忆犹新，有一句是这样说，'由于患者的特质和身体状况及其他方面各自不同，而医生的对策亦不同，所以医学还不能，而且也许永远也不能完完全全地成为一门科学'。套用这句话的格式，总结财务报表的局限。由于企业所处环境和财务状况及其他方面各自不同，而会计人员的对策亦不同，所以会计还不能，而且也许永远也不能完完全全地成为一门科学。"

"很棒的归纳总结。接下来讲什么？"

"工欲善其事，必先利其器。我们先来聊聊财务分析的一些基本手段。"

"磨刀不误砍柴工，来吧！"

二、财务分析基本手段

财务分析基本手段

"尚田，你知道许多决策必须借助一些数字（如销售收入、利润、费用等）在一段时间内的升降来做出。比如，某公司本月销售收入比上月增长了 200 000 元，这个 200 000 元是一个绝对值；而另一家公司本月销售收入比上月增长 20%，这里的 20% 是一个相对值。那么，增长的绝对值与增长的相对值哪一个会更有助于我们理解增长这一事实？"

"知道销售收入增加了 20%，与知道销售收入增加了 200 000 元相比，前者可能更加有用。"

"变化百分比体现的是经营效率，增长的绝对值体现了经营效果。如果从发展的角度看，增长百分比是比增长绝对值有用。如果给定如表 6-1 的资料，其中，20×3 年的销售收入源自20×3年的利润表，20×2年的销售收入源自20×2年的利润表。你能完成关于增长的相关计算吗？"

表6-1　　　　　　　　　　　　　　计算销售收入

项目	20×3年（万元）	20×2年（万元）	增加金额（万元）	增加百分比（%）
销售收入	1 100	1 000		

"可以。计算结果如表6-2所示。"

表6-2　　　　　　　　　　　　　　　计算结果

项目	20×3年（万元）	20×2年（万元）	增加金额（万元）	增加百分比（%）
销售收入	1 100	1 000	100	10

"研究同一报表同一项目不同时间段的变化百分比称为横向分析。计算横向变化百分比应该有两个步骤。尚田，这两个步骤是？"

"第一，计算从基期（前一期）20×2年，到下一期20×3年的销售收入变化值，也就是20×3年的销售收入减20×2年的销售收入，结果可能是正，表示增加，也可能是负，表示减少；第二，用销售收入变化值除以基期的销售收入，其结果表明增加百分比。20×3年，销售收入增加了10%。"

"漂亮。如果众口奶茶店20×2年和20×3年利润表（已改动）如表6-3所示，按照你刚才总结的两个步骤，完成相关计算。"

表6-3　　　　　　　　　　　　　　　简易利润表

项目	20×3年（元）	20×2年（元）	增加金额（元）	增加百分比（%）
一、营业收入				
减：营业成本				
二、毛利				
减：管理费用				
销售费用				
三、营业利润				
加：营业外收入				
减：营业外支出				
四、利润总额				

"20×2年的销售费用为零，可以算出销售费用的增加额，但增加百分比如何算？因为增加额要除以零。"

"一个好问题。财务分析中有这样的规定，从零增长为任何正数都作为增长100%处理。"

"好。这样就容易处理了。计算结果如表6-4所示。"

表6-4	众口奶茶店20×3年简易利润表			
项目	20×3年（元）	20×2年（元）	增加金额（元）	增加百分比（%）
一、营业收入	2 428 160	2 168 000	260 160	12
减：营业成本	1 669 360	1 517 600	151 760	10
二、营业毛利	758 800	650 400	108 400	16.67
减：管理费用	86 920	82 000		6
销售费用	140 000	0		100
三、营业利润	531 880	568 400	5480	0.96
加：营业外收入	0	0	—	—
减：营业外支出	0	0	—	—
四、利润总额	531 880	568 400	36 520	6.43

"很好！表6-4的计算结果显示20×3年营业收入增加了12%，营业成本增加的速度低于营业收入增加的速度，导致营业毛利增加了16.67%，这是一个好的信号。当营业收入增加时，产品产量或劳务量会增加，在有效的经营管理下，量的增加会引起成本的相对节约，所以营业收入的增长率会高于营业成本的增长率，营业毛利的增长率会高于营业收入增长率。"

"这好像就是规模经济效应吧！"

"对。20×3年经营活动还提供了一个好消息，管理费用的增长率也小于营业收入的增长率。那为什么20×3年的利润下降了呢？"

"销售费用增加所致。大宝，我有个疑惑，利润表中像营业收入、营业成本、管理费用、销售费用等，不会出现负数，只能是正数或零。表中的营业毛利、营业利润、利润总额等因为是计算结果，所以可能出现负数。情况比较复杂，用表6-5表示一下我的疑惑。"

表6-5	绝对值和相对值			
情况	20×3年（元）	20×2年（元）	增加金额（元）	增加百分比（%）
情况一	1 500	1 000	500	50
情况二	1 000	1 500	−500	−50
情况三	1 500	0	1 500	100
情况四	0	1 000	−1 000	−100

续表

情况	20×3 年（元）	20×2 年（元）	增加金额（元）	增加百分比（%）
情况五	−1 500	−1 000	−500	−50
情况六	−1 000	−1 500	500	50
情况七	−1 500	0	−1 500	−100
情况八	0	−1 000	1 000	100
情况九	−1 500	1 000	−2 500	?
情况十	1 500	−1 000	2 500	?

注：表中数字表示不同的经济业务类型发生时计算出的增加或者减少的绝对值和相对值。

"又一个非常棒的问题。记住，变动百分比通常不用于计算从负值到正值的变动，也不用于计算从正值到负值的变动百分比。"

"为什么呀？"

"我们举个例子。假设 20×2 年亏损 100 万元，即利润是 −100 万元，20×3 年的利润是 100 万元，计算 20×3 年相较于 20×2 年的利润增长率。"

"利润增长额为 200 万元，利润增长率 200%。"

"好，如果 20×2 年的利润是 0.1 万元，20×3 年的利润是 100 万元，计算 20×3 年相较于 20×2 年的利润增长率。"

"利润增长额为 99.9 万元，利润增长率 999%。"

"如果 20×2 年的利润是 0.01 万元，20×3 年的利润是 100 万元，计算 20×3 年相较于 20×2 年的利润增长率。"

"利润增长额为 99.99 万元，利润增长率 9 999%。"

"如果 20×3 年的利润固定是 100 万元，20×2 年的利润越小，利润增长率越大，是不是？"

"是。"

"0.1 万元、0.01 万元、−100 万元，三个数据哪个最小？"

"−100 万元。"

"应该是 20×2 年利润为 −100 万元时，利润增长率最大。可计算结果是增长率 200%，三种情况中最小的。"

"没错。是矛盾的结果。什么原因？"

"在分析变化百分比时，数据有正、负、零三种情况，正、负、零是不同性质的三种数据。如果比较的数据同正或同负，变化百分比就是增加额除以基数，比较的数据同为零，没有变化；如果比较的数据是零或正、负，则规定变化百分比为 100%；如果比较的数据是正、负，通常情况下不计算从负值到正值或从正值到负值的变动百分比。"

"小学高年级，最多初一的数学题与实际一结合就变成了复杂的问题。我高估了自己。基本原则记住了，能不能从专业的角度再详细讲讲？"

"太高深的解释说不上，只谈谈我的理解。假设，20×2年实现利润1 000万元，20×3年实现利润1 500万元，20×3年比20×2年多500万元，这些都是可以观察到的事实。如果20×2年与20×3年均亏损也一样。计算的结果与事实并无矛盾。但如果20×2年亏损1 000万元，20×3年实现利润1 500万元，计算的结果是利润增长额为2 500万元，而实际上20×3年的利润只有1 500万元。利润增长额与可观察到的事实不符。利润从−1 000万元增长到1 500万元，增长额是2 500万元，但20×3年的利润是1 500万元。记住，有些量只存在概念中，事实上是无从观察到的。利润增长额是计算的结果，它只是人们在分析时要使用的数据，不一定反映事实。既然利润增长额没有反映事实，那变化百分比有或没有是一样的。"

"讲得敞亮。"

"不但利润表可以横向分析，资产负债表和现金流量表同样也可横向分析。通过横向比较分析可以看出企业扩张的速度和现金流量变化等情况。横向分析中有一类很特别的分析——趋势百分比。趋势显示出一个企业发展的方向。比如，营业收入在五年内是如何变动的？营业毛利表现出的趋势是什么？"

"通过趋势分析来回答？"

"对。回答这些问题，可以通过对最近五年或十年有代表性期间的营业收入、营业毛利，进行趋势分析。比如，评价众口奶茶店，要考察的不仅仅是两年或三年的短期间，而要比这个长。计算趋势百分比时，先要选择一个基准年份，该年度的数值设定等于100%。以后年度的数值和基准数值相比较所得百分比就是趋势百分比。趋势百分比反映的是发展速度不是增长率。"

"这不就是计算定基百分比吗？"

"正确。定基分析趋势百分比。在计算趋势百分比时，用以后年度的每个项目的数值除以基准年度相应项目的数值。表6-6列示了众口奶茶店过去六个年度的营业收入、营业成本和营业毛利。如果五年期的趋势分析从20×3年开始，基准年度就是20×2年。你计算一下营业收入趋势百分比、营业成本趋势百分比、营业毛利的趋势百分比。"

表6-6   众口奶茶店财务数据   单位：元

项目	20×7年	20×6年	20×5年	20×4年	20×3年	20×2年
营业收入	185 658	172 116	151 270	135 860	123 879	101 212
营业成本	148 526	137 690	121 579	108 298	99 362	80 320
营业毛利	37 132	34 426	29 691	27 562	24 517	20 892

"趋势百分比的计算结果是否如表6-7所示？"

表6-7　　　　　　　　　　　　　众口奶茶店趋势分析　　　　　　　　　　　　单位:%

项目	20×7年	20×6年	20×5年	20×4年	20×3年	20×2年
营业收入	183.43	170.05	149.46	134.23	122.4	100
营业成本	184.92	171.43	151.36	135.32	123.71	100
营业毛利	177.73	164.78	142.12	131.93	117.35	100

看着尚田的计算结果，大宝点点头说："众口奶茶店的营业收入、营业成本和营业毛利在五年内几乎以相同的比率上升。说明经营稳健，未来可期。对利润表、现金流量表项目均可进行趋势百分比计算分析。"

"如果奶茶店经营真的如此，我是不是个经营天才。"

"你不是经营天才，是顺杆儿爬的天才。"

"你才是猴子。"

"横向分析强调的是某个报表项目在一段时间内的变化。没有哪一种单一的财务分析手段能够提供一个企业完整的经营状况信息。另一种分析企业的手段是纵向分析。"

"也对。有横有纵才全面。"

"财务报表的纵向分析可以揭示各报表项目和一个指定的基准项目值之间的关系，该基准项目值被认定为100%。这样该报表的其他各项目值除以基准项目值所得的百分比就是纵向分析所需要的结果。比如，利润表做纵向分析时，营业收入通常作为基准项目。假设在通常条件下，一家企业的营业毛利是营业收入的30%。营业毛利下降为营业收入的20%时可能导致企业出现亏损。当营业毛利下降，这就是财务预警，管理层、投资者和债权人都会非常警惕，因为亏损可能会变成现实。表6-8是众口奶茶店20×2年和20×3年的利润表，根据提供的数字完成利润表的纵向分析计算。就以营业收入作为基准项目。"

表6-8　　　　　　　　　　众口奶茶店20×2年20×3年利润表　　　　　　　　单位:元

项目	20×3年	20×2年
一、营业收入	2 428 160	2 168 000
减：营业成本	1 669 360	1 517 600
二、营业毛利	758 800	650 400
减：管理费用	86 920	82 000
销售费用	140 000	0
三、营业利润	531 880	568 400
加：营业外收入	0	0
减：营业外支出	0	0
四、利润总额	531 880	568 400

"计算结果是否如表6-9所示？"

表6-9　　　　　　　　众口奶茶店利润表纵向分析

项目	20×3年		20×2年	
	金额（元）	百分比（%）	金额（元）	百分比（%）
一、营业收入	2 428 160	100	2 168 000	100
减：营业成本	1 669 360	68.75	1 517 600	70
二、营业毛利	758 800	31.25	650 400	30
减：管理费用	86 920	3.58	82 000	3.78
销售费用	140 000	5.77	0	—
三、营业利润	531 880	21.9	568 400	26.22
加：营业外收入	0	—	0	—
减：营业外支出	0	—	0	—
四、利润总额	531 880	21.9	568 400	26.22%

"正确。通过对利润表的纵向分析没有发现不寻常的关系。营业毛利的百分比在20×3年有所增长，但是销售费用、营业利润占营业收入的百分比下降了。我们刚才的横向、纵向比较分析的范围是局限于企业内部。尚田，问个问题，如果把众口奶茶店和星巴克的财务报表放在一起比较，可以吗？当然星巴克的财务报表不是一家店的财务报表，而是涵盖全球门店的财务报表。"

"比是可以比的，但是直接比较二者财务报表中的相关数值是毫无意义的，因为金额差异非常大，不是一个数量级。"

"真知灼见。如果将众口奶茶店和星巴克的财务报表转化为共同比报表，比较百分数，这样的比较就非常有意义。"

"共同比报表？"

"把表6-9中的百分比拿出来作为一张只报告百分比（没有金额）的报表单独列示。这样的报表称为共同比报表，如表6-10所示。"

表6-10　　　　　　　　　　　共同比利润表　　　　　　　　　　　单位:%

项目	20×3年	20×2年
一、营业收入	100	100
减：营业成本	68.75	70
二、营业毛利	31.25	30
减：管理费用	3.58	3.78

项目	20×3年	20×2年
销售费用	5.77	—
三、营业利润	21.9	26.22
加：营业外收入	—	—
减：营业外支出	—	—
四、利润总额	21.9	26.22

"我明白了。用相对值比较，不同规模的企业就有了可比性。"

"脑子好使。表6-10展示了共同比利润表，表中各个项目被表示成其与营业收入相比较所得的百分比。营业收入就是联系利润表其他项目金额的共同比。同理，在资产负债表中，资产总额或者说负债和所有者权益总额作为共同比。共同比报表便于比较不同的公司，因为它们的金额都被表示成了百分比。共同比报表可能会指出一个企业需要采取的正确措施。你在以后的经营中会体会到的。"

"如此牛的共同比报表，大宝，讲讲如何使用。"

"利用共同比报表可以与同行业平均水平比较。分析一家企业可以洞察其过去的经营成果和将来可能的表现，但这只限于一家企业，无法考察该行业中其他企业在相同期间的经营状况。管理层、投资者、债权人和其他利益相关者需要知道一家企业和同行业其他企业相比较的结果如何。表6-11就反映了众口奶茶店在同行业中的水平。"

表6-11	企业间共同比利润表	单位：%
项目	行业平均水平	众口奶茶店
一、营业收入	100	100
减：营业成本	75	70
二、营业毛利	25	30
减：管理费用	8	3.78
销售费用	6	—
三、营业利润	11	26.22
加：营业外收入	—	—
减：营业外支出	—	—
四、利润总额	11	26.22

表6-11表明，奶茶店与同行业的竞争企业相比占有优势。奶茶店的营业毛利率高于行业平均水平。奶茶店在控制费用方面做得很好，因此，营业利润的百分比远远高于行业

平均水平。

"山外青山楼外楼，能人背后有能人。就应该如此比较。但行业平均水平的数据哪里获得？"尚田问。

"专门有提供这方面数据的机构，比如，证券公司、国家统计局等。如果你把星巴克当作众口奶茶店主要的竞争对手，你可以每年，甚至每月都编制与星巴克的共同比报表，形式同表6-11，把行业平均水平的百分比变成星巴克的百分比就行。"

"好主意。这样就有了前进的动力。"

第二节　决策中的财务比率

财务比率

看到好友兴奋的神情，大宝也忍不住侃侃而谈："财务分析中最重要的部分是计算和解释财务比率。比率是表达一个数据和另一个数据之间的联系的统称。比如，奶茶店20×2年12月31日资产负债表报告流动资产为100 000元，流动负债为25 000元，流动资产和流动负债之间的比率就是100 000∶25 000，可以将这个比率表示为4∶1。还有一些其他的描述：流动资产是流动负债的400%；每1元的流动负债，奶茶店都有4元的流动资产；流动比率是4。最后一种表达方式是财务分析中最常用的。"

"流动比率可以表示奶茶店偿债能力的高低？"

"对。这个一会儿讲。分析过程中，常把比率简写成分数，先将一个数字置于另一个数字之上——例如，4/1——然后再用分子除以分母。这样，比率4/1可以简单地写成4。1被理解为这个分数的分母，但没有写出来。如果比率是185 000∶170 000，用第一个数字除以第二个数后，得到1.09∶1，可以表示为1.09。管理层、贷款银行或者证券公司分析师都可能使用与其特定决策相关的财务比率。"

"这些比率都可以获得？"

"对。有专门的机构在做这件事。部分上市公司公开的财务报告中也会披露本公司的一些财务比率。众口奶茶店和星巴克，如何比较这两家规模差异如此之大的企业呢？投资者和债权人每天也面临着相似的问题。比较不同规模的公司的方法就是使用标准化方法。比如刚才提到的流动比率，就是标准化手段，可以帮助分析比较不同规模的企业。我们讨论大部分基本比率是被广泛使用的财务比率。管理人员使用这些比率经营公司，投资者和债权人使用这些比率评价投资和贷款前景。这些比率也是会计被称为'商业语言'的一个原因。"

"这些比率本身应该都是相对值，所以适合比较。"

"是。大多数比率是。为便于理解，我们将这些基本比率分为五类。"

一、短期偿债能力比率

就像学习资产负债表时先学资产等于负债加所有者权益这个会计恒等式，学习分析短期偿债能力比率，我们也从一个等式开始。把营运资本定义为：营运资本 = 流动资产 – 流动负债。在分析企业用流动资产偿付短期债务的能力时，营运资本被广泛使用。一般说来，营运资本越大，企业偿付债务的能力越强。可以回忆一下，所有者权益等于资产总额减去负债总额。营运资本类似于所有者权益总额的"流动"版本。表 6 – 12 给出了营运资本相等的两家企业的情况，观察表中的数据，想想单独考虑营运资本金额能不能给我们提供企业营运资本状况的全貌。

表 6 – 12 甲乙两公司财务对比 单位：元

项目	甲公司	乙公司
流动资产	180 000	290 000
流动负债	90 000	200 000
营运资本	90 000	90 000

尚田看着表 6 – 12，说："好像不能。营业资本是绝对值，不适合比较。"

大宝点点头解释道："甲公司的营运资本和流动负债一样大。乙公司的营运资本只有流动负债的 1/2。哪家公司的营运资本状况更好一些呢？甲公司。因为它的营运资本占流动资产和流动负债的百分比更高一些。在决策中使用营运资本时，将其加工为比率会为决策提供更多帮助。正如你说的，绝对值不适合比较。有两项决策工具是以营运资本为基础的，流动比率和速动比率。"

"刚才提到过的流动比率？"

"是。使用流动资产和流动负债数据得到的最普通的比率就是流动比率，用流动资产除以流动负债。想想流动资产和流动负债的组成。通过出售存货转化为现金或应收账款，应收账款以现金的形式收回，然后现金又用来购买存货和偿付流动负债。公司的流动资产和流动负债显示着公司日复一日地像川流一样的日常经营活动。流动比率衡量公司用流动资产偿付流动负债的能力。根据表 6 – 13 的数据，你计算一下流动比率。"

表 6 – 13 流动资产和流动负债 单位：元

| 项目 | 众口奶茶店 | | 行业平均值 |
	20×3 年	20×2 年	
流动资产	131 000	118 000	214 200
流动负债	71 000	63 000	126 000

"计算结果如表6－14所示。"

表6－14　　　　　　　　　　　　　　　流动比率

项目	众口奶茶店		行业平均值
	20×3年	20×2年	
流动比率	1.85	1.87	1.7

"很好。奶茶店流动比率在20×3年有少许下降。如果奶茶店有贷款，贷款人会非常紧密地监视着流动比率的变化。当然，作为股东和管理人员的你也要专注流动比率的变化。一般来说，流动比率越高说明企业的财务状况越好。较高的流动比率说明企业有足够的流动资产维持企业的正常运转。可以将奶茶店的流动比率1.85和行业平均值1.70以及一些知名公司的流动比率进行比较。"

"可以接受的流动比率是多少呢？"

"这个没有唯一的标准。不同的行业有不同的标准。有研究者认为，大多数公司的流动比率正常值为1.60～1.90。当然，这个结果是基于对现实的观察而不是计算。众口奶茶店的流动比率1.85正好处于这个区间。有一个普遍流行的观点，对于大多数行业，2.0的流动比率被认为是相当不错的。"

"是不是流动比率越高，偿债能力越强？"

"没错。还债不是经营企业的全部。尚田，设立企业做生意的最终目的是什么？"

"服务社会，实现盈利。"

"那你希望赚得越来越多，还是越来越少？"

"当然是越来越多。我知道你想说什么啦！想起来了。流动性强的资产，获利能力较弱，所以为保证企业获利最大，就不能持有太多的流动资产。超过流动负债一倍的流动资产应该是个恰当的数量。既考虑了偿债能力，又保证了获利能力。"

"越来越专业。有一个比率比流动比率更能反映企业的短期偿债能力。"

"速动比率？"

"速动比率用速动资产除以流动负债表示。"

"速动资产是什么？"

"等一下解释。速动比率又称酸性测试比率。酸性测试（或速动）比率告诉我们在流动负债立即到期的情况下，公司能否进行及时偿付。也就是说，公司能否通过酸性测试。在进行酸性测试时，公司将其大部分速动资产转变为现金。"

"酸性测试？很形象。化学试纸测试，颜色变与不变，通过与不通过。"

"精奇的脑回路。在计算酸性测试比率时，将现金（银行存款、库存现金）、应收账款（扣除坏账准备）、应收票据及利用闲置资金购买的用于赚取差价的股票、债券等短期投资相加，再除以流动负债。速动资产是什么，知道了吗？"

"速动资产等于现金（银行存款、库存现金）、应收账款（扣除坏账准备）、应收票据及利用闲置资金购买的用于赚取差价的股票、债券等短期投资这些流动资产相加。那为什么不包括存货呢？销售存货也可变成现金。"

"计算酸性测试比率时，之所以存货和预付账款两项流动资产不包括在内，是因为它们是流动性最差的流动资产。公司多数情况下不能马上将它们转变为现金以偿付流动负债。"

"如此，速动资产是否可以表示为：速动资产 = 流动资产 - 存货 - 预付账款？"

"完全可以。酸性测试比率在测算流动性时使用的资产基数比流动比率的更小。考虑到大多数企业的存货占流动资产的一半，所以大多数企业正常的速动比率应该是……"

"应该是1。因为正常流动比率是2，分子的流动资产减去一半，分母不变，比值当然是1。"

"尚田，你知道的太多啦！下面请根据表6-15的数据，计算速动比率。"

表6-15	速动资产和流动负债		单位：元
项目	众口奶茶店		行业平均值
	20×3年	20×2年	
速动资产	72 000	59 000	107 100
流动负债	71 000	63 000	126 000

"计算结果如表6-16所示。"

表6-16	速动比率		
项目	众口奶茶店		行业平均值
	20×3年	20×2年	
速动比率	1.01	0.94	0.85

"奶茶店的酸性测试比率在20×3年有一定程度的提高，明显好于行业平均值。可以将奶茶店1.01的酸性测试比率同一些行业内知名企业的酸性测试比率比较一下。假设某大型超市的酸性测试比率常年维持在0.08左右。"

"在如此低的酸性测试比率下是如何运转的呢？"

"此大型超市几乎没有应收款项。它的存货定价很低以加速周转。有研究报告显示，从对鞋类零售商的0.20到对纸箱及其他一些设备制造商的1.00都属于酸性测试比率的正常范围。在大多数行业，0.90~1.00的酸性测试比率都是可以接受的。"

"奶茶店的1.01应该是正常的。"

"对。奶茶店的流动比率为1.85，看起来相当不错，而且酸性测试比率为1.01，也不错。假设奶茶店的酸性测试比率非常低，就相当危险，比方说是0.38。产生高流动比率和很低的酸性测试比率之间巨大差异的最可能的原因是什么？"

"一定是销售出了问题，导致存货积压。"

"存货水平一定相当高，因而支撑了较高的流动比率。存货的周转率可能较低。这个问题引导我们进入下一个议题——第二类比率，营运能力比率。"

二、营运能力比率

营运能力分析

"分析营运能力可以揭示一个企业利用资产的效率。变现存货和收回应收账款的能力是企业成功经营的基础。尚田，你想想，奶茶店从开业到今天，日复一日像川流一样的经营循环：从现金到存货，再到应收账款，再回到现金。循环往复。"

"买了卖，卖了买。就是这样。"

"营运能力比率，我们只讨论三个测算企业变现存货和收回应收账款的能力的比率——存货周转率、应收账款周转率、应收账款的回收天数。尚田，问个问题，如果你投资一个项目，你是不是希望通过经营尽快收回投入的现金？"

"那当然。"

"所以，企业通常寻求尽可能快地实现投资回收，包括在存货上的投资。存货出售得越快，企业可以越快地产生应收账款，从而越快地收回现金。"

"通过存货周转率测算存货出售的快慢？"

"存货周转率测算的是企业一年内可以销售多少存货平均余额。较高的存货周转率说明企业销售存货相当容易；较低的存货周转率则说明销售存在困难。一般来说，企业都希望有较高的存货周转率。存货周转率为5是指企业在一年内销售了5倍于存货平均余额的商品。这通常好于取值为3或4的存货周转率。存货周转率是不是越高越好？"

"大宝，你的表情告诉我，答案是不一定。"

"对的。较高的存货周转率可能意味着企业没有持有足够的存货，如果企业不能满足客户的订单要求，存货不足可能导致企业失去销售机会。因此，企业都尽力达到能实现利润最大的存货周转率，而不一定是最高的存货周转率。"

"是啊！企业经营不是转呼啦圈，转的圈越多越好。最终企业经营还是追求利润最大。实现利润最大的存货周转率才能真正实现薄利多销。"

"在计算存货周转率时，用已售商品成本（利润表中的营业成本）——注意不是销售额（利润表中的营业收入）——除以当期的存货平均余额。之所以在计算中使用已售商品成本而不是销售额，是因为已售商品成本和存货都是以成本计价。销售额是以存货的出售价值计价，因此和存货成本不可比。存货平均余额等于期初存货和期末存货的平均值，两个数相加除以2，原因是营业成本是个累计数，反映一段时间内已售商品成本，存货是个期末数，反映的是某一个时点的存货，为保证可比，存货取期初和期末的平均值，存货平均余额可以理解为反映了一段时间内的存货。因为饮食服务业的特殊性，部分比率没有代表性，所以后面的分析就跳出奶茶店。下面请根据表6-17的数据，计算存货周转率。"

表6-17   存货和营业成本   单位：万元

项目	A办公设备销售公司		行业平均值
	20×3年初	20×3年末	
存货	1 910	2 110	2 142
营业成本		8 280	6 450

"计算结果如表6-18所示。"

表6-18   存货周转率

项目	A办公设备销售公司	行业平均值
存货周转率	4.12	3.01

"在计算存货平均余额时，如果各月之间存货水平变动非常大，计算平均余额时，将12个月的存货余额相加再除以12。存货周转率随行业性质的不同差异非常大。"

"奶茶店的存货周转率应该非常高。"

"是的。大多数设备生产企业的存货周转率接近于一年周转3次。相比之下，天然气开采公司的存货持有时间非常短，一年平均周转30次以上。A办公设备制造公司一年4.12次的周转率在同行中是较高的，行业平均周转率是3.01。尚田，你要注意，A公司采取的是持有少量存货的政策。公司拿到客户的订单，然后让供应商直接向一些客户送货。"

"噢，对呀！"

"一家公司的不同存货周转率也可能存在显著差异。在大型超市，食品和日常耗用品一年周转可能超过12次，而耐用品一年周转可能少于3次。月饼的存货量在中秋节前达到最高点，中秋节过后很快达到最低点。"

"一年中存货周转率的变化可能是季节性等因素造成的，与经营好坏无关。"

"对啊！所以要全面评价一家公司的存货周转率，必须比较该比率在一段时间内的变化。存货周转率的剧烈下降，或者在较长一段时间内的持续下滑，都表明公司需要采取措施纠正问题。尚田，前边的学习中你应该对应收账款有所了解。"

"应收账款是指企业在正常的经营过程中因销售商品、产品、提供劳务等业务，应向购买单位收取的款项，包括应由购买单位或接受劳务单位负担的税金、代购买方垫付的各种运杂费等。"

"没少下功夫。我们现在讨论应收账款周转率。应收账款周转率测算企业从赊销客户处收回现金的能力。一般来说，该比率越高，说明企业在收款方面越成功，经营状况越好。问题又来了。对于一个企业来说，应收账款周转率越高，其经营状况就越好吗？"

"我不知应收账款周转率如何测算，但从你的语气里我感到，答案是不一定。"

"靠谱。计算应收账款周转率时，用赊销额除以应收账款净额的平均余额。该比率说明当年应收账款平均余额转变为现金的次数。有时应收账款周转率太高则可能说明公司的赊销政策太严，导致客户的丢失，应收账款减少。赊销额的数据来自利润表。如果一个公司的全部销售都采取赊销，那利润表中的营业收入全部是赊销额。如果公司既现销也赊销，最好只使用赊销额计算该比率。如果无法区分营业收入中现销和赊销部分，可以将营业收入全部视为赊销额。计算应收账款净额的平均余额时，将应收账款的期初余额和期末余额相加，再除以2，计算期初余额和期末余额都要扣除期初和期末坏账准备。如果应收账款余额有季节性变化，可以计算12个月的平均值。现在，你根据表6-19的数据，计算一下应收账款周转率。"

表6-19	应收账款和营业收入		单位：万元
项目	A办公设备销售公司		行业平均值
	20×3年初	20×3年末	
应收账款	850	1 140	542
营业收入		8 980	7 450

"计算结果如表6-20所示。"

表6-20	应收账款周转率	
项目	A办公设备销售公司	行业平均值
应收账款周转率	9.02	13.74

"A公司的应收账款周转率为9.02，远低于行业平均值的13.74。一个可能的原因是A公司客户很多是刚成立的企业，它们通常是过一段时间后才支付欠款。"

"大宝，如果应收账款过多，可能企业的现金都被应收账款占用，企业无现金支付怎么办？"

"好问题。许多公司将它们的应收账款出售给另一家公司或银行，这称为保理，这样可以保持较低的应收账款余额和较高的应收账款周转率。但将其应收账款进行保理的公司收到的现金少于应收账款的面值。"

"这个我明白，收到的现金与应收账款面值的差额，就是利息。"

"行啊！尚田，绝对入门啦！如果一家生产自动化检测设备的企业，它的销售额增长远远快于应收账款。这种情形会产生一个异常高还是异常低的应收账款周转率？"

"应收账款周转率会异常高。同该企业过去的应收账款周转率相比，这么高的比率看起来有点异常。"

"分析得头头是道。企业必须将应收账款转变为现金。在其他条件相同的情况下，应收账款余额越低，公司在应收账款收款方面做得越成功，经营情况越好。注意是在其他条件相同的情况下，也就是说在销售额不减少等情况下，上述结论才成立。"

"经营效率固然重要，经营效果比经营效率更重要。"

"名人名言。应收账款还有一个比率，应收账款回收天数。应收账款的回收天数反映出在应收账款余额中有多少天的销售额。计算该比率，分两个步骤。首先，将销售额除以360 天（也可以是 365 天），计算每天的平均销售额。其次，用每天的平均销售额去除应收账款的平均余额。根据表 6 - 19 的数据，请计算应收账款回收天数。"

"计算结果如表 6 - 21 所示。"

表 6 - 21   应收账款回收天数的计算

项目	A 办公设备销售公司	行业平均值
一天的销售额（元）	2 494.44	2 069.44
应收账款回收天数（天）	40	26

注：一年按 360 天计算。

"正确。A 公司的比率告诉我们，有 40 天的平均销售额没有成为现金，还在应收账款中需要收回。如果公司能降低该比率，将会增加它的现金流入。为了查看公司应收账款收款能力的变化，可以比较年初和年末的应收账款的回收天数。如果 20×2 年末的营业收入是 8 030 万元，资产负债表中 20×3 年初的数据等于 20×2 年末的数据，结合表 6 - 19 的数据，比较 20×3 年初和年末的应收账款回收天数。一年按 360 天算。应收账款不取平均值，分别按期初、期末算。"

"比较结果是否如表 6 - 22 所示？"

表 6 - 22   20×2 年和 20×3 年应收账款回收天数比较

项目	20×2 年末	20×3 年末
一天的销售额（元）	2 231	2 494
应收账款回收天数（天）	38	45

"是。这项分析表明 A 公司 20×3 年的应收账款收款能力有所下降。应收账款的回收天数从年初的 38 天增加为年末的 45 天。赊销和收款部门应该加强收款工作。否则，A 公司在 20×4 年及以后年度可能会出现现金短缺的情况。尚田，根据表 6 - 21 计算的结果，做出你的分析。"

"A 公司的应收账款回收天数高于（差于）行业平均值，可能因为 A 公司是自己收款。行业内其他公司也可能将它们的应收账款出售，就是你刚才说的保理，所以销售额回收天数较小。没有把应收账款出售说明 A 公司和客户保持了良好的关系，因而还是有一定的竞争优势。我还想到另外一方面，如果不是它们的客户有良好的付款习惯，A 公司的现金流量可能已产生问题。"

"满分的答案。到目前为止，我们所讨论的比率只涉及流动资产和流动负债。通过对这些数据的分析，可帮助我们测算企业变现存货、收回应收账款和偿付流动负债的能力。除了流动负债，大多数企业还有长期债务。所以，不仅要测试短期偿债能力，还要测试长期偿债能力。"

三、长期偿债能力比率

长期偿债能力分析

"长期借款和应付债券是多数大型企业常有的长期负债。提供贷款的银行和债券持有人特别关心公司偿付长期债务的能力。企业长期偿债能力的两个关键指标是资产负债率和已获利息倍数。假如你是一家银行的贷款人员，正在评审两家公司的贷款申请，这两家公司的销售收入和总资产都相等。销售额和总资产是衡量公司规模的两种最普通的手段。两家公司都要求借500 000元，10年后偿还。第一家公司已从另一家银行取得借款600 000元。第二家公司只取得借款250 000元。其他条件相同的情况下，你愿意向哪家公司以较低的利率提供贷款呢？"大宝问。

"当然是第二家公司，因为向第二家公司贷款，银行面临的风险较小。尽管我不明白负债比率和已获利息倍数的确切含义，但我相信我的选择是正确的。"

"人的选择验证了理论的正确。先看第一个指标，资产负债比率。负债总额和资产总额之比被称为资产负债率。告诉我们公司资产中有多少是通过负债得到的。如果资产负债率是100%，那么全部资产都是靠负债取得的。资产负债率为50%则说明有一半的资产来源于负债，公司的所有者提供了另一半。资产负债率越高，公司每年偿付利息，到期偿付本金的压力越大。该比率越低，公司将来所负的债务越少。债权人对较高的资产负债率非常谨慎。如果融资的企业已经有大额债务，再增加债务会使其不堪重负。因而债权人为了保护自己，通常会对资产负债率较高的公司要求较高的利率。根据表6-23的数据，计算资产负债率。"

表6-23	负债和资产		单位：万元
项目	A办公设备销售公司		行业平均值
	20×3年末	20×2年末	
负债	4 310	3 240	4 852.48
资产	7 870	6 440	7 582

"计算结果如表6-24所示。"

表6-24	资产负债率		
项目	A办公设备销售公司		行业平均值
	20×3年末	20×2年末	
资产负债率	0.55	0.50	0.64

"通过比较及分析计算结果，A公司资产和负债都有所增加，可能通过借款购买房地产和设备以扩大经营，这是惯常的做法。即使在20×3年资产负债率有所上升之后，公司的资产负债率仍不是很高。和行业0.64的平均值相比，A公司0.55的资产负债率说明公司的债务风险相当低。"

"企业正常的资产负债率应该是多少？"

"这个没有统一的标准。行业、发展阶段、国家宏观政策等都会影响资产负债率。有研究报告指出，大多数公司的平均资产负债率在0.57~0.67的范围之内，并且公司之间的差异较小。资产负债率测算债务对公司财务状况（资产负债表）的影响，它并不涉及公司支付利息的能力。需要有指标反映支付利息的能力。"

"已获利息倍数？"

"对。已获利息倍数将息税前利润和利息费用联系起来。"

"大宝，利息费用我知道，借款本金乘以合同利率。息税前利润是什么？"

"按字面意思理解，就是没有扣除利息费用和所得税费用的利润，或者说是包含利息费用和所得税费用的利润。扣除所得税费用后的利润称为税后利润或净利润，没有扣除所得税费用的利润称为税前利润，税前利润加利息费用就是息税前利润。"

"是不是对扣除了利息费用后的利润计征所得税？"

"对。利息费用可以税前扣除。如果一个企业包含利息费用的利润为120万元，利息费用20万元，适用所得税税率为25%。息税前利润是多少？"

"120万元。"

"税前利润？"

"100万元。"

"税后利润？"

"（120-20）×（1-25%）=75（万元）。税后利润是75万元。"

"如果已知税后利润、利息费用、所得税率，能否求出息税前利润？"

"能，上述计算逆推回去就是。"

"好！计算该比率时，用息税前利润除以利息费用。该比率测算息税前利润能够保证利息费用的倍数。因此该比率也称为利息保障倍数。已获利息倍数高说明支付利息费用容易，低则说明有困难。练习一下，请根据表6-25的数据，计算已获利息倍数。"

表6-25　　　　　　　　　　　　利息费用和息税前利润　　　　　　　　　　单位：万元

项目	A办公设备销售公司		行业平均值
	20×3年	20×2年	
利息费用	240	140	428.7
息税前利润	1 010	570	986.2

"计算结果如表 6 – 26 所示。"

表 6 – 26　　　　　　　　　　　　　已获利息倍数

项目	A 办公设备销售公司		行业平均值
	20 ×3 年	20 ×2 年	
已获利息倍数	4.21	4.07	2.30

"观察计算结果，公司的已获利息倍数在 20 ×3 年增加了。这是一个好信号，特别是在当年债务有大幅上涨的情况下。公司的已获利息倍数约为 4.00，明显好于行业的平均水平 2.30。我们可以得出如下结论，A 公司的新固定资产给公司带来的经营收益大于为它们所花费的利息费用。"

"同样的问题，企业已获利息倍数正常值是多少？"

"相关研究报告指出，大多数企业的正常值为 2.0 ~ 3.0。根据资产负债率和已获利息倍数分析，A 公司看起来在偿还债务方面不存在什么问题。但一个企业仅仅具有偿还债务的能力还远远不够，它还要有最核心的能力——盈利能力。"

四、盈利能力比率

盈利能力分析

公司经营的基本目的就是赚取利润。测算盈利能力的比率在决策中扮演着关键的角色。这些比率常常在新闻媒体上出现，也出现在上市公司的年度报告中。"尚田，假设你受雇于一家投资咨询公司，是一名个人理财筹划师，你的日常工作就是帮助客户选择股票投资。一名客户有 200 000 元希望投资于化工企业。未来几年，你预计甲公司的收益率将高于其他理财筹划师对乙公司的预测。乙公司是甲公司主要竞争对手。你会推荐哪家公司的股票呢？"大宝问。

"可能是甲公司。"

"你的选择没错。在学完下面的四个测算盈利比率后，你会更好地理解其中的原因。日常新闻媒体在公开评价企业的盈利能力时更多使用的词是回报。回报这个词被广泛使用，其实用回报来描述企业的盈利能力很不严谨。财务分析首先使用销售净利率来反映企业盈利能力。销售净利率就是用净利润除以营业收入（销售收入）。该比率说明每 1 元的销售额可赚取多少净利润。根据表 6 – 27 的数据，计算销售净利率。"

表 6 – 27　　　　　　　　　　　净利润和营业收入　　　　　　　　　　单位：万元

项目	A 办公设备销售公司		行业平均值
	20 ×3 年	20 ×2 年	
净利润	480	260	65.9
营业收入	8 580	8 030	8 237

"计算结果如表 6 – 28 所示。"

表 6 – 28 销售净利率

项目	A 办公设备销售公司		行业平均值
	20×3 年	20×2 年	
销售净利率	0.056	0.032	0.008

"正确。每个公司都在尽力取得较高的利润。销售净利率越高，营业收入给企业提供的净利润越多，而其被费用占用的部分越少。A 公司的销售净利率有显著提高，和行业内其他公司相比，A 公司的经营非常成功。"

"销售净利率应该是越高越好。那如何提高呢？"

"如何提高？其实人人都知道，开源节流。知易行难。提高销售净利率的一个策略是开发一种收取高价的产品，另一个策略是控制成本。如果成功，两个策略都可以使更多的销售额转变为净利润，从而提高销售净利率。"

"按照销售净利率的计算公式，分子保持不变，分母用不同的指标替代，可以计算出各种净利率。是吧？"

"算是可以算，有些结果有意义，有些结果则毫无有意义。比如，根据对信息的需求，企业可以计算针对其他收入组成部分的利润率。有些与净利润相关的盈利比率不但分母改变，分子也可改变。比如，总资产报酬率，或简称为资产报酬率，用来测算企业是否成功运用其资产以赚取利润。债权人向公司提供贷款，他们收到的利息是他们的投资报酬。股东投资于公司股票，净利润是他们的投资报酬。这两部分人提供了公司经营活动所需要的资金，因而利息费用和净收益之和是对他们的投资回报，这个数字也是资产报酬率的分子。资产总额的平均余额是分母。资产总额的平均余额等于期初的资产总额加期末的资产总额除以 2。根据表 6 – 29 的数据，计算资产报酬率。"

表 6 – 29 20×3 年净利润等项目值 单位：万元

项目	A 办公设备销售公司	行业平均值
净利润	480	65.9
利息费用	240	241.88
资产总额的平均余额	7 155	7 328

"计算结果如表 6 – 30 所示。"

表 6 – 30 20×3 年资产报酬率

项目	A 办公设备销售公司	行业平均值
资产报酬率	0.101	0.042

"净利润和利息费用来自利润表。计算资产总额的平均余额时，使用资产负债表中期初和期末总资产的平均值。尚田，你有没有发现在计算比率时分子取值与分母取值的规律？"

"好像是有规律。你前边说过，我想想。是为了保证可比，一个比率，如果分子分母两个数，分别来自利润表和资产负债表，那么来自资产负债表的数字就取平均值，这样，原来资产负债表中表示时点的数字就会成为表示时长的数字。"

"很好！其实计算本身没有什么。关键是取值时要注意数与数可比。我们学习第三个反映盈利能力的比率——普通股权益报酬率。如果是非股份公司，可以称为所有者权益报酬率。但股份公司体现的特征更加明显，现在开始分析的企业都是股份公司。普通股权益报酬率是一个非常流行的盈利测算指标，通常简写为股东权益报酬率，或简单称为权益报酬率，当然也可称为权益净利率、股东权益净利率、普通股权益净利率。当该比率被称为权益净利率或权益报酬率时，就不存在股份与非股份的区别。"

"嗯，明白了。继续！"

"该比率说明净利润和普通股股东对公司投资之间的关系，即，普通股股东每投资1元，可以赚得多少净利润。计算该比率时，首先将优先股股利从净利润中扣除，如果有优先股的话。这样就算出了普通股股东可获得的净利润，这才是计算该比率所需的净利润。然后用归属于普通股股东的净利润除以当年普通股股东权益的平均余额。普通股股东权益等于股东权益总额减去优先股权益。根据表 6-31 的数据，计算权益报酬率。"

表 6-31　　　　　　　　　　20×3 年股东权益等项目值　　　　　　　单位：万元

项目	A 办公设备销售公司	行业平均值
净利润	480	65.9
优先股股利	0	0
普通股股东权益的平均余额	3 380	544.63

"计算结果如表 6-32 所示。"

表 6-32　　　　　　　　　　　　20×3 年权益报酬率

项目	A 办公设备销售公司	行业平均值
权益报酬率	0.142	0.121

"观察计算结果，A 公司的权益报酬率 14.2% 高于资产报酬率 10.1%。尚田，你知道产生差异的原因吗？"

"差异的原因是不是与负债有关？如果没有优先股，权益报酬率等于净利润除以股东权益的平均值，资产报酬率等于净利润与利息费用之和除以资产的平均值，而资产的平均值等于股东权益与负债之和的平均值。资产报酬率与权益报酬率相比，分子多了利息费用，分母多了负债，分子分母增加的数值都与负债有关。所以，增加的利息费用和负债导致差异的产生。"

"非常漂亮的逻辑推理。这之间的差异在于公司以一定的利率取得借款而产生，比方说8%的利率，然后用这笔资金进行投资赚取更高额的股东权益报酬率，比如A公司的14.2%。这种做法称为负债经营，或者说使用杠杆。将借款投入一个项目，由于借款的本金和利率是确定的，不管这个项目取得怎样的报酬，支付给债权人的利息是固定的。当项目的报酬超出了一般的报酬水平，由于债权人所获得的利息是固定的，结果是超出部分全部归所有者。固定的利息相当于支点，人们形象地把这种经济效应称为杠杆效应或使用杠杆。杠杆效应的大小与资产负债率有关。"

"那岂不是说资产负债率越高，杠杆越大，所产生的效应越大。"

"理论上没错。"

"负债越多，权益报酬率就越高？完全颠覆了我的认知。"

"满足一定的条件是这样的。对A公司和许多其他公司来说，杠杆增加公司的盈利能力。但是情况并不总是如此。杠杆可能对盈利能力产生负面影响。如果收入下降，但债务和利息费用仍然必须支付。因此，杠杆是一把双刃剑，在经营好的时期增加盈利，而在经营差的时期会加大损失。好好想想，什么情况下会放大盈利，什么情况下会放大损失？"

"什么情况下？经营好的情况下会增加盈利，经营差的情况下会加大损失。"

"你真是个天才！严肃点儿！"

"好吧！我想想。应该是当一个项目的报酬率高于借款利率时，负债经营产生正面效应；当一个项目的报酬率小于借款利率时，负债经营产生负面效应。"

"非常好的归纳总结。"

"你的表扬让我有点儿害羞了。大宝，我觉得权益净利率不同行业之间应该有差异，但同一行业不同规模的企业权益净利率应该都差不多吧？"

"如果排除规模经济效应的影响，同一行业不同规模的企业权益净利率应该是相差无几的。但有一个有趣的现象。全世界知名的上市公司，权益净利率普遍高于其他企业。这也许是大公司必须使全世界的众多股东满意，而对A公司这样的小公司来说，股东对权益报酬率的要求不是很高。下面我们开始学习如何计算普通股每股收益。"

"净利润除以普通股股数？"

"差不多。普通股每股收益，或简称为每股收益（EPS），也称每股盈余。它是在新闻媒体财经节目中最被广为提及的指标，也是唯一必须在利润表上列报的比率。EPS表示公司发行在外的普通股每股收益金额。每股收益计算是用普通股股东的可获得的净利润除以当年发行在外的普通股数额。优先股股利已从净利润中扣除，因为优先股股东拥有对其股利的优先要求权。A公司没有优先股发行在外，因而没有优先股股利。根据表6-33的数据，计算普通股每股收益。"

表6-33	A办公设备销售公司普通股数等项目值	单位：万元
项目	20×3年	20×2年
净利润	480	260
优先股股利	0	0
发行在外的普通股数额	100	100

"计算结果如表6-34所示。"

表6-34	A办公设备销售公司普通股每股收益	
项目	20×3年	20×2年
普通股每股收益（元）	4.8	2.6

"正确。A公司的EPS增长了85%。这是个惊人的增长率。当然公司股东应该不会期望EPS每年都有如此大幅的增长。即使是实现EPS每年10%~15%的增长，尽管这是大多数公司都在努力的目标，但只有一些比较成功的公司才能达到。即使是在EPS增长最为激动人心的趋势下，也会偶尔有糟糕的年份。"

"是啊！不当家不知柴米贵，不养儿不知父母恩。以前一直觉得做生意简单，开了奶茶店才知道，做生意是大学问。"

五、现金流量传递的信号

现金流量传递的信息

"尚田，你知道每家企业都希望赚取净利润，因为净利润是衡量其经营成功与否的重要标志。没有净利润，企业就难以持续地扩大规模，经营就会萎缩，债务利息就难以偿还，如果是上市公司，股价也会下跌，所以逐年的净利润对投资者非常有吸引力。但是企业不能依靠净利润来偿还债务，还债需要的是现金。"

"是啊！欠债还钱，天经地义。"

"每家企业都既需要利润，又需要充足的现金流。因为净利润产生现金，所以收入和现金流经常同向变动。不过有些时候净利润和现金流量不是同步产生的。"

"当然，因为存在赊购和赊销。"

"假如表6-35和表6-36分别是众口奶茶店20×4年的利润表和资产负债表。从这两张报表中你能发现什么吗？"

表 6-35　　　　　　　　　　　　利润表　　　　　　　　　　　　会企 02 表

编制单位：众口奶茶店　　　　　　　　　20×4 年度　　　　　　　　　单位：元

项目	本期金额	上期金额（略）
营业收入	600 000	—
营业成本	180 000	—
营业费用	60 000	—
净利润	360 000	—

表 6-36　　　　　　　　　　　　资产负债表　　　　　　　　　　　　会企 01 表

编制单位：众口奶茶店　　　　　　　20×4 年 12 月 31 日　　　　　　　单位：元

资产	期初余额	期末余额	负债和所有者权益	期初余额	期末余额
现金	—	18 000	流动负债合计	—	300 000
应收账款	—	222 000	长期负债		120 000
存货		240 000			
固定资产		360 000	所有者权益		420 000
资产总计	—	840 000	负债和所有者权益总计	—	840 000

"经营状况应该还不错。净利润很高，但现金比较少。"

"计算并分析一下销售净利率。"

"销售净利率是 60%。奶茶店是盈利的，而且净利润占销售收入的比例为 60%，奶茶店的盈利能力看起来很好。"

"计算流动比率和资产负债率并分析偿债能力。"

"流动比率是 1.6，资产负债率是 50%，这两项指标都正常，奶茶店应该有清偿债务的能力。"

"从报表来看，如果我说奶茶店处在破产的边缘，你会不会感到危言耸听？"

"确实挺吓人的。"

"你能发现奶茶店存在的问题吗？你能找出导致这一问题产生的原因吗？提示一下，分析报表中的数字，至少存在三个大问题。"

"第一个是不是现金余额太少。对于年营业额 600 000 元的奶茶店而言，18 000 元的现金不足以偿付奶茶店的债务。"

"非常好！可以分析存货和应收账款。"

"第二个问题是销售存货的速度不够快，存货有积压，当年的存货周转率只有 0.75。我清楚地记得，大多数企业的存货周转率可以达到 3~8。"

"是啊！存货周转率只有 0.75，意味着需要很长一段时间才能销售完存货，这大大拖延了现金回收。还有发现吗？"

"应收账款周转天数为 135 天，这表明今天赊销的商品，平均在 135 天后才能收回现金。"

"没错。很少有企业会用这么长的时间才收回账款。从以上的分析，我们可以得出一个结论，良好的经营状况既需要赚取高额的净利润，也需要有充足的现金流量做保障。"

"对！成功的经营状况应该是从日常的经营活动中产生绝大部分净利润和充裕的现金流。"

"领悟得很好。还有一类比率比较特殊。我们来聊聊股票投资。无论企业理财层面，还是个人理财层面都应该知道投资股票的基本知识。"

"好呀！只要是与企业经营相关的内容，我都有点儿饥不择食。"

"求知若渴，好事！"

公司股票投资
比率分析

六、公司股票投资比率

大宝继续说："投资者从证券交易市场购买股票是为了取得投资回报。这种回报由两部分组成：第一部分是投资者将所持有的股票出售时，出售价格不同于投资者的购买价格时产生的利得（或损失）；第二部分是投资者持有股票期间获得的股利，就是股份公司定期对股东的分红。我们分析相关比率可以帮助我们根据市价或股利支付评价公司股票。"

"哎！大宝，学明白这个，会不会成为股神？"

"股神？骨灰还差不多。股神？那是传说。巴菲特听多了。不要想入非非。你以为每个人背背概念就能成为股神，那全世界的人都是股神。我们只是了解一些粗浅的概念。比如，大名鼎鼎的市盈率。市盈率是普通股每股市价与公司每股收益（每股盈余）的比率，就是每股市价除以每股盈余。该比率，缩写为 P/E，经常出现在《中国证券报》的股票报价中。市盈率在决定购买、持有和出售股票时扮演着重要的角色。它说明每 1 元净利的市价。如果一家公司的市盈率是 20，意味着市场上投资者愿意以 20 元的价格购买公司 1 元的净利润。根据表 6 - 37 的数据，计算市盈率。"

表 6 - 37　　　　　　　　　A 办公设备销售公司股票信息　　　　　　　　　单位：元

项目	20×3 年末	20×2 年末
普通股每股市价	50.00	35.00
每股收益（每股盈余）	4.80	2.60

"计算结果如表 6 - 38 所示。"

表 6 - 38　　　　　　　　　　　A 办公设备销售公司市盈率

项目	20×3 年	20×2 年
市盈率	10.4	13.5

"对计算结果有何评价？"

"市盈率下降了。是不是公司经营出问题了？"

"市盈率其实反映着投资者的信心，反映着投资者对股票未来的期望。它不是一个反映过去经营成果的指标。A 公司 20×3 年的市盈率是 10.4，我们会说公司股票是以每股盈余的 10.4 倍的价格出售的。20×3 年的市盈率比 20×2 年的 13.5 有所下降，但这用不着担心，因为股票的市价并不是 A 公司所能控制的。"

"是的。控制股票的市价就是操纵股票价格，这是违法行为，前几天新闻里有报道。"

"对。公司对净利润的可控性更强一些，在 20×3 年净利润增加了。所以 20×3 年的经营状况应该比 20×2 年更好一些。"

"市盈率高低有明确的标准吗？"

"和大多数其他比率一样，市盈率随行业的不同而有所变化。传统行业的市盈率为 20～30，'热门股'最高可达 40 倍或更高。许多互联网等高科技企业的股票的市盈率达到 100 以上。"

"市盈率越高是否投资的风险就越大？"

"股票的市盈率越高，股价下跌的风险也越大。许多投资者将市盈率的大幅上升解释为一种出售股票的信号。"

"应该每个投资者心中都有一个卖出的信号，不一样的市盈率。"

"对。市盈率反映的是投资者对未来的期望，当然，每个人的期望不同。下面介绍股息率。股息率是每股股利和每股市价之比，也就是每股股利除以每股市价。该比率测算每年股利回报占股票市价的百分比，是股东很关注的一项指标。优先股股东投资主要是为了获得股利，因而特别关注该比率。根据表 6-39 的数据，计算普通股股息率。"

表 6-39 　　　　　　　　　　A 办公设备销售公司普通股市价等信息　　　　　　　　　　单位：元

项目	20×3 年末	20×2 年末
普通股每股股利	1.20	1.00
普通股每股市价	50.00	35.00

"计算结果如表 6-40 所示。"

表 6-40 　　　　　　　　　　A 办公设备销售公司普通股股息率

项目	20×3 年	20×2 年
普通股股息率（%）	2.4	2.9

"20×3 年普通股股息率 2.4%，反映着以每股 50 元购买 A 公司的投资者可以期望每年以现金股利的形式收到 2.4% 的投资回报。"

"这个普通股股息率算正常吗？"

"股价波动大，导致股息率的变化范围非常大，从老的、稳定型公司的 5% ~ 8%，到新的、成长型公司的 0 ~ 3%。从股息率看，A 公司属于第二类。评价股票价值还有一个指标——普通股每股净资产。普通股每股净资产是用归属于普通股的净利润也就是普通股权益除以发行在外的普通股数额。普通股权益等于股东权益总额减去优先股权益。假设 A 公司没有优先股发行在外。根据表 6 - 41 的数据，计算普通股股息率。"

表 6 - 41 　　　　　　　　　　　　　A 办公设备销售公司股权结构

项目	20 ×3 年末	20 ×2 年末
股东权益总额（万元）	3 560	3 200
优先股权益	0	0
发行在外的普通股数额（股）	10 000	10 000

"计算结果如表 6 - 42 所示。"

表 6 - 42 　　　　　　　　　　A 办公设备销售公司普通股每股净资产　　　　　　　　　　单位：元

项目	20 ×3 年	20 ×2 年
普通股每股净资产	35.60	32.00

"很好！市盈率、股息率反映了投资者对股票价值的预期。普通股每股净资产用账面价值表示发行在外的普通股的每股会计记录金额。许多证券研究专家认为账面价值对投资分析没有帮助。它与市价没有什么联系，也没有提供资产负债表报告的股东权益之外的其他什么信息。但在现实世界里，相当一部分投资者的投资决策是以账面价值为基础的。一些投资者根据市价对账面价值的比率对股票进行排序。对这些投资者来说，这个比率越低，股票越有吸引力。这些投资者被称为'价值型'投资者，与他们形成对照，'成长型'投资者更关心公司净收益的变化趋势。"

"好像巴菲特他们就是'价值型'投资者。"

"也许吧！白猫黑猫，抓住老鼠就是好猫。每个投资者都自认为有独门秘籍。你在交了大量的学费后也会有你的秘籍。不过那都是事后诸葛亮。好了，基本分析手段和主要财务比率介绍完了。我们来谈谈收益质量的问题。人们越来越重视收益质量。收益质量分析可以揭示净利润是否与现金净流量同步。给你出道题。假设甲公司的净利润与乙公司的净利润完全相同。甲公司的营业收入可能全部来自定期、重复发生的日常经营活动，而乙公司的营业收入可能有部分来自将来不会再次发生的偶然性事件或'黑天鹅事件'。那么你认为甲、乙两公司哪一家具有更高质量的收益？"

"当然是甲公司。甲公司比乙公司更具备可持续发展能力。"

"满分的答案。再假设，甲公司一般都是在 30 天内将营业收入变成现金流入，乙公司采取向顾客赊销的政策，往往几个月后才收回这些应收账款。这两家公司的流动比率可能完全相同，尚田，你觉得甲、乙两公司哪一家具有更高质量的流动资产？"

"甲公司。俗话说得好，落袋为安。应收账款不能当钱花。"

"外部报表阅读者可能使用与上述比率不同的指标来评价公司报表中的收益。由于每个阅读者对收益质量定义不同，所以，收益质量的分析是非常主观的分析。"

"一百个观众的眼中有一百个哈姆雷特。"

"没错。但有一个基本都关注的内容——现金流量。你应该知道，并非所有的营业收入在销售发生时收到现金，也并非所有的费用发生时都有现金流出。"

"知道。因为赊销和赊购。"

"所以，净利润（净收益）不一定是反映现金流入的一个好指标。"

"好的指标是什么？"

"好的指标没有，但有一个好的分析方法。调整现金流量表中的相关数字，消除筹资活动、投资活动对净利润的影响，将净利润等同于日复一日、年复一年的经营活动产生的现金净流量。对于企业投资者或债权人，调整后的净利润，可以称为实际利润。实际利润比报表上的净利润更重要。"

"好像是这么回事。"

"你已经学习过的现金流量表给出了一个企业来自经营活动、投资活动、筹资活动的现金流。企业投资者或债权人把实际利润视为是由正常的、重复发生的经营活动产生的现金流。可见，现金流量表是财务报表分析中一份不可或缺的报表。"

"好像有这么一句话，现金为王。"

"对。尚田，由于企业投资者或债权人在分析中关注的问题不同，所以对于收益质量的分析，没有普遍公认的标准。前面所学的某些比率可能就是收益质量分析的一个组成部分。一般来说，收益质量高的公司有以下特征：第一，除非国家相关法规要求变更会计政策，始终采用一贯的会计政策；第二，大部分净利润来自经常、重复发生的交易或事项，而不是偶然的事件；第三，销售商品或提供劳务形成的收入能够较快地产生现金流入；第四，资产负债率从整个行业来看是恰当的；第五，净利润是稳定的或是稳定增长的，是可以预测的，长期观察的结果可以验证对未来净利润的预测是恰当的。"

"这五条就是经营奶茶店的目标。"尚田信心满满地说。

"是啊！这就是我们今晚讨论的意义所在。最后，我们再聊聊财务分析的局限性，也算是首尾呼应吧！"

七、当我们谈论会计报表时我们在谈论什么

"我们是在一个充满不确定性的现实中进行经营决策，是面向未来的决策，这决定了经营决策的复杂性。尽管财务比率为我们发现问题、分析问题、解决问题提供了框架和方向，对管理人员很有帮助，但我们应该始终要记住它们的局限性。我们在决策中使用这些

比率正如医生看病使用体温计那样，体温39℃，说明病人身体一定出了有什么问题，但体温39℃说明不了问题是什么，以及该如何治疗。"大宝给了一个生活的比喻。

"比率只揭示了问题的表象。"

"对。在财务分析中，公司流动比率的突然下降表明一定出了什么问题，但这种变化并不能确定问题是什么，也不能说明应如何纠正它。企业管理人员必须对比率中使用的数字进行分析，确定是流动资产减少了，还是流动负债增加了，或者两者都是。如果流动资产下降，是现金短缺的问题吗？应收账款下降了吗？存货水平是不是过低了？只有对组成比率的各个单独项目进行分析，管理人员才能确定如何解决问题。管理人员必须根据有关公司及其所处行业的其他信息对所有比率数值进行评价，比如说相关比率变动是因为竞争的加剧还是经济增长的减缓。"

"事后诸葛亮也不好做呀！"

"经营企业不能抱着瞎猫碰上死耗子的心态，脚踩西瓜皮，滑到哪里算哪里。管理人员要时刻注意各种指标比率的变化，认真分析、深入思考后再做出选择。另外，为了使分析更为有效，我们应该在较长的一段期间内对比率进行分析，以便将一组具有代表性的因素都考虑进去。任何一年，甚至任何两年的分析都不能代表公司长期的经营表现。"

"看问题要有历史的眼光。"

"是啊！看问题要有历史的眼光。看准的事情，要迅速行动。我现在看准的事情，就是回家好好睡一觉。表6-43和表6-44是会计报表分析及财务比率的总结，算送你的新年礼物。另外一个礼物是你送给你自己的，鼓励一下自己，你已经学会分析财务报表了。"

表6-43　　　　　　　　　会计报表分析总结

需要判断的问题（决策）	需要了解的会计信息
公司可以卖出所生产的产品吗？	从利润表上的营业收入判断营业收入是增加还是减少
观察未来利润发展趋势的指标有哪些？	（1）毛利（营业收入－营业成本） （2）营业利润（毛利－销售费用－管理费用－财务费用） （3）净利润 这三个利润指标都应该随时间增加
营业收入中利润所占百分比是多少？	净利润除以营业收入。观察每年净利润百分比变化的趋势
赊账产生的应收账款将来能收回来吗？	利用资产负债表、利润表中的数据，比较应收账款增长率和营业收入增长率。如果应收账款增长比营业收入增长快，回收应收账款的速度就会太慢，有可能导致现金不足，出现财务困境
公司能否偿还债务，其中， （1）公司能否偿还流动负债？ （2）公司能否偿还流动负债和长期负债的总和？	利用资产负债表比较： （1）流动资产和流动负债。流动资产应该稍微大于流动负债 （2）总资产和总负债。总资产应该大于总负债

需要判断的问题（决策）	需要了解的会计信息
公司现金流入主要源于何处？主要现金流出又去了哪里？	（1）观察现金流量表，在多数年份，经营活动应该提供公司大部分的现金。否则，公司会出现支付困难 （2）观察投资活动产生的现金流量，看公司是否购买了长期资产——厂房、写字楼、设备、无形资产（公司处于扩张阶段）

表 6 - 44 财务比率总结

类型	比率名称	计算公式	提供信息
测算短期偿债能力	流动比率	$\dfrac{资产}{负债} \times 100\%$	说明用流动资产偿付流动负债的能力
	速动比率	$\dfrac{速动资产}{流动负债} \times 100\%$	说明在流动负债马上到期的情况下的偿付能力
测算长期偿债能力	资产负债率	$\dfrac{负债总额}{资产总额} \times 100\%$	说明资产中用负债融资的百分比
	已获利息倍数	$\dfrac{息税前利润}{利息费用} \times 100\%$	说明经营收益能偿付利息的倍数
测算营运能力（存货和收回应收账款变现的能力）	存货周转率	$\dfrac{营业成本}{存货平均余额} \times 100\%$	说明存货的可销售性，即，1 年内公司已售产品成本是存货平均余额的倍数
	应收账款周转率	$\dfrac{营业收入}{应收账款平均余额} \times 100\%$	测算从赊销客户处收回现金的能力
	应收账款回收天数	$\dfrac{营业收入}{日销售额} \times 100\%$	说明应收账款平均余额包含多少天的销售额，即，收回应收账款平均余额所花费的天数
测算盈利能力	销售利润率	$\dfrac{净利润}{营业收入} \times 100\%$	说明每销售 1 元可赚得的净利润
	总资产报酬率	$\dfrac{净利润 + 利息费用}{总资产平均余额} \times 100\%$	测算公司使用其资产的盈利能力
	普通股权益报酬率	$\dfrac{净利润 - 优先股股利}{普通股权益平均余额} \times 100\%$	测算普通股股东投资能赚得多少收益
	普通股每股收益	$\dfrac{净利润 - 优先股股利}{发行在外的普通股股数} \times 100\%$	给出公司普通股每股的净收益数字

类型	比率名称	计算公式	提供信息
分析股票投资	市盈率	$\dfrac{普通股每股市价}{每股盈余} \times 100\%$	说明每元收益的市价
	股息率	$\dfrac{普通（或优先）股每股股利}{普通（或优先）股每股市价} \times 100\%$	说明股东每期收到的股利收益占股票市价的百分比
	普通股每股净资产	$\dfrac{股东权益总额 - 优先股权益}{发行之外的普通股股数} \times 100\%$	说明发行在外的普通股的每股账面价值

"谢谢！大宝，辛苦了。哎呀，不知不觉已经8点啦，大宝，要不，吃了早饭再走？"

"不了，新的一年第一天，我不会自己给自己找不痛快。小花，我走了。再见！"

"小花，开门！准备迎接新年第一个顾客。"

门外。广场上。遍洒阳光。

记忆要点

*对财务报表进行横向分析。横向分析研究财务报表项目各期之间的变动百分比。计算变动百分比时，用金额变动值除以基期（或前一期）的值。趋势百分比是横向分析的一种。

*进行财务报表的纵向分析。财务报表的纵向分析揭示各报表项目与一个指定的基准项目之间的比例关系，该基准项目是100%。在利润表中，营业收入通常是基准项目。在资产负债表中，基准项目是总资产。

*编制和使用共同比财务报表。作为一种纵向分析形式，共同比报表只报告百分比数值，不报告金额。共同比报表便于不同公司之间的比较，可以显示出需采取的补救措施。基准值比较是为了改进工作而将本公司和其他公司设定的标准进行比较的做法。

*计算决策使用的标准财务比率。比率表示一个项目和另一个项目的比值。最重要的财务比率测算公司偿还流动负债的能力（流动比率、酸性测试比率）；变现存货和收回应收账款的能力（存货周转率、应收账款周转率和应收账款回收天数）；偿还长期债务的能力（债务比率、已获利息倍数）；盈利能力（销售净利率、资产总额报酬率、普通股权益报酬率、普通股每股收益）；投资价值（市盈率、股息率、普通股每股净资产）。

＊在决策中使用比率。对一段时期的财务比率进行分析是跟踪一家公司发展的重要方法。一项比率随时间的变动可能揭示出问题。公司的管理人员应该发现这些问题并采取措施进行纠正。

效果检验

1. 如果你计划进行一项长期投资，而且已决定投资于家电行业的一家公司。你已把选择范围缩小到 A 公司和 B 公司，收集到的数据见表 6-45 ~ 表 6-47。

表 6-45　　　　　　　　　　部分 20×3 年利润表数据　　　　　　　　　　单位：元

项目	A 公司	B 公司
营业收入（全部赊销）	497 000 000	371 000 000
营业成本	258 000 000	209 000 000
营业利润	138 000 000	79 000 000
利息费用	19 000 000	—
净利润	72 000 000	48 000 000

表 6-46　　　　　　部分 20×3 年末的资产负债表数据和股票市价　　　　　　单位：元

项目	A 公司	B 公司
货币资金	19 000 000	22 000 000
交易性金融资产	18 000 000	20 000 000
应收账款	46 000 000	42 000 000
存货	100 000 000	87 000 000
预付账款	3 000 000	2 000 000
流动资产总额	186 000 000	173 000 000
资产总额	328 000 000	265 000 000
流动负债总额	98 000 000	108 000 000
负债总额	131 000 000	108 000 000
优先股（每股面值 100 元 固定股息率 5%）	20 000 000	
普通股［面值 1 元/股（10 000 股）］		10 000 000
［面值 2.50 元/股（5 000 股）］	125 000 000	
股东权益总额	197 000 000	157 000 000
普通股每股市价	112	51

表6-47 部分20×3年初的资产负债表数据 单位：元

项目	A公司	B公司
应收账款	46 000 000	42 000 000
存货	100 000 000	87 000 000
资产总额	328 000 000	265 000 000
优先股（每股面值100元 固定股息率5%）	20 000 000	
普通股［面值1元/股（10 000股）］		10 000 000
［面值2.50元/股（5 000股）］	125 000 000	
股东权益总额	126 000 000	118 000 000

你的投资策略是购买那些市盈率较低但财务状况不错的公司的股票。假设你已经分析了所有其他因素，现在决策取决于你比率分析的结果。

要求：（1）计算两家公司20×3年的财务比率，将计算过程和结果填入表6-48中。

表6-48 财务比率

项目	A公司	B公司
酸性测试比率		
存货周转率		
应收账款回收天数		
资产负债率		
已获利息倍数		
普通股权益报酬率		
普通股每股收益		
市盈率		

（2）判断哪家公司比较符合你的投资策略。

2. 表6-49中的财务数据是D公司的年度报告经改动而成，该公司经营化工原料。

表6-49 D公司近五年的财务数据

项目	20×5年	20×4年	20×3年	20×2年	20×1年
营业收入（万元）	2 960	2 519	1 934	1 587	1 252
营业成本（万元）	1 856	1 496	1 188	1 007	814
利息费用（万元）	4	4	1	3	3
税前利润（万元）	340	371	237	163	126
所得税费用（万元）	129	141	92	65	52

续表

项目	20×5 年	20×4 年	20×3 年	20×2 年	20×1 年
净利润（万元）	211	230	145	98	74
现金股利（万元）	44	41	30	23	18
存货（万元）	366	314	247	243	193
资产总额（万元）	1 379	1 147	777	579	481
营运资本（万元）	355	236	579	129	434
流动比率	2.06∶1	1.71∶1	1.39∶1	1.69∶1	1.70∶1
股东权益（万元）	888	678	466	338	276
发行在外的普通股平均数（股）	144 000	142 000	142 000	141 000	145 000

要求：（1）计算 20×1~20×5 年的财务比率并填入表 6-50 中。

表 6-50   财务比率

经营成果	20×5 年	20×4 年	20×3 年	20×2 年	20×1 年
营业毛利率					
销售净利润率					
每股收益					
存货周转率					
已获利息倍数					
股东权益报酬率					

（2）评价 D 公司的经营成果。经营成果是好还是坏？4 年来是有所改善还是不断恶化？

道德检测

Z 公司与 A 债权人签订的长期借款协议对 Z 公司的经营提出了一些要求。比如，长期债务不能超过股东权益，流动比率不能低于 1.80。如果 Z 公司没有达到任何一项要求，A 债权人就有权接管对 Z 公司的管理。

市场需求等的变化，使 Z 公司销售出现了问题。流动负债的增长快于流动资产，导致流动比率低于 1.78。在发布财务报表之前，Z 公司的管理层正想尽办法提高流动比率。财务主管指出有一项投资既可以归为流动资产，也可以归为长期资产，这主要取决于管理层的意图。只要决定将一项投资在一年内转换为现金，Z 公司就可以将该投资归为一项流动资产。根据财务主管的建议，Z 公司的董事会投票决定将一项长期投资重新归类为流动资产。

要求：

（1）重新归类该项投资会对流动比率产生什么影响？Z公司的财务状况是否会因为重分类该投资而有所好转？

（2）财务报表公开发布后不久，市场转暖，经营状况出现好转，销售收入上升了，流动比率提高了。因此，Z公司的管理层决定不出售这项已被归类为流动资产的投资。据此，公司又将该投资归类为长期资产。管理层的行为合乎道德规范吗？说说你的理由。

第七章　杨柳荫中奶茶店，
葡萄架下一点点

尚田最近很忙。

众口奶茶店成为本市的网红店后，业务业绩非常好，尤其上个月小刘的加入，更加使本店的规模已经无法满足经营，开分店的念头一直在尚田的心头盘旋。

这天小刘又一次来到店里想拿一批奶茶去卖，看看时间还早，尚田就跟小刘聊起来开分店的话题。小刘非常赞同尚田开分店，并建议说："尚田，在中国做生意，第一要利用的是人口优势，第二要利用中国的地域优势，二者能利用一个就足够了。如果众口奶茶店在每个省会城市都开一家分店，我国34个省级行政区，就是34家分店，再加上一些三线城市、四线城市，这得开多少分店啊？我们畅想一下：有那么一天众口奶茶店遍布在祖国辽阔的疆域里，这是多么激动人心的事情啊！这么一想，我都想辞去我的外贸工作，跟你一起开奶茶店了！"

尚田被这个畅想惊呆了，想到众口奶茶店遍布在祖国的各地，心里美滋滋的。不过他很快清醒过来，"小刘，先别畅想了，我现在正在为本市开一家分店的店址选择而烦恼呢，快跟我说说，我这家分店，你看开在哪里比较合适？"

"我觉得开店，还是要考虑人流量大的地方比较合适。"

"我也这样想，我最近都在选地址，考察地域的人流量。从我目前掌握的情况来看，本市江北开了一家大型的购物中心，那边是本市金融中心，商务楼林立，住宅区也很多，我初步打算把店开在那里，你看怎么样？"

"那店面是租还是买呢？"小刘问。

"这个问题我还没有想过，你这么一提醒，我得好好想想这个问题，相关的财务知识我得去请教一下大宝。"

事不宜迟，尚田马上打电话给大宝，请教这个问题。

第一节　店面是租还是买？

大宝向尚田解释："做生意有店面是首要之事，但到底是用买的还是租的，则又是另一个值得思考的问题。这就是详细计算成本负担能力的问题了。如果是用租的，假设每个月的租金为6 000元，一年就要72 000元，以本金100万元计算，换算成年息就是7.2%，与银行借款利率2%～3%比较，是高了一点，但若用买的，问题就在于首付款了。"

尚田听到首付款，毫不犹豫就抢着回答："这不成问题，我妈答应我，她存了30万元，本来想着给我结婚时用的，如果我要买店面，可以先把这个钱借给我。让我可以付首付款。加上我女朋友小花手上也有一些私房钱不知道如何投资，正好可以找她商量，一起共创事业。"

大宝说："好，如果首付款及周转金都有着落了，剩下的跟银行借款就行了。既然如此，如果你决定要买店面，应该没有太大问题。"他接着提醒尚田："不过你要了解，生意做不好，用租的顶多是收手不做就算了，但如果是借款买店面，万一生意做不起来，可能连首付款及周转金都要赔给银行了。因此，想要做生意，经营计划是一个关键。江北购物中心那边白领比较多，周围的居民也很多。我建议你不要只卖奶茶，还要再多卖些其他东西，考虑一下多元化经营。"

尚田胸有成竹地说："关于这个，我也想过了，也许可以加卖些饮料、烘焙等。"

大宝："非常好，你有经营企业的理念了！"

尚田："得了吧，我只是有这个想法，还没有一个详细的经营计划，我想请你帮我预测一下，我买下一个店面开这个分店就要投入一大笔钱，还要向银行借款，我很担心万一生意不好，我会不会把我妈给我结婚用的钱全部亏进去啊！我要做多少生意才不会赔钱呢？"

开分店需
知道的事

第二节　买商铺必须知道的几件事情

一、固定成本有哪些？

好朋友尚田要花大手笔买店面开分店，大宝觉得还是需要跟尚田和小花当面沟通一下相关的财务知识，以帮助尚田尽快做出营业计划，预测经营成果，以免一头热，到时候经营不善把用来结婚的钱都亏进去，这个是大宝不愿意看到的。这不，大宝今天特意早点下班来到了众口奶茶店。

大宝拿出纸笔和计算器，放在尚田和小花的面前，要他算算如果买了店面，会面临的成果和费用分别是什么，是多少，要做多少生意才不会赔钱。

尚田面带愁容地说："我很紧张啊，这个该从哪里算起呢？我打听过了，我看中的那个店面需要100万元，我先首付30万元，剩下的70万元，我需要向银行贷款。"

"没事，我们一步一步来。首先，你先付出30万元银行存款，同时向银行贷款70万元，这时你得到的是什么？"

"商铺。"

如表 7 - 1 所示的资产负债表可以表达这笔业务的财务信息。

表 7 - 1		资产负债表		会企01表
编制单位：众口奶茶店		××××年×月×日		单位：元
资产	期末余额	负债和所有者权益	期末余额	
银行存款	- 300 000	负债		
存货（原材料）		长期借款	700 000	
固定资产（商铺）	1 000 000	实收资本		
资产总计	700 000	负债和所有者权益总计	700 000	

大宝继续道："这里的商铺，用会计语言来说就是固定资产，你花这么多的钱买下商铺，这笔钱是费用还是成本还是别的？"

这时小花发言了："你上次在讲权责发生制的时候，给我们举了一个汽车的例子，我觉得商铺应该道理是一样的，购买商铺虽然花了很多钱，但是不应该是费用，而是要把这笔钱在以后的经营期间分摊掉。"

"非常好，你提出的理念就是会计上讲的折旧概念。我们先来看看你这家分店有哪些折旧费用吧。"

尚田回答："商铺有折旧，还有开分店需要购置的一些设备也需要折旧。"

"对，在咱们的小店里，目前只需要考虑这两项就行。咱们先讲讲设备的折旧费这个概念，你还记得我给你讲过的我同事开车上班的那个故事？这其实就是设备折旧的原理，一台设备的价值，应该在它的使用寿命期间平均摊销。这也是配比原则的体现。我们把在使用寿命期间平均摊销设备价值这个行为叫作折旧，目前折旧的方法有很多种，咱们不必一一介绍，只说最主流也是最好理解的，这种方法叫作直线法。直线法的原理是世界上最好理解的会计原理，就是把设备的价值按照它的使用寿命平均摊销。至于哪种设备按照多少年来计提折旧，税法里有明确的规定，我给你们画个表说明下（见表 7 - 2）。"

表 7 - 2	固定资产折旧年限规定		
固定资产种类	税法规定的最低折旧年限	尚田做的注解	
房屋建筑物	20 年	购买的商铺	
飞机、火车、轮船，机器、机械和其他生产设备	10 年	奶茶操作台	

续表

固定资产种类	税法规定的最低折旧年限	尚田做的注解
与生产经营活动有关的器具、工具、家具	5 年	制冰机、沙冰机、净水器、自动开水机、果糖机、奶茶桶、自动封口机、电磁炉
飞机、火车、轮船以外的运输工具	4 年	没有
电子设备	3 年	收银机

资料来源：《中华人民共和国企业所得税法》。

"我举个例子，咱们看看设备的折旧是怎么算出来的。"

以收银机的折旧计算为例：

折旧期间：$3 \times 12 = 36$（月）

总价款：2 500 元

月折旧额：$2\,500 \div 36 = 69.44$（元）

"会计准则和税法中还有一个残值的概念，你的这些设备在使用到期的时候还会有一个残余的价值（简单地说，就是卖废品的收入），这个价值在计算折旧的时候要先减除出去。考虑到咱们业务的简化，我们假设这些设备到期的残值为零。"

"冰柜不止用 5 年吧，我家那台冰柜可都用 7 年了。这里冰柜只有 5 年，有点奇怪。"小花非常疑惑。

"小花，冰柜 5 年之后，如果还可以使用，您想继续使用没问题，这里只是税法上的一个规定，会计为了能与税法保持一致，也采用税法上规定的使用年限来作为折旧的计算年限，有了明确的年限，把冰柜的成本慢慢地、平均地在使用期限摊销完毕。实际上，冰柜有可能可以用个 8 年、10 年也没人管，超过 5 年后在会计上可以不用再给它提折旧了。"

"哦，那就好。"小花点点头。

"按照固定资产直线法计算，请你俩算一下众口奶茶店所有固定资产的月度折旧金额。"

很快小花就计算好了（见表 7 - 3）。

表 7 - 3　　　　　　　　　　固定资产月度折旧额

固定资产	原值（元）	折旧期间（月）	月度折旧额（元）
商铺	1 000 000	240	4 166.67
奶茶操作台	10 000	120	83.33
制冰机	8 000	60	133.33
沙冰机	2 000	60	33.33
净水器	2 000	60	33.33

续表

固定资产	原值（元）	折旧期间（月）	月度折旧额（元）
自动开水机	1 500	60	25.00
果糖机	2 000	60	33.33
奶茶桶	200	60	3.33
自动封口机	1 500	60	25.00
电磁炉	200	60	3.33
收银机	2 500	36	69.44
合计			4 609.44

注：商铺20年后不会没有残值，这里的计算是简化处理。

尚田看着这个数据，说"这个折旧费用就是每个月的摊销费用，在算每个月利润的时候需要扣掉，是吗？"

大宝说："是的，你再预算一下，除了折旧费用，分店是否还有别的一些固定费用？"

"那有很多的，以我们这家众口奶茶店为例，每月还有固定的水电费；开分店的话，还要聘请几位员工，每月还要给他们薪水报酬费用；我每个月还要还银行的利息，这个可是一点也不能拖的，要按月支付的。"

"商铺买好后，你是否需要装修一下，你还没有考虑这笔费用呢！"

大宝忍不住提醒他。

尚田说："是啊，我忘记了，装修费用我预计需要9万元左右，那这笔费用要怎么计量呢？"

"商铺店的装修费，这部分花费计入待摊费用，在收益期内平均摊销。假设这个装修要保持5年，这笔费用就在5年内摊销掉，会计上这样处理是有道理的。一方面，认可这样的费用是可以作为资产列示的，也符合权责发生制的原则；另一方面，也客观评价该资产具有时效性。表7-4罗列了分店每月固定成本明细。"

固定资产和
低值易耗品

表7-4　　　　　　　　　　每月固定成本明细

项目	金额（元）
折旧费	4 609.44
水电费	4 000
人工薪酬费	20 000
还银行利息	12 000
待摊费用摊销	1 500
总计	42 109.44

二、要做多少生意才不会亏钱？

尚田看着以上的数据，说道："这 42 109.44 元，意味着我没有卖出一杯奶茶，也需要付出的费用吗？这个就是每个月的固定成本。那我要好好算算我每个月做多少生意才不会亏本。"

"我们上次算过卖奶茶的变动成本。假设一杯奶茶的变动成本是 5 元，售价是 15 元/杯，如果利润为 0，那么要卖多少杯奶茶呢？新店开业，假设你这个月花的销售费用等是 10 000 元。"

$(15 - 5) \times X - 42\ 109 - 10\ 000 = 0$

$X = 5\ 211$（杯）

"也就是说，你每月要销售出去大于 5211 杯，才不会亏损。我们可以采用利润表（见表 7-5）来反映以上的财务信息。"

表 7-5 　　　　　　　　　　　　**利润表** 　　　　　　　　　　　　会企 02 表

编制单位：众口奶茶店 　　　　　　　　20×2 年 5 月 　　　　　　　　　　单位：元

项 目	本期金额	上期金额
一、营业收入	78 164	
减：营业成本	26 055	
销售费用	10 000	
管理费用	30 109	
财务费用	12 000	
二、营业利润	0	
加：营业外收入		
减：营业外支出		
三、利润总额		
减：所得税费用（25%）		
四、净利润	0	

"明白了，我们争取在第一个月必须卖掉 5 211 杯，这个是最低的目标！"

大宝看到尚田信心满满的样子，也笑了。

记忆要点

*固定资产

固定资产是指企业为生产产品、提供劳务、出租或者经营管理而持有的、使用

时间超过 12 个月的、价值达到一定标准的非货币性资产，包括房屋、建筑物、机器、机械、运输工具以及其他与生产经营活动有关的设备、器具、工具等。固定资产是企业的劳动手段，也是企业赖以生产经营的主要资产。从会计的角度划分，固定资产一般被分为生产用固定资产、非生产用固定资产、租出固定资产、未使用固定资产、不需用固定资产、融资租赁固定资产、接受捐赠固定资产等。

会计准则一般不会规定单价为多少的资产才可以定义为固定资产。每个企业都可以根据自己的实际情况在会计上确定为固定资产来核算，税务部门由于需要对企业所得税进行监管，所以需要对何种资产方能列入固定资产而计提折旧做出规定。这是两条并行的标准。由于标准的不同而导致的差异可以通过年末的纳税调整进行调节。对于大部分企业的财务人员而言，因为考虑到期末调节的不便利性，所以索性采用和税法要求一致的固定资产价值认定标准。

* 折旧

固定资产在使用过程中因损耗而转移到产品中去的那部分价值的一种补偿方式，叫作折旧，折旧的计算方法主要有平均年限法、工作量法、加速折旧法、年限总和法、双倍余额递减法等；固定资产在物质形式上进行替换，在价值形式上进行补偿，就是更新；此外，还有固定资产的维持和修理等。

对于固定资产来说，存在着一般状态的折旧方法和加速状态的折旧方法。对于固定资产的折旧计提，一般状态的折旧方法我们叫作直线法。加速状态的折旧方法有好几种，在这，我们只介绍最常见的一种，叫作双倍余额递减法。先说说加速计提折旧的理论基础。道理很好理解，对于固定形态的资产而言，一般都是越新越好用。那么，我们可以理所当然地认为，在该项资产投入使用的前几年，它对于生产的贡献应该远远大于后面的几年。基于这样的考虑，我们应当在该项资产投入使用的前几年，多计提一些折旧，从而使它在前几年所做的突出贡献可以有充分的折旧金额进行补偿。

$$年度折旧率 = \frac{2}{预计使用年限} \times 100\%$$

$$月度折旧率 = 年度折旧率 \div 12$$

$$每月的折旧额 = 每月资产的账面余额 \times 月度折旧率$$

我们假设一种情况，一项资产采购时的账面价值是人民币 120 000 元，预计使用的年限是 10 年。根据上面学到的公式，这项资产的年度折旧率就是 $\frac{2}{10} \times 100\% = 20\%$，那么它的月度折旧率就是 $20\% \div 12 = 1.6667\%$。

第一个月的折旧额 = 120 000 × 1.6667% = 2 000（元）

第二个月的折旧额 = （120 000 - 2 000）× 1.6667% = 1 966.67（元）

……

效果检验

一、单选题

1. 某固定资产使用年限为 5 年，在采用年数总和法计提折旧的情况下，第一年的年折旧率为（　　）。

A. 20%　　　　　　B. 33%　　　　　　C. 40%　　　　　　D. 50%

2. 某固定资产原值为 250 000 元，预计净残值 6 000 元，预计可以使用 8 年，按照双倍余额递减法计算，第二年应提取的折旧为（　　）元。

A. 46 875　　　　　B. 45 750　　　　　C. 61 000　　　　　D. 30 500

3. 一台机器设备原值 80 000 元，估计净残值 8 000 元，预计可使用 12 年，按直线法计提折旧，则第二年应计提折旧为（　　）元。

A. 6 600　　　　　B. 6 000　　　　　C. 7 000　　　　　D. 8 000

4. 下列各因素中，计提固定资产折旧时通常不考虑的是（　　）。

A. 固定资产原值　　　　　　　　　B. 固定资产预计净残值

C. 固定资产使用年限　　　　　　　D. 固定资产实际净残值

5. 某企业 2019 年 5 月期初固定资产原值为 100 000 元，5 月增加了一项固定资产入账价值为 500 万元；同时 5 月减少了固定资产原值 600 万元；则 5 月该企业应提折旧的固定资产原值为（　　）万元。

A. 100 000　　　　B. 100 500　　　　C. 99 900　　　　D. 99 400

二、多选题

1. 下列属于加速折旧法的有（　　）。

A. 平均年限法　　　　　　　　　　B. 工作量法

C. 双倍余额递减法　　　　　　　　D. 年数总和法

2. 下列固定资产中应计提折旧的有（　　）。

A. 融资租赁方式租入的固定资产

B. 按规定单独估价作为固定资产入账的土地

C. 以经营租赁方式租出的固定资产

D. 以经营租赁方式租入的固定资产

3. 企业计算固定资产折旧的主要依据有（　　）。

A. 固定资产的使用年限　　　　　　B. 固定资产的原值

C. 固定资产的净残值　　　　　　　D. 固定资产的使用部门

4. 按照现行会计制度的规定，企业可以采用的固定资产折旧方法有（　　）。

A. 工作量法　　　　　　　　　　　B. 平均年限法

C. 年数总和法　　　　　　　　　　D. 双倍余额递减法

三、判断题

1. 实行双倍余额递减法计提折旧的固定资产，应当在该固定资产折旧年限到期以前两年内，将该固定资产净值（扣除净残值）平均摊销。　　　　　　　　　（　　）

2. 加速折旧法与平均使用年限法相比，并非缩短使用寿命，只是前期折旧多，后期折旧少，体现了谨慎原则。　　　　　　　　　　　　　　　　　　　　（　　）

3. 固定资产折旧方法的选用应当遵循一贯性原则。　　　　　　　　（　　）

4. 某设备原价为 90 000 元，预计净残值 2 700 元，预计可以使用 15 000 小时，实际使用 12 000 小时，其中第五年实际是使用 3 000 小时，采用工作量法第五年应提折旧为 17 460 元。　　　　　　　　　　　　　　　　　　　　　　　　（　　）

5. 已达到预定可适用状态尚未办理竣工决算的固定资产，应当按照估计价值确定其成本，并计提折旧；待办理竣工决算后，再按实际成本调整原来的暂估价值，同时需要调整原已计提的折旧额。　　　　　　　　　　　　　　　　　　　（　　）

四、核算题

某企业有一固定资产，该固定资产原值为 100 000 元，预计使用年限为 5 年，预计净残值为 2 000 元。要求：

（1）计算采用双倍余额递减法计提折旧时各年的折旧率和折旧额。

（2）计算采用年数总和法计提折旧时各年的折旧率和折旧额。

五、简答题

双倍余额递减法的计算方法很简单，首先确定一个年度的折旧率：年度折旧率 $= \dfrac{2}{\text{预计使用年限}} \times 100\%$。请问，这个公式是怎么来的？

第三节　税务常识

税务常识

大宝忙完了一天的工作决定去看看尚田，了解一下他开分店的进展情况。刚一进到奶茶店，尚田看到是大宝来了，忙起身热情招待。

大宝："你开分店的事情进行得怎么样了？"

"地址是初步选好了，正在考察客流量的情况，如果客流量不错的话，就打算在那里开分店了。不过我有个好奇的事情，刚刚在跟小花聊，听说××奶茶翻车了，都上热搜了，因偷逃税被罚超 1 161 万元。你知道这件事情不？"

"当然知道啊，当地税务局于 20×1 年 12 月 29 日决定处罚该公司。具体事由为，该公司不进行纳税申报，不缴或者少缴应纳税款，在账簿上不列或少列收入，税务局对该公司处以少缴的增值税、企业所得税、城市维护建设税等共 2 322 万余元的 50% 罚款，计 1 161 万余元，对该公司少缴的印花税 6 360.30 元处以 50% 罚款计 3 180.15 元。尚田，你的奶茶店现在也越做越大，可千万不要不进行纳税申报，不缴或者少缴应纳税款，会被税务部门罚你个倾家荡产。"

大宝看了看正在忙碌的小花一眼，说："对于这个税务，我和小花现在都不太清楚，我们每个月都去申报的，也不知道有没有漏报？上个月分店开出来了，还没有营业额，是不是不用去申报？你跟我们讲讲吧。"

"好的。下面我就介绍一下简单的税务常识。"大宝一边说一边递给尚田一份提前备好的资料。

企业税务程序

（1）税务报到。

营业执照和印章办理完毕后，需要到地税局和国税局进行税务报到。

在进行税务报到时，创业者需要与税务局、银行签订三方协议。之后，税务局会根据每个月报的税，自动从银行基本户中扣税。

（2）申请税控和发票。

新成立的公司需要准备相关材料到税务局申办税控，得到批复后，到驻税务所税控机销售公司，购买适合的税控机。税控机价格数百到千元不等，购买完税控机，再安装一个发票打印机，再申领一些空白的发票就可以用自己公司的名义开发票了。

（3）报税。

公司完成税务报到后，就需要在每个纳税周期向税务机关申报缴纳税款，即使没有收入也要进行零申报。如果公司没有按时报税缴纳税款，主管税务机关可以按规定对企业进行处罚。

（4）小规模纳税人和一般纳税人。

一般刚成立的公司都注册的是小规模纳税人，当业务做到一定规模的时候，可以申请成为一般纳税人。

小规模纳税人一般只能开具普通发票，不可以开具增值税专用发票。但如果小规模纳税人向一般纳税人销售货物或应税劳务，购货方要求销货方提供增值税专用发票时，税务机关可以为其代开增值税专用发票。一般纳税人既可以开普通发票，也可以开增值税专用发票，增值税专用发票的好处在于可以用进项税额抵掉一部分销项税额。

当企业越做越大，销售额越多的时候，就应该尽早地申请成为一般纳税人。

小规模纳税人和一般纳税人的主要区别如表7-6所示。

（5）公司需要缴纳哪些税？

全面营改增以后，企业要缴纳的税共有5类17种（见表7-7）。

表 7-6 小规模纳税人和一般纳税人的区别

差别	小规模纳税人	一般纳税人
年销售额	≤500 万元	>500 万元
适用税率	3%	常用的是 0.6%、9%、13%，少数简易征收的为 5%、3%
能否抵扣进项税	否（但能计入成本）	能
能否开具专票	税务机关可为其代开	能
税务监管	严格	更严格

资料来源：《中华人民共和国税收征收管理法》《中华人民共和国企业所得税法》《中华人民共和国增值税暂行条例》。

表 7-7 企业需缴纳的税种

税类	具体税种
商品和劳务税类	增值税、消费税、关税
所得税类	企业所得税、个人所得税
财产、行为税类	房产税、车船税、印花税、契税
资源税类	资源税、土地增值税、城镇土地使用税
特定目的税类	城市维护建设税、车辆购置税、烟叶税、船舶吨税、耕地占用税

资料来源：《中华人民共和国税收征收管理法》《中华人民共和国企业所得税法》《中华人民共和国增值税暂行条例》。

尚田看完后，大吃一惊："完了，需要缴纳这么多税？那我们这家奶茶店少交了税了！现在去补还来得及不？"

"别慌，我刚刚是说一般的企业需要交的税种，你开的是奶茶店，不需要全部交的。开奶茶店属于餐饮服务业，主要税种是增值税。交多少税呢？具体需由当地税务局核定交税情况。重点强调一下啊：在我国逃税属于违法行为，因此你新开一家奶茶店的时候，一定要老老实实地纳税，不要因为这几百元的费用来个逃税漏税哦，会得不偿失的。"

"明白了，一定依法纳税！"尚田点头如捣蒜。

大宝拍了拍尚田的肩膀说："下面我们来谈一谈增值税。增值税是针对增值额征收的一种税。我们假设一家制鞋厂以出厂价格 50 元将鞋子卖给批发商，批发商再以 100 元的价格卖给零售商，零售商以 120 元的价格卖给消费者。在这个过程中，批发商的增值额是 50 元（销货价 100 元减去进货价 50 元），零售商的增值额是 20 元（销货价 120 元减去进货价 100 元）。增值税是以增值额来征收的，假设他们适用的增值税税率都为 13%，则批发商一双鞋的增值税是 6.5 元，零售商一双鞋的增值税是 2.6 元。这是直接使用增值额来计算增值税的方法。"

"但是，在我国的税收征管中，采用的是销项税额减去进项税额的方法，以零售商为例，计算方法如下。"大宝一边说一边又递给尚田一份资料。

第一步：计算销项税额（按照销售额和适用税率计算增值税税额）

销项税额＝销货价120元×增值税税率13%＝15.6（元）

第二步：计算进项税额（购进货物或应税劳务缴纳的增值税税额）

进项税额＝进货价100元×增值税税率13%＝13（元）

第三步：计算企业当期的应纳税额

企业当期的应纳税额＝销项税额－进项税额

大宝继续说："销项税额的计算依据是企业当期的销售额，而进项税额是凭票来确认的，进货时取得符合规定的发票，将发票在税务局系统中确认后，就可以在计算增值税时将这部分进项税额减掉，这个过程又被称为'进项税额抵扣'。对企业来说，可以抵扣的进项税额越多，企业应缴的增值税就越少；如果抵扣的税额比较少，那企业要缴的增值税就多。所以，当你的公司发展成为一般纳税人以后，每次采购企业所用的商品时一定要向供货商索要增值税专用发票。记住：一定是增值税专用发票哟！增值税普通发票是不可以抵扣进项税额的。"

"明白！借你吉言，我一定尽早让奶茶店成长为一般纳税人。奋斗！奋斗！奋斗！"尚田手握成拳，信心满满。

记忆要点

需特别注意的是，在增值税的计算过程中，增值税属于价外税。还以上面批发商销售鞋子为例，批发商销售给零售商的鞋子价格是100元，如果这100元里面不包含增值税，那么批发商应该向零售商收取的价款为113元（销货价100元加上增值税13元），这13元（100×13%）就是批发商向零售商收取的增值税；同样的道理，批发商进货时向厂家支付的价款就是56.5元（进货价50元加上增值税6.5元）。但是我们平时在看商品的价格时，往往看到商品只有一个价格。例如，你要买一台电脑，商店表明此台电脑的价格是2 399元，于是你付给商家2 399元。这时候对商家来说就需要做"价税分离"，也就是把价格和税款分离。假设商家销售电脑的不含税销售价格为X，那么增值税是X×13%，所以X×（1＋13%）＝2 399，则X＝2 399÷（1＋13%）＝2 123（元），即增值税为276元，这是商家销售这一台电脑的销项税额，再减去商家的进项税额后，就是商家应该向国家缴纳的税款，假设进项税额为零，那商家就要缴276元的增值税税款。

第八章　何当畅谈凌云志
却话会计术语时

尚田：

你好！

事出突然，缘由电话已告知，这里不再赘述。此次被紧急抽调，外出至少 3 个月以上。视工作进度，一年半载也可能。所参与的工作在结果公布之前，是有工作纪律要求的。在此期间无法与你正常联系。

前几天你说要从专业的角度了解会计原理，恐怕近期没有机会秉烛夜谈了。现在机场候机。由于天气的原因，航班起飞遥遥无期。利用这段时间，谈谈会计工作原理。本来是录音发你，考虑到录音会磕磕巴巴，让你对我的敬仰之情减少三分，毁了我在你心中的高人形象。所以，发这封电邮给你。

人类对自然的认识，可以是迷信的、巫术的、宗教的，甚至是如天狗吃月亮般有艺术品位的想象，当然也可以是科学地认识自然。想想吧，从近现代科学昌明以来，日新月异的科学技术进步，不禁让人感叹科学的威力。科学地认识自然、探究未知，在方法上有一个强大的武器——分类、汇总。将不同的事物分类，才能找到它们之间的联系与区别；将联系、区别汇总、整体考虑后，才能发现隐藏在事物背后的规律。

会计工作也是分类、汇总。企业生产经营活动就是由各种各样的业务构成，会计第一步就是将这些业务分为两类。一类是会计要记录的业务（以下简称交易或事项）；另一类是与会计记录无关的业务。比如，某企业人事部门招聘 20 名业务人员，与会计记录无关；为 20 名业务人员计提、发放工资，是会计要记录的业务。至于为什么要对业务进行记录，这涉及会计起源。关于会计起源，有不同的学说，如感兴趣可上网查阅。我这里只说明会计工作的流程。

一、会计科目与账户

会计科目与账户

前段时间开始学习会计报表的时候，提到过会计要素。会计要素是会计要记录内容的总称。会计要素分为资产、负债、所有者权益、收入、费用、利润六类。当一项交易或事项发生会引起这六项要素的增减变动，那么，该项交易或事项就是会计要记录的业务。这同时涉及两次分类，一是区分是否需要会计记录，二是区分属于六项会计要素中哪一项或哪几项要素。

　　判断、区分的过程用会计术语来描述，就是确认、计量过程。前面我们学过，确认解决是什么的问题。会计人员判断已发生的交易或事项，如果满足资产、负债、所有者权益、收入、费用、利润的定义及确认条件，也就意味着交易或事项的发生引起了六项要素中某几项的增减变动，该项交易就需要会计记录。确认的条件中有一项条件就是可计量的，如果不能被计量，即使满足要素的定义也不可被确认。还记得财务报表是有局限的吗？它只能反映企业能被货币量化的业务。

　　确认、计量的过程其实就是翻译的过程，将交易或事项翻译成会计语言。翻译的目的就是将交易或事项发生后产生的信息加工成决策有用的信息。为了便于信息汇总、计算、比较，会计统一使用货币单位作为计量单位。将交易或事项分类为资产、负债、所有者权益、收入、费用、利润还不行，这是粗略的、对决策帮助有限的会计信息。每一类会计要素需要继续分类。会计上用会计科目来表示进一步的分类。会计科目是对会计要素具体内容进行分类核算的类目。比如，反映资产的会计科目有库存现金、银行存款、应收账款、原材料、固定资产、无形资产等。设立会计科目，是会计工作的第一步。

　　为了更加详细地反映企业已发生的交易或事项，会计科目又被分成总分类科目（也称总账科目）与明细分类账科目（也称明细账科目）。个别总账科目可以继续分类。比如，甲公司赊账给乙公司，在这项交易中，甲公司拥有了一项债权，债权属于资产，而且属于资产中的应收账款，最终，这项交易反映在会计上就是对乙公司的债权增加了，会计记为："应收账款——乙公司"，应收账款是总账科目、乙公司是明细账科目。会计科目是会计要素分类的标志，反映了被分类为此标志下的交易或事项的经济内容，它无法反映会计要素的增减变动。

　　为反映会计要素的增减变动，会计引入了账户概念。给会计科目一个结构，就是账户。比如，当要体现分类，"银行存款"就是会计科目；当要体现会计记录，"银行存款"就是账户。会计科目与账户之间的关系是，会计科目是账户的名称，账户是结构化了的会计科目。会计科目是对资产、负债、所有者权益、收入、费用、利润的细化，资产、负债、所有者权益构成资产负债表，收入、费用、利润构成利润表，因此，会计科目可分为资产负债表科目和利润表科目（也称损益类科目）。

　　说了这么多，其实就两个字——分类。

　　想想我们一开始结合奶茶店实务学习会计时，是通过更改资产负债表中的相应会计科目来记录每一项交易或事项的结果。但在真实世界中，大多数会计主体在处理大量的交易或事项时，擦去旧的金额，写下新的金额，不是一个可行的办法。一定要记住，会计反映的不仅仅是结果，会计重要的是要反映过程。这是会计存在的理由。

　　会计人员不能直接更改资产负债表中的金额，而是通过上面提到的账户——这个会计工具来记录每次的增减变动。账户是有结构的。账户最简单的结构形式看起来像一个大写的字母"T"或汉字"丁"，因此，它被称为T型账或丁字账。账户的标题，也就是会计科目写在 T 的一横的上边。图 8–1 就是"库存现金"的 T 型账户。

如果将时间考虑进去，T 型账户会有变化。图 8–2 给出了某个会计期间一开始库存现金账户的样子。

图 8–1　T 型账户　　　　　图 8–2　"库存现金"期初 T 型账户

显然，这个会计期间开始时的现金是 1 500 元。这里要注意，尽管这个金额单位是人民币元，但在 T 型账户中并不使用"元"这个计量符号。

该会计期间发生的交易或事项有可能影响到库存现金账户，这种影响可能导致现金增加，也可能导致现金减少。因此，T 型账户的一边是增加，另一边是减少，当然，反过来也可以。涉及资产负债表的账户一般都有余额，而且余额只能出现在一边。增加的现金要加到期初余额上。由于期初余额被放到了 T 型账户的左边，因此现金增加应当记录在该 T 型账户的左边；现金的减少应当记录在该 T 型账户的右边。

尚田，课间休息。吃点儿"小茶点"。将下列影响现金的交易或事项记录在图 8–2 的 T 型账户中。

（1）收到前段时间顾客 A 购买商品而支付的现金 850 元。

（2）从银行提出现金 5 000 元。

（3）用现金向花木种植户购买花木，支付现金 2 800 元。

"茶点"味道如何？是否做的与我一样（见图 8–3）？

当这个会计期间结束时，本期现金的增加量被加到了期初余额上，而本期总的现金减少量则从中抵减，形成新的余额。

图 8–4 是变化后的库存现金 T 型账户，你将相关金额填入左右两边的总计里，并填入新余额。

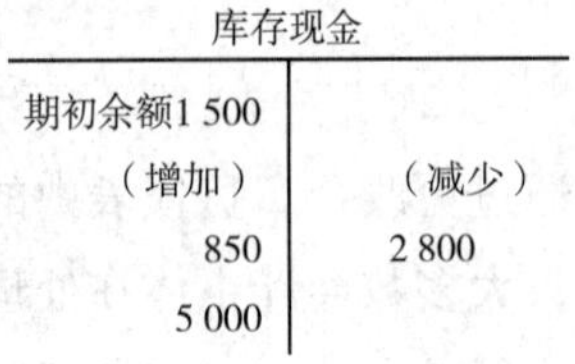

库存现金

期初余额1 500	
（增加）	（减少）
850	2 800
5 000	

图 8–3　记录了交易事项的账户

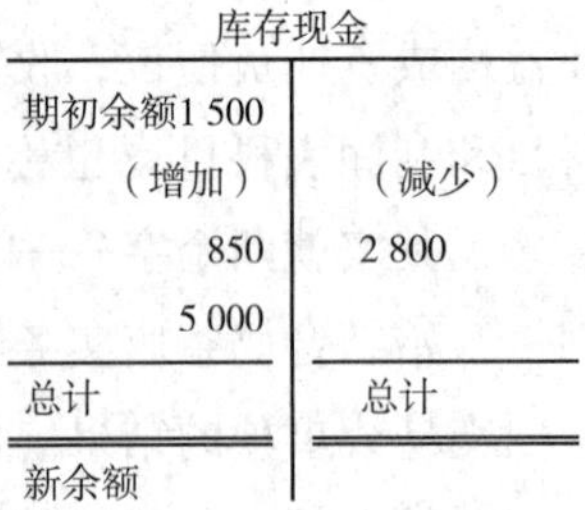

库存现金

期初余额1 500	
（增加）	（减少）
850	2 800
5 000	
总计	总计
新余额	

图 8–4　计算期末库存现金

是不是很开心？与我的一模一样（见图 8–5）。

库存现金

期初余额 1 500	
（增加）	（减少）
850	2 800
5 000	
总计　7 350	总计　2 800
新余额　4 450	

图 8 – 5　期末的 T 型账户

上面的库存现金账户中所表示的该会计期间的现金余额，也就是期末余额，是 4 450 元。因此，下一个会计期间的期初余额应当是 4 450 元。左边总计中，有 5 850 元是本期增加的，会计上称为本期发生额，右边的本期发生额是 2 800 元。它们之间的关系是"期初余额 + 左边本期发生额 – 右边本期发生额 = 期末余额"。如果是资产类的账户，余额与发生额的关系都是如此。

二、增加和减少的规则

在库存现金 T 型账户中，库存现金的增加记录在左边，这个规则适用于所有的资产类账户。这个规则是，资产增加，记录在账户的左边。

假设收到顾客 A 的 850 元现金，顾客 A 用现金结清了他的应收账款。公司的库存现金账户增加了 850 元。顾客 A 不再欠公司 850 元，因此，应收账款账户减少了 850 元。如果本期期初应收账款有期初余额 15 000 元。你能否写出两个 T 型账户，完成该项交易事项的记录。

是不是有喜悦感？与我的一模一样（见图 8 – 6）。

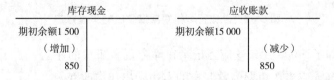

图 8 – 6　A 还款后的 T 型账户

错了也没关系。应收账款属于资产账户。以前我们提到过会计的记账方法是复式记账。一项交易或事项至少涉及两个不同的账户，这两个账户可以是总分类账户，也可以是明细分类账户。复式记账要求：如果库存现金账户增加了 850 元，另一个资产账户——应收账款必然是减少了 850 元。

应收账款的减少记录在应收账款账户的右边，这样处理平衡了库存现金账户左边的增加。如果顾客 B 在顾客 A 后支付了 4 150 元结清了应收账款。尚田，将该项业务反映在相关账户中。要连续反映。

是不是与我的一样（见图 8 – 7）？千万不要骄傲。

库存现金		应收账款	
期初余额1 500		期初余额15 000	
（增加）			（减少）
850			850
4 150			4 150

图8-7　B还款后的T型账户

尚田，正如你能看到的那样，会计要求每一笔交易或事项使账户的左边和右边的总额始终相等。这让你想起了什么？对，会计恒等式。这与"资产＝负债＋所有者权益"是一致的。任何资产的增加都要记录在左边，由于左边的金额必须与右边的总额相等，所以，任何资产的减少都要记录在右边。

如果与某银行签订了一份为期六个月、金额为5 000元的短期借款合同。假设合同签订后，直接从银行柜台取得了现金。这项交易导致两个后果，一是库存现金多了5 000元，二是欠银行的债即负债增加了5 000元。显然，该项负债被分类为流动负债中的短期借款，用短期借款这个会计科目来记录此类交易。尚田，如果不考虑短期借款的期初余额，请完成该项交易的账户的登记。记住，记录时一个账户在左边，另一个账户一定是在右边（见图8-8）。

比对后，兴高采烈还是愁眉苦脸？

库存现金		短期借款	
期初余额1 500			5 000
（增加）			
850			
4 150			
5 000			

图8-8　从银行取得短期借款后的T型账户

库存现金增加了5 000元，这应当记录在库存现金账户的左边，为了体现左边的金额与右边的金额相等，应当在短期借款账户的右边做出相应改变。

左边和右边的总额必须相等，且资产的增加总是记录在左边，因此，负债的增加应当始终记录在右边。相应地，资产的减少记录在右边，负债的减少应当始终记录在左边。

正如会计恒等式"资产＝负债＋所有者权益"向我们展示的那样，所有者权益账户与负债账户的登记规则是一样的，所有者权益增加记录在右边，所有者权益减少记录在左边。

是不是有点儿乱？

记住以上规则有两个好办法。一是仔细想想资产负债表的两边，资产负债表的左边是资产账户，它的增加记录在左边；负债与所有者权益在资产负债表的右边，它们的增加记录在右边。二是认真看看会计恒等式：资产＝负债＋所有者权益。用文字表达了一个反映数字金额相等的等式。比如，资产总额 1 000 万元，负债总额 300 万元，所有者权益总额 700 万元，会计恒等式表示为：1 000 = 300 + 700。按照运算规则，数字移动到等号另一端，要改变符号，比如反映资产的 1 000 万元，在左边表示增加，移到等号右端，表示为 −1 000 万元，这一定意味着资产减少。为什么账户的左边一定要反映资产的增加？没有什么特别的原因。一开始人们规定会计恒等式等号的左边反映资产，然后就有了这些规则。规则就是人为规定。

三、借方、贷方和记账凭证

会计分录与会计凭证

账户的结构天然地分为左右两边，之所以强调资产账户增加记录在左边、减少记录右边或负债账户增加记录在右边、减少记录左边，是为了直观，让你很快了解账户的结构及作用。账户的左边，会计专业术语称为借方；账户的右边，会计专业术语称为贷方。因此，工作中不说把库存现金的增加记录在库存现金账户的左边、把库存现金的减少记录在库存现金账户的右边，而是说增加记录在借方，减少记录在贷方。库存现金的增加记录在库存现金账户的借方，被简称为借记现金；库存现金的减少记录在库存现金账户的贷方，被简称为贷记现金。

前面账户的"左边""右边"的记账规则，可以用借方、贷方代替：

- 资产增加记录在借方，资产减少记录在贷方。
- 负债增加记录在贷方，负债减少记录在借方。
- 所有者权益增加记录在贷方，所有者权益减少记录在借方。

"借""贷"两个字只是符号，与作为文字的字面含义没有任何关系。当我国引入复式记账法时，用"借"表示账户的左边，用"贷"表示账户的右边。实务中，账户也没有标明借方、贷方，规则是左边借方，右边贷方。

根据复式记账的原理，归纳记账的规则：有借必有贷，借贷必相等。我们接下来观察会计是如何利用这个规则完成会计工作。

当一项交易或事项发生后，一般都会生成记载该项交易或事项的凭据。比如，日常我们常说的发票。这些凭据除了能证明交易或事项真实发生外，还是会计记账的依据。这些依据必须有，否则在绝大多数的情况下会计是无法完成确认和计量的。

专业上，这些依据称为原始凭证。会计人员根据原始凭证，完成确认与计量后，编制记账凭证。记账凭证是财会部门根据原始凭证填制、记载经济业务简要内容，确定会计分录，作为记账依据的会计凭证。编制记账凭证就是将交易或事项产生的信息翻译成会计语言。编制过程就是确定借记什么账户（会计科目）、贷记什么账户（会计科目）以及金额。下面表 8 − 1 就是一张记账凭证。

表 8 – 1　　　　　　　　　　　　**记账凭证**　　　　　　　　　　　总号_____

20××年12月8日　　　　　　　　　　　分号_____

摘要	总账科目	明细科目	√	借方金额 千	百	十	万	千	百	十	元	角	分	√	贷方金额 千	百	十	万	千	百	十	元	角	分	
顾客 A 偿还欠款	库存现金		√						8	5	0	0	0												附单据1张
	应收账款	顾客 A												√						8	5	0	0	0	
合计								¥	8	5	0	0	0						¥	8	5	0	0	0	

财务主管　　　　　记账　　　　　审核　　　　　出纳　　　　　制单

这是实务当中最常见的记账凭证样式。它可以是纸质的，也可以是电子的。一般地，将记账凭证中总账科目、明细科目、借方金额、贷方金额四个内容单独分离出来，用以下形式反映：

借：库存现金　　　　　　　　　　　　　　　　　　　　　850

　　贷：应收账款　　　　　　　　　　　　　　　　　　　850

专业上，把此类形式的会计处理叫作会计分录。分录分录，分类录入。会计分录，简称分录，是对每项经济业务列示出应借、应贷的账户名称及其金额的一种记录。会计分录由应借应贷方向、相互对应的科目及其金额三个要素构成。会计分录格式为上借下贷、借贷错位。会计分录是简化后的记账凭证，用分录替代记账凭证是为方便学习和工作。正式会计处理时必须要编制完整的记账凭证。

根据记账凭证登记明细分类账、日记账，再根据记账凭证、明细分类账、日记账登记总账，根据明细分类账、日记账、总账编制会计报表。会计工作的流程大体就是这样。在介绍明细分类账、日记账、总账之前，我们通过编制分录来深入了解会计科目（账户）及借贷金额如何增减变化。

业务 1：如果用银行存款 68 000 元购买原材料。企业设置了银行存款、原材料账户来反映此两项资产的增减变化。你能否针对这一采购业务编制会计分录吗？

是否同我的会计分录一样？

借：原材料　　　　　　　　　　　　　　　　　　　　　68 000

　　贷：银行存款　　　　　　　　　　　　　　　　　　68 000

这一交易导致银行存款减少，因此应当贷记银行存款；另一个分录必须是借记。借记原材料，表示该资产账户的增加。

再接再厉。

业务 2：如果以赊购的方式购入 68 000 元的原材料。企业设置了应付账款、原材料账户来反映此相关资产、负债的增减变化。

正确的会计分录是这样的：

借：原材料　　　　　　　　　　　　　　　　　　　　68 000

　　贷：应付账款　　　　　　　　　　　　　　　　　　　　68 000

这一交易导致存货增加，因此应当借记原材料，另一个分录必须是贷记应付账款，表示该负债账户的增加。

业务 3：如果用银行存款偿还赊购原材料的 68 000 元。

则会计分录是：

借：应付账款　　　　　　　　　　　　　　　　　　　　68 000

　　贷：银行存款　　　　　　　　　　　　　　　　　　　　68 000

银行存款显然减少了，因此应当贷记银行存款，另一个分录必须是借记应付账款，表示该负债账户的减少。

从胜利走向辉煌。再来一个。

业务 4：如果一位顾客用银行转账的方式偿还所欠的购物款 88 000 元。企业设置了银行存款、应收账款账户来反映此两项资产的增减变化。

则会计分录是：

借：银行存款　　　　　　　　　　　　　　　　　　　　88 000

　　贷：应收账款　　　　　　　　　　　　　　　　　　　　88 000

不管是否同我的会计分录一样，你都应该为自己骄傲。因为你接触到了一个人类历史上的伟大发明。

每一笔交易或事项分别以借记等于贷记的方式记录以后，会计的基本恒等式"资产＝负债＋所有者权益保持"不变。因此，资产负债表每时每刻都是平衡的。

有没有体会到，对于任何一笔交易或事项，总的借方应当一贯等于总的贷方，因此这种被称为复式记账法的方法，很容易检查出会计处理是否正确。因为有借必有贷，借贷必相等。这一方法来自威尼斯商人的日常记录，他们差不多在 500 多年前发明了它。1494 年出版的《算术、几何、比及比例概要》专门论述了复式记账。我国也有灿烂辉煌的会计发展史。商朝的甲骨文里已经出现我国最早记载的会计事项，"会计"一词源于西周。《孟子·万章句下》有这样一段话："孔子尝为委吏矣……曰：'会计当而已矣'"。改革开放以后，我国的会计发展日新月异，中国的会计准则已经与国际会计准则实质性趋同，在全球通行的商业语言——国际会计准则中，越来越多地出现了中国的声音。

回到具体实务上来，有一类账户比较特殊——利润表账户，我们来聊聊它。

四、利润表账户

前面 4 笔业务所涉及的账户（会计科目）都会出现在资产负债表中。报告资产、负债与所有者权益增减变动的账户都是永久性账户。在持续经营的状态下，永久性账户的特征是会有期初、期末余额。它们的期末余额将被计入下一个会计期间，成为下一个会计期间的期初余额。资产类账户的余额一般出现在借方，负债、所有者权益类账户的余额一般出现在贷方。

还有一些账户（会计科目）会出现在利润表中，这些账户被称为损益类账户，有时也被称为临时性账户，至于原因，一会儿告诉你。尚田，你应该知道，利润表是报告一个会计期间的营业收入和费用，以及它们之间的差额，这个差额被称为净利润。

营业收入是一段时期内所有者权益的增加，而费用一定是所有者权益的减少。所有者权益在会计恒等式的右边，所有者权益账户的增加应该记为贷方，因为营业收入是所有者权益的增加，所以，它被记为贷方。同样，所有者权益账户的减少应该记为借方，因为费用是所有者权益的减少，所以，它被记为借方。

利用两个会计等式："资产 = 负债 + 所有者权益""收入 = 费用 + 利润（费用 = 收入 − 利润）"，可以归纳出完整的记账规则：

- 资产增加记录在借方，资产减少记录在贷方。
- 负债、所有者权益增加记录在贷方，负债、所有者权益减少记录在借方。
- 营业收入增加记录在贷方，费用增加记录在借方。

对于会计人员来说，掌握这些规则非常重要，它们适用于所有交易或事项的账务处理。资产增加，对于企业或所有者都是好事，记录在借方；费用增加，对于企业或所有者都是坏事，也记录在借方，这看上去是不是非常奇怪。都是增加，一是好事，一是坏事，都记录在借方，是不是无法接受？为了保持基本的等式不变，不得不如此。其实资产中的非货币性资产和费用区别仅仅在于前者是未消耗的成本，而后者是已消耗的成本。记住，对于记账规则而言，"借"和"贷"只是两个符号，借方仅仅代表左边，贷方仅仅代表右边。

五、日记账和分类账

会计账簿和大数据与会计

业务员出差，取得的高铁车票、住宿发票、打的车票等票据，是表明业务员出差这个事项真实发生的证据，是会计人员据以记账的原始凭证。根据原始凭证，会计人员编制记账凭证。然后根据记账凭证登记日记账。日记账又称序时账，是按经济业务发生和完成时间的先后顺序进行登记的账簿，要逐日按照记账凭证（或记账凭证所附的原始凭证）逐笔进行登记。早期的日记账也称分录簿，即把每天发生的经济业务所编制的会计分录，全部按时间顺序逐笔登记，这种日记账也叫普通日记账。它有个别名。小学生被老师批评作文写的平淡无奇时的经典语录——你写得什么呀！就是一本流水账。普通日记账就是流水账，现金流量表也是流水账。流水账的意思是按顺序，不间断，像川流一样。我倒觉得一名小学生能把一天当中发生的事按照某种顺序记下来是相当了不起的一件事。

扯远了。回到日记账。

由于登记普通日记账要花费大量的时间和精力，而且查阅也不方便，在会计实践中逐渐被各种特种日记账所代替。例如，为了加强货币资金管理，对现金和银行存款的收付业务专门设置现金日记账和银行存款日记账进行登记。现金和银行存款日记账就是特种日记账。

现在，企业会计已经不再登记普通日记账。将记账凭证中反映库存现金和银行存款增减变动分别录入现金日记账和银行存款日记账，同一记账凭证中反映的其他账户（会计科目）的增减变动要录入其他账户明细分类账。当然，现在用现金支付已经很少了，但该设置的账户还是应该设置的，这是相关会计法规的规定。

根据交易或事项发生生成的原始凭证编制记账凭证，不同时间同类业务的记账凭证通过录入明细分类账实现信息汇总。尚田，从原始凭证到记账凭证，再到明细分类账，这一过程就是信息分类汇总过程。会计账务处理过程就是信息分类汇总的过程。

分类账是对全部经济业务按照总分类账户和明细分类账户进行分类核算和登记的账簿，分类账又分为总分类账和明细分类账。

总分类账简称总账，是根据会计科目（总账科目）开设的账户，用以全面地、连续地记录和反映全部交易或事项的账簿。总账科目名称，一般为会计法规规定的一级科目。如果某一科目明细较多时，可在总账科目下再设置明细科目，以对其分别汇总。比如，应收账款是一级会计科目，如果有若干债务人 A、B、C、D……，应收账款的明细科目对应为：应收账款——A、应收账款——B、应收账款——C、应收账款——D……。表8-2就是应收账款——A 明细分类账的样式。现金日记账和银行存款日记账的样式与明细分类账一样。

表8-2　　　　　　　　　　　应收账款

户名顾客A

20××年		记账凭证		摘要	页数	借　方										√	贷　方										√	借或贷	余　额										√
月	日	字	号			亿	千	百	十	万	千	百	十	元	角	分	亿	千	百	十	万	千	百	十	元	角	分		亿	千	百	十	万	千	百	十	元	角	分
12	1			期初余额																								借					8	5	0	0	0	0
12	8			收到交来的欠款																	8	5	0	0	0	0	√												

根据记账凭证登记明细账时，一般是按照时间顺序依次登记。明细账簿是账簿中最基

本也是最重要的会计档案。对已登记完整的业务，应在会计记账凭证画"√"表示过账。过账就是根据已编制的记账凭证，将每项经济业务涉及的借方账户和贷方账户的发生额，分别登记到分类账簿中开设的相应账户的过程。

期末，一般是每个月的月末，将日记账、明细分类账本期（月）借、贷方发生额分别加计汇总，计入总分类账，并结出余额。表8-3就是应收账款总分类账的格式。

表8-3　　　　　　　　　　　　　**应收账款**

20××年		记账凭证		摘要	页数	借　方											√	贷　方											√	借或贷	余　额											√
月	日	字	号			亿	千	百	十	万	千	百	十	元	角	分		亿	千	百	十	万	千	百	十	元	角	分			亿	千	百	十	万	千	百	十	元	角	分	
12	1			期初余额																										借					1	8	5	0	0	0	
12	31			本月合计					1	8	3	8	5	0	0	0					1	8	2	8	5	0	0	0													
12	31			期末余额																										借						2	8	5	0	0	0	

会计信息质量有及时性特征，但太短时间的会计信息也是没必要的，所以，将提供会计信息载体的会计报表编制期限一般确定为一个月。为了便于在月末编制会计报表，期末要做一件事——结账。

六、结账

结账是为了总结某一个会计期间内的经济活动的财务收支状况，据以编制财务会计报表，而对各种账簿的本期发生额和期末余额进行的计算总结。其中，反映财务状况的资产、负债、所有者权益的账户记录本期借贷方发生额及期末余额，利用这些账户余额编制资产负债表；反映经营成果的收入、费用的账户贷方发生额、借方发生额转出至本年利润，计算本期利润，据此编制利润表。损益类账户结账后无余额。

以上种种是会计基本的工作流程：交易或事项（业务）生成原始凭证，编制记账凭证，登记明细账、总账，编制资产负债表、利润表、现金流量表等会计报表。尽管你需要了解以上描述的会计确认、计量、记录、报告过程，但你不需要记住这些细节。我的目的是告诉你资产负债表和利润表中的数字是从哪里来的，这样做有助于你了解这些数字的意义。

七、计算机的作用

结账之后，应该聊聊会计报表。我们聊得最多的是会计报表，这一刻真不知话从何说起，看着电脑屏幕，突然想到互联网、大数据与会计的关系，会计本身就是提供数据的，而且是需要传播的数据。互联网＋大数据＝会计。这是第三个会计恒等式？尚田，你见证了奇迹！所以，我想和你谈谈会计工作中的计算机的作用。在大中型企事业单位，计算机

（财务机器人）可以完成大部分传统的会计工作，当然，是在安装了财务软件及其他辅助设备的情况下。但计算机（财务机器人）依然无法取代会计人员。会计人员除了针对日常交易事项制定必须遵守的详细规定外，还需要对某项交易事项受影响的账户，以及借记、贷记的金额做出判断。会计人员必须告诉计算机如何进行这些交易事项的会计处理。如果会计人员做出了不正确的决定，那么，最终提供的会计信息将是错误的。计算机可以判断借贷是否相等，却无法判断、修正会计人员下达指令时将 782 错误地表达成 728 等此类错误。

你已经知道，会计最重要的是反映过程，计算机不能取代会计人员了解会计的记账和结账过程，这对于理解其内在的过程而言是最基本的东西，只有在了解了这些过程背后的原理以及财务报表的结构以后，会计人员才能更好地理解什么是决策有用的信息。价值判断和提供决策有用的信息是会计人员不可或缺的关键原因。

图 8－9 是 2021 年 12 月 30 日财政部发布的《会计信息化发展规划（2021—2025年)》中附录 2 的一张图：会计数据标准体系图。我觉得这张图不但清晰地说明了计算机与会计人员的关系，还展示了会计信息分类汇总加工的过程。

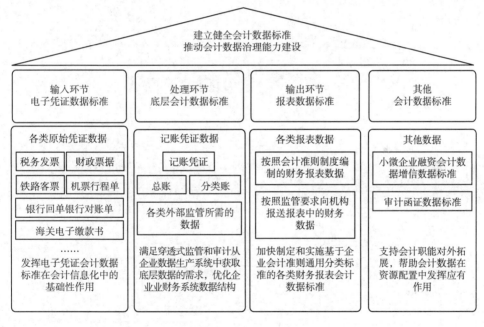

图 8－9　会计数据标准体系

会计提供了一套"商业语言"，学习这种语言最大的困难是，会计所使用的词汇中，有许多词汇的含义与日常生活中该词汇含义截然不同，学习会计词汇的关键在于理解它们在会计中的含义。与汉语、英语或其他任何语言一样，某些会计规则和术语具有唯一正确的意思，而另一些会计规则和术语的含义，则随着使用者的不同而改变。尚田，在今后的实践和学习中，你要注意这些差异，理解并认同这些差异。

机场广播通知，可以登机了。

本来是要给你总结一些会计专业术语，时间来不及了。管中窥豹，希望能让你对会计原理略知一二。有任何疑问可上网查询或咨询在店里打工记账的学妹。

书不尽意，余容后叙。

顺祝

商祺！

大宝匆匆于机场

20××年×月×日

参考文献

财政部会计资格评价中心. 初级会计实务 [M]. 北京：经济科学出版社，2022.

财政部会计资格评价中心. 中级会计实务 [M]. 北京：经济科学出版社，2022.

靳瑞，吴桂琴. 财务会计 [M]. 北京：中国林业出版社，2021.

中国注册会计师协会. 会计 [M]. 北京：中国财政经济出版社，2021.

中华人民共和国财政部. 会计准则应用指南（2020 年版）[M]. 上海：立信会计出版社，2020.

中华人民共和国财政部. 企业会计准则（合订本）2020 [M]. 北京：经济科学出版社，2020.

Breitner L K，Anthony R N. 会计学基础（第 11 版）[M]. 杨冰等译. 北京：清华大学出版社，2022.